栗子的故事

农产品流通体系转型的人类学研究

张文潇 著

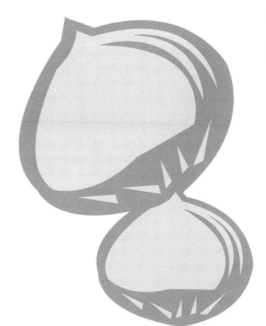

中国社会科学出版社

图书在版编目（CIP）数据

栗子的故事:农产品流通体系转型的人类学研究/张文潇著.
—北京：中国社会科学出版社，2022.6（2022.11重印）
ISBN 978 - 7 - 5227 - 0359 - 6

Ⅰ.①栗…　Ⅱ.①张…　Ⅲ.①农产品流通—研究—中国
Ⅳ.①F724.72

中国版本图书馆 CIP 数据核字（2022）第 105082 号

出 版 人	赵剑英
责任编辑	陈肖静
责任校对	刘　娟
责任印制	戴　宽

出　　版	中国社会科学出版社
社　　址	北京鼓楼西大街甲 158 号
邮　　编	100720
网　　址	http://www.csspw.cn
发 行 部	010 - 84083685
门 市 部	010 - 84029450
经　　销	新华书店及其他书店

印　　刷	北京君升印刷有限公司
装　　订	廊坊市广阳区广增装订厂
版　　次	2022 年 6 月第 1 版
印　　次	2022 年 11 月第 2 次印刷

开　　本	710×1000　1/16
印　　张	16.5
插　　页	2
字　　数	223 千字
定　　价	88.00 元

凡购买中国社会科学出版社图书，如有质量问题请与本社营销中心联系调换
电话：010 - 84083683

新書餘香畫以

為賀文蒲雅正

壬寅元月十二山人旭東

目　录

序 言

赵旭东

　　从基层上看去，中国社会是乡土性的。① 显然，费孝通先生于 20 世纪 40 年代的论断至今仍然适用。在全面推进乡村振兴战略的时代背景之下，对乡村社会做出恰如其分的分析，对其发展趋势做出合理的预判尤为重要，而这些议题也始终是中国社会人类学者的重要关切之所在，无法真正避开。在追求对此类问题做出理解和回应的努力中，学者们或投身于岁月长河中，摸索着浸润于其中的乡村发展的理路，或扎根于现实的田野之中，拾起一束又一束象征着乡村生活各自样态的麦穗，总之在这探索之路中，有心者必然是各有所获的。

　　然而，在曾经的那种单一现代化的普世模式的引导之下，许多学者一度被"贫困"、"欠发达"以及"发展"之类的宏大话语所裹挟，他们笔下所描绘出的是那些日渐衰落的乡村，抒发出的则是对这种衰落境况的惋惜，抑或是对于利用外力去彻底改造乡村的热切期盼。事实上，此类话语体系无形之中也在将村落固化成了某种形式的标本，或者潜在地将其作为开展实验或试验的场域。然而，乡村自身始终是一种活态的存在，乡村发展会更为有赖于其内生性的动力。而这主要是体现在时间与空间两个维度上。就时间的维度而言，我曾经提出过中国乡村之变的三部曲，即从乡土中国转变到乡土重建，再到当下的

---

① 费孝通：《乡土中国》，北京时代华文书局 2018 年版。

乡村振兴，这一路的转变实际上都是从一种自身内生性的变革的节奏上去发力的。换言之，若能从一种变化的维度上去看待世界，那我们所看到的世界就自然而然属于是一幅轨道不断转换的文化适应性的图景。① 而对于乡村变迁的一种内生性动力的这一点而言，可清楚地见于费孝通半个多世纪以前有关于乡土中国、乡村重建的那些精辟的阐述中，并且也更有待于在当下的中国乡村振兴发展实践中去加以一种特别的发掘、积累和提升。而在空间的维度上而言，乡村从来不会是一种孤立的存在，它的空间范围正在越来越多地跟村落外面包括城市在内的世界相互紧密地联系在了一起。因此，我们必然是要以一种开放性以及包容性的眼光去展开对于中国乡村的研究，要真正能够跨越出乡村本身而去理解乡村，并最终回到乡村自身的维度上去理解中国乡村的存在。②

基于以上的这些背景的思考，对于中国城乡关系及其转型的问题便成为是一个非常有价值的选题方向，它在为我们提供了这样一种可能性，即透过它，我们可以去用一种历史性的、开放性的以及转型性的眼光重新审视中国的乃至于世界意义上的乡村发展。为此，我曾于2014 年召集过由我所主持的"公正读书小组"去围绕这一主题展开专题性的研讨，这些研讨的成果后来转化为《城乡中国》一书，并于2018 年由清华大学出版社正式出版。而在这个过程中，我的博士生张文潇一直协助我完成了全书各个部分书稿的组织、协调与汇总的工作。也恰是在这期间，文潇自己也开始关注到了她的家乡正在尝试着要以"农村电商全覆盖"的方式去搭建起城乡之间新的流通体系的实践，

---

① 赵旭东：《变化逻辑下的文化跨越——一个人类学者村里村外的记录与反思》，《广西民族大学学报》（哲学社会科学版）2022 年第 1 期。

② 参见赵旭东《变化逻辑下的文化跨越——一个人类学者村里村外的记录与反思》，《广西民族大学学报》（哲学社会科学版）2022 年第 1 期；赵旭东《闭合性与开放性的循环发展——一种理解乡土中国及其转变的理论解释框架》，《开放时代》2011 年第 12 期；赵旭东《远去与归来——一种跨越乡土社会的田野民族志方法论》，《西北民族研究》2009 年第 1 期。

她有兴趣于这种新的变化，并打算以人类学田野调查的方式去考察这种基于新技术、新理念以及新实践而建立起来的新的城乡流通体系对乡村社会自身而言的那种适用性和推广性的可能性。我也极为赞同这个选题，因为在日益增加的各种形式的网络民族志的研究中①，农村电商的出现恰是一股正在形塑着中国城乡关系且有待研究者去予以关注和书写的新的力量存在。

　　记得在 2016 年的暑期，我曾带领着研究生们到文潇的田野点古木县②去考察，通过深入访谈而得知，当地以板栗为主的农产品流通业务最近那几年屡屡受阻，销售不畅。甚至在 20 世纪的 90 年代，还发生过作为当地流通中心的小豆庄供销社因板栗业务的失败而使得多个当地供销社和数百位栗农蒙受了近 500 万元损失并最终导致破产的重大纠纷事件。对于这样的背景和事件而言，它将在乡村社会之中引起怎样的变化？不同的利益群体在这过程中的参与和反应又是怎样的？这些显然都是我极为有兴趣要去了解的。而且凡是那些经历过这个时期的人而言，对于此类的地方性事件给予乡村自身生活带来的震动也必定是深有体会的。此外，如何从学理的角度来对这些乡村社会的变化作出一种理解，也同样是我所特别感兴趣的问题。还记得在同年的 10 月中旬，我带领着"微信民族志：自媒体时代的知识生产与文化实践"研讨会的与会专家学者再次到古木县考察，并参访了位于县城的淘乐电商公司，为其所设定的并非切合实际的乡村电商业务目标而感到担忧，当然也对这类的基于网络的新现象表示出浓厚兴趣。我为此而提示文潇不妨就以此为线索，从时间发展的维度上去追溯当地板栗流通的体系，尤其是多元主体的存在，包括供销社、个体栗贩以及电商公司的变化与发展；另外还可以从空间意义上去探讨由流通体系

---

　　① 《网络民族志的涌现——当下世界人类学书写的文化转型》，《广西民族大学学报》（哲学社会科学版）2021 年第 5 期。
　　② 依据学术惯例，张文潇博士将此地名做匿名化处理。

本身所构建起来的一种新型城乡关系。简而言之，就是去运用一种人类学的线索追溯法来把人与物都共同放置到某个自然或者人造环境的大背景之中去，循着它们不断移动的轨迹所生发出来的各种现象来去实现一种在一个点之上的线和面上的整体宏观的理解。①

基于其深入、细致而又长时段的田野工作，围绕着板栗这个地方性特产的线索中心，文潇回溯了该地区栽植板栗的历史背景，分析了板栗的生产、加工与销售等事项对于当地日常生活的影响。从中可以看出，在农产品生产的领域中，农民对栗树的态度几经转变。从他们的"争树""弃树"以及"守树"的种种行动当中，可以窥见到乡土社会自身存在的那种左右摇摆的钟摆式发展逻辑，从这一角度去看，栗树种植和经营作为当地的生计基础也将会持续地作为未来农民生活的保障。这方面，文潇的研究显然为我们提供了一幅坚实可信的画面。

而除了栗树种植和生产的这一领域之外，还必然有农产品流通的这个媒介性的领域。随着改革开放，中国的从计划经济而向市场经济的转型，一度曾作为农村地区唯一性的商品流通渠道的基层供销社系统在面临着重重挑战，成千上万的乡村供销社也经历了从盛极一时而到日渐式微的历史演变过程。而与此同时，市场因素的介入，城乡市场运行中的多元主体开始参与到了板栗流通的领域当中来，原有的"集体/个人—公家"之间的交易逐渐转变为"个人—个人"之间的直接性交易，由此所隐含的风险也层出不穷，信用成本不断增加。而为了完善农产品流通体系，平衡城乡市场关系，借助于以移动互联网为基础的新媒体的出现，部分区域自上而下地开始去推行"农村电商全覆盖"的做法，尝试着利用电商这一新的平台来去帮助农民销售自己的农产品，而隐藏在这背后的则是"工业品下行"和"农产品上行"那种对计划经济时期的"供"与"销"形式的取代与转型。

从文潇的研究看来，农村电商必然会成为促进城乡流通体系转型

---

① 参见赵旭东《线索民族志：民族志叙事的新范式》，《民族研究》2015 年第 1 期。

与良性发展的新媒介，但小豆庄所在县域的实践则表明，由工业品下行和农产品上行这一来一往的互惠结构所构建起来的电商与农户之间的市场关系可能会再次出现一种分层，结果就是电商处于了上位，而农民则处于了下位，进而导致了一种城乡流通体系的不平衡。为此，她特别提出了超越于那种城乡分离的固有观念，循着这二者各自的运行逻辑去寻找到相互性的契合点，使城乡在得与失之间相互能够实现一种有机的团结，由此一种社会性关系的平衡和良性发展才能真正得以实现。

事实上，文潇正是以小豆庄基层供销社出口业务失败那个案件为核心线索，研究了这一案件使得板栗在流通过程中所遭遇的那些阻碍与纠纷解决的过程，同时还包括隐藏在其背后的更为深层次的乡村社会文化转型的问题。总体而言，她研究了一个城乡商贸流通系统在北方乡村中的兴与衰的转换过程。或许，统购统销是一个时代，开放搞活的市场经济又是一个时代，而网络电商则又是另外一个时代。这些不同时代在她对这个名字叫小豆庄供销社发展史的细致入微的观察和描记中得到了一种直接的展现。这方面，对于社会与文化而言，或许没有什么是不可以改变的，但唯有人们对于自身美好生活的向往之情则是始终不渝、不曾改变过的，如果没有这一点来去作为人们行动的驱动力，那对人的世界而言，改变或者没有改变也就没有什么实质意义了。

供销社的发展本身显然是当代中国的一个缩影，它直接勾连起了城乡之间的裂痕，给乡村里的人以生存的机会和富裕生活构建的可能，并同时也提供给城市里的人以消费品上的丰富多样。这里最为重要的是在城乡之间供给与需求的关系上有了一种平衡性的建立，互惠共赢在这一点上表现得最为突出，也最为根本，一旦这种平衡转换成为了失衡，那二者间的顺畅性的关系就会受到一种威胁。很多时候，这种互惠性的关系总是会随着一边倒的城市压倒乡村的城市化进程而不再可能得以持续或再生产，由此带来的乡村凋敝也必然是要发生的。在这方面，我还是相信，总会有一天，城里生活的人会再回过头来去怀念有供销社从乡村直接提供新鲜多样的山货和土特产的日子，也会相信，乡村里的人必然会去怀念自己为能够搜集到这些地方性的土特产来换取自己家庭生活改善的那份艰辛、快乐和幸福。尽管对既有的那种供销合作社的景色而言，一切似乎都变得是烟消云散了，但在这方面人们的记忆定会永存，不时的对于过去的回忆就是对社会可能走上一种歧路发展的最为强有力的警醒，历史在这个意义上显然是可以作为一面镜子而存在的。而在这方面，文潇的博士论文的研究为我们提供了一个有关于乡村供销合作发展的前世今生的一部完整的生命史，里面的细节都可谓是极为鲜活且有温度的，由此而为我们展现出了一幅印刻不同时代变迁的清晰画卷。

文潇博士毕业后，工作之余在原来博士论文的写作基础上，经过了一段时间的续改和完善，使其变得更为扎实耐读。最近欣闻此书要付梓出版，故有撰写此序的机缘，借此一是可以向更多的读者去介绍她的这份精彩的研究，另外也希望她能够在人类学研究的探索和发现之路上越走越远，越走越深，越走越有境界和品味。行笔至此，不揣冒昧，凑成如下数句，示与文潇，以嘉其学，并乐观其成：

> 供销为媒动村郭，家户邻里忙山货。
>
> 曾经景色合作路，今朝振兴互惠曲。
>
> 农家土中求衣食，富裕小康重流通。
>
> 城乡一体探新路，文章做足下田野。

2022 年 5 月 23 日夜于京南书房

第一章　导论

商品流通作为一个构成人们社会生活的重要领域，始终受到国家的关注与改造。自 20 世纪 50 年代起，中国的商品流通领域经历了以统购购销为特点的流通体制后，逐渐走向开放。在这个过程中，许多企业因不合市场规律遭遇困境，作为基层流通中心之一的小豆庄供销社更是由于当地主要农产品（板栗）的流通受阻而蒙受了 500 万元的损失，牵涉 8 个基层供销社、324 户社员，以致最终破产。小豆庄供销社不只是一个简单的集体企业，而且是流通体制在特定时代的缩影，它映射出了隐藏其后的中国的城乡关系。基于此，对于小豆庄供销社的建立、发展、破产与转型的探索，将为理解中国的流通体系以及城乡关系提供一份参照资料。目前学界内关于流通体系的研究汗牛充栋，但多关注于对某个阶段或某个环节流通状况的讨论，对本土的"供""销"的理解仍有待填充。因此，本书将采用线索民族志的方法，尝试打破时空的阻隔，以小豆庄供销社的破产为线索，探观中国流通体系的转型与发展。

第一节　唾沫沾走的 500 万

中国是一个乡土社会，乡村是中国社会发展的有力依托。自革命年代的"农村包围城市"以来，党和国家始终将农业与乡村发展纳入到政策设计的考量当中。中华人民共和国成立之初，随着政权巩固与经济建设的展开，政府遭遇了物资紧缺的瓶颈，自由市场成为了政府施展经济抱负的一大障碍。1953 年，政府开始对粮食实行计划收购与供应，随之将农副产品购销纳入了国家统购或统一收购（收购一定的比例）的计划，由国营商业与供销合作社向社队进行收购，从而限制甚至一度禁止私人的买卖与交易。但事实上，私人买卖始终"关而未闭"。

基于这样的背景，河北省承德地区话剧团拍摄了一部电影，并在文革期间重新拍摄上映，它就是烙印在一代人的记忆中，并为我们今天重新回溯和还原当时的社会情境提供了直观的影视资料的《青松岭》。影片故事的主线是围绕富农与广大群众之间展开的阶级斗争，及隐藏于其后的公与私之间的博弈：剧中，反面人物钱广最初是以中农的身份出现，但实际上，他是个流窜至该地并成功隐藏身份的富农。作为在生产队里的车把式，钱广进城送货时总会夹带一些土特产到城里卖，一来帮村民销货，二来赚取差价。由于城里市场的价格高于基层供销社的收购价，这种赚取差价的可能也刺激着社员通过装病等方式脱离集体生产而私自上山寻找山货。最终，这一隐秘的交易链被新任党支部书记方纪云、老车把式万山大叔和想要驾车的"假小子"秀梅合力揭穿，他们还重新给钱广戴回了"富农"的帽子。从影片宣扬的价值观来看，钱广正是引导社员走资本主义道路，破坏社会主义建设的坏分子。

该片并非仅仅是一部为宣传意识形态而虚构的影片，故事中的钱广在现实中有着人物原型，他是茅山公社①果园大队给生产队赶马车的张惠。如影片记录的，车把式张惠经常会帮其他社员捎带山货，帮他们挣些零花钱，这一素材被当时到青松岭体验生活的话剧团知晓并拍成了电影。《青松岭》上映后，影响辐射全国，当地人认定张惠就是钱广，不仅将其改称为"钱广"，而且在态度上也发生了转变。张惠全家

---

① 现已更名为"青松岭镇"。

老小不敢看电影，他们受到了社队的批判，在众人面前也抬不起头来。

改革开放后，人们开始反思，钱广或者张惠本人到底如何？为此，作家何申受邀重新编写《青松岭后传》，并试图重新描画一幅钱广的人物图。在完成这部作品后，何申重新审视了自己的创作成果，遂在《从对不住"钱广"到"对号入座"》中写道："虽然我没有把张惠当原型，但《青松岭》把他的原型身份定得太牢了。结果，《青松岭后传》亦在不知不觉中，继续干扰了人家的生活。从这个逻辑上推论，我应该对张惠老人家说声对不起。但从历史的角度看，我们其实更应该对像'钱广'那样想发家致富、勤劳致富的社员说声对不住。"[①] 在倡导自由与权利的当今时代，反观整个事件的脉络和转折，不免为钱广式的人物感到同情与惋惜。在很大程度上，《青松岭》实际上是以钱广为线索对当时中国农村流通体系的巧妙呈现，而回溯钱广的遭遇则是对整个流通体制的反思。

生产资料的流通机制发生的巨大变革，以农产品流通的变化最为广泛而深刻，政府对农民私自达成农产品交易的态度由"不准卖"转向"帮着卖"。20 世纪末 21 世纪初，国家着手以互联网等新技术引导农村地区的转型与发展，进一步回应广受各界关注的"三农"问题。为适应社会转型，落实上级文件精神，古木县县政府印发《古木县2016 年农村电子商务全覆盖工作方案》（后简称《方案》），计划到2016 年 5 月底，实现"三个全覆盖"[②]。《方案》将农村电子商务作为农村市场体系建设的重要引擎和城镇化建设的重要支撑，以"农产品进城"和"网络商品下乡"为核心，打通农村电子商务双向流通渠道，以此增加农民收入，提高农民生活水平，从而推动城乡一体化发展。

以《方案》为指导，县商务局通过公开申报、评审、公示等程序

---

① 何申：《从对不住"钱广"到"对号入座"》，《文学自由谈》2007 年第 1 期。
② 具体指县域农村电子商务体系全覆盖、农村电子商务（城乡）双向流通渠道全覆盖、行政村电子商务应用全覆盖。

评选出了农村电子商务全覆盖运行主体——古木县淘乐网络科技有限公司（后简称"淘乐"）。该公司与中国村镇O2O电商服务平台淘乐（总部）合作，对镇和村现有的小卖部、超市择优进行改造，将其转化为线上商城在农村的线下服务站。根据规划，农民和电商可以依托这些服务站，把农产品输送到城市，再把商品和信息快速输送到农村，从而达到电商扶贫的效果。

2016年7月底，笔者到淘乐进行了为期45天的实习，试图发掘城乡的流通体系在与电商相遇时所呈现的韧性与活力。然而，通过观察发现，淘乐的实际运营情况与它轰轰烈烈的开场形成了极大的反差：淘乐对外公布，自1月正式开通服务站起至8月底，平台线上交易总额为935万元。但事实上，8月实际交易额约为21万元，仅达公开交易额的2.24%，这不免让人对交易总额这项数据的真实性产生怀疑。①此外，8月中旬，当地重要的农产品板栗开始丰收，作为此次电商全覆盖的主要目标和主营业务，淘乐于8月下旬初步选取两个村庄开展市场调研，并在随后以16元/市斤的价格在平台上打出了销售优质板栗（313）的广告。然而，这则广告始终无人问津，板栗的线上交易额为0。

对当地人而言，板栗究竟意味着什么呢？板栗，也称"栗子"。对当地大多数村民来说，早年的栗子，是粮，可以充饥饱腹。据《苏秦列传》载，"南有碣石、雁门之饶，北有枣栗之利，民虽不由田作，枣栗之实，足食於民，此所谓天府也"②，描述的就是这片区域的人民真实的生活场景。1983年分田到户后，尤其随着社会主义市场经济的展开、嫁接技术的不断完善以及退耕还林等政策的颁布实施，栗子的自然属性越来越让渡给社会经济属性。栗子，是命，成了家家户户的

---

① 根据对淘乐公司员工访谈，自1月至8月，随着开通的服务站逐渐增多，每个月的营业额整体呈逐步上升的趋势。此外，8月是当地农民在秋收前集中储备生活用品的时间段，交易额应高于平时，至少应占总营业额的1/8，但实际却远远不及。基于此，可以判断，935万元是淘乐设计的一场"数字游戏"。

② 《苏秦列传》是史学家司马迁创作的一篇文言文，收录于《史记》中。

吃穿用度、寻医问诊、婚丧嫁娶、迎来送往的指望。

由此，板栗在当地生活中的重要地位可见一斑，也是因此，淘乐公司在销售板栗上的惨淡数据，引发了一场关于板栗流通的讨论。2016 年 8 月，导师赵旭东教授带领我在当地观察电商对农村可能产生的实际影响，一次偶然，导师与我的父亲开始谈论淘乐能够成功将农产品运销出去的可能性。基于以往的生活经历，父亲认为这种可能性很低。板栗具有难以储存的特性，加之其市场价格波动大，使得板栗流通的风险极大，二十多年前，在当地盛极一时的小豆庄供销社就是因板栗流通不畅以致无法给付、偿还 500 万元的板栗款而最终宣告破产，即便是时下在当地风生水起的板栗加工公司也是在政府的强力支持下勉强维持，更毋庸提刚起步就遭遇重重困难的电商公司了。

二十多年前，当地的板栗流通业务遭遇了什么？可以说，无论城乡，500 万元在当时都是一个天文数字，这个数字背后是几百位栗农白费了一年的辛勤劳动与接下来一年没有着落的生计。对当年蒙受损失的栗农老五来说，栗子，是命，因为无望讨回栗款，她差点儿一时冲动从县供销社的楼上一跃而下。事情的起因要追溯到 1996 年，是年秋，老五一家玩命儿似的干了一个月，把栗子抢收回家。像往年一样，这些板栗陆续以赊销的方式卖给了当地的基层供销社——小豆庄供销社，如无意外，大概可以收到 7000 元栗款。除去给大儿子"说媳妇儿"① 的彩礼，这笔收入足以维持家里接下来一年的开销。当年，令农民歆羡的供销社正式职工的月工资也不过三五百元。这包含着老五7000 元的 500 万元，在当年向小豆庄供销社赊购板栗，却因出口业务失败而造成亏损的龙虎峪供销社的主任老周的口中，不过是他"用唾沫沾走"的一组数字。

老五说，那场意外来得始料未及，谁也不会想到有着"政府背景"、垄断了当地商品流通业务近 40 年的小豆庄供销社会轰然倒塌，

---

① 娶妻，当地的表达。

1995 年，它还红红火火地靠着板栗收购与加工业务盈利了 100 多万元，员工分红，栗农歆羡。因为此次意外蒙受损失的，不止老五一家，把板栗以赊销的方式卖给小豆庄供销社的，包括该社范围以内的 10 个村庄的 232 户社员，范围以外的 92 户社员①，以及为其在各地代收板栗的 8 个平级单位（基层供销社、生产资料公司）。（详见表 1 - 1）意外发生当年，小豆庄供销社通过将债务转移给小豆庄信用社和以货抵债的方式偿还了约 100 余万元欠款。然而，大多数栗农当时并未接受这两种抵债方式。翌年，栗农们才逐渐意识到若不采取行动，栗款将追回无望。此后，242 户栗农逐渐走向联合，试图通过在供销社门口堵截、政府门前静坐、联名申诉和集体上访等方式追回损失、讨回公道。

然而，直至 2004 年古木县供销合作社联合社发出的《关于小豆庄供销社情况的汇报》，才正式陈述了外界盛传的小豆庄供销社 500 万元亏损案的始末：

> 小豆庄供销社将从各基层社及社员手中收购的 381 吨板栗交给邻县龙虎峪供销社，合款 533 万元，龙虎峪供销社给付了一部分现金，小豆庄供销社又从龙虎峪供销社拉回一部分板栗，龙虎峪供销社尚欠小豆庄供销社板栗款 377.4 万元。由于该社板栗出口业务失败，未能给付小豆庄供销社欠款。后经采取诉讼等多种方式追索欠款，由于龙虎峪供销社本身也损失惨重无能力给付，此款追回无望。②

这份汇报发出约一个月后，古木县供销合作社联合社于 8 月 10 日再次向古木县体改委员会作了《关于小豆庄供销社产权制度改革及资

---

① 主要分布在牛圈子、大营盘、佟家沟、赵杖子、北台子等村庄。
② 根据《古木县供销合作社联合社关于小豆庄供销社情况的汇报（2004 年 7 月 13 日）》整理，资料来源：古木县供销合作联社。

金分配方案的报告》（后简称《报告》）。《报告》显示：

> 1996 年秋，小豆庄供销社经营板栗失误造成严重亏损，致使
> 欠职工的各种款项及欠外部社员的板栗款不能给付。这引起了栗
> 农多次群体越级到省市上访，造成了很坏的社会影响，已成为古
> 木县不稳定因素一大隐患。截止到 2004 年 8 月末，小豆庄供销社
> 总负债为 5618975.60 元。预计全部资产出售及土地出让所得款项
> 不超过 100 余万元。①

这两份报告是在当下仍为当地人津津乐道的"500 万亏损"大案
发生的八年后发出的，旨在配合政府对小豆庄供销社进行清产核资，
对其内部资产与负债情况及所欠栗款进行全面核实清理，进而安抚多
次群体上访的栗农，减小社会影响。最终，这个主要涉及 8 个基层供
销社、324 户社员的亏损在经过了八年的各种形式的上访、申诉和抗
议后，分别以 10%、25% 的赔补而告一段落。（详见表 1-1）

表 1-1　　　　　　小豆庄供销社欠款及赔付情况一览表

欠款单位/村庄		欠款金额（元）	欠款合计（元）	赔付金额及比例（元）
平级单位	车河铺供销社	282746.36	1177940.00	117794.00（10%）
	南双洞供销社	123700.48		
	三道河供销社	172400.00		
	莫古②峪供销社	525328.86		
	白马川供销社	2671.20		
	孙杖子供销社	33670.40		
	黄酒铺供销社	18000.00		
	生产资料公司	19328.70		

---

① 根据《关于小豆庄供销社产权制度改革及资金分配方案的报告》整理，资料来源于古木
县供销合作联社。

② 登记问题，现名为"蘑菇峪"。

续表

欠款单位/村庄		欠款金额（元）	欠款合计（元）	赔付金额及比例（元）
范围以内的村庄	小石洞村①	407035.44		
	小豆庄	949.36		
	碌村	43585.90		
	大树沟村	5101.30		
	车道峪村	38762.56	951026.99	237757.00（25%）
	火山子村	17448.60		
	靠山村	26272.70		
	黄门子村	2107.80		
	秋木林村	18469.99		
	得山村	1849.60		
范围以外的村庄		389443.74	389443.74	

资料来源:古木县供销合作联社,根据《古木县供销合作社联合社关于小豆庄供销社情况的汇报（2004年7月13日）》整理。

　　栗农的"栗子是命,也要命"的矛盾情感,非亲历者,难解其味。2016年9月17日,我结束了对当地农村电商公司的调研,开始进入当地一户栗农的家庭,全程参与了板栗的抢收工作。抢,是打破自然时间的限制,不分昼夜;抢,是压抑身体本能的需要,不知饥渴;抢,是清除所有可能的障碍,不舍硕果。弯腰、蹲下、挪着小步捡拾,起身、站立、拎着口袋到下一个树场,简单的动作在重复一天后,对人而言,都变成了极大的考验,有的难蹲下去、有的难站起来。除了在相对平缓的树场捡拾栗子,当栗农从河道里、杂草中、柴火垛的缝隙间抬起一颗颗栗子（或栗卜楞②）的时候,我才慢慢意识到这些为外人所忽视的板栗也早已在他们的炯炯目光之中,可谓"栗栗在目"。然而,栗农珍视的板栗在市场中却屡遭困境,这使他们在早期承担着赊

----

① 小石洞村欠款金额较大,且在诉讼过程中开支了一些费用,因此从总分配资金中拿出4万元,作为额外补贴。

② 当地的表达,为板栗的总苞,呈球形,外面密生尖刺。

购赊销带来的风险，随着市场经济的逐步展开，这种风险因买方市场的不断强化而越发严重，板栗、栗农与栗贩所经历的却始终鲜为人知。

由《青松岭》可以看到农产品流通体系的演变，然而，栗农却始终在农产品流通市场中遭受风险，他们对于供销社时期 500 万元亏损的记忆，及其当下对于农村电商所抱有的怀疑与期待，都使笔者的研究含有对这一群体现实处境的关切。除了探究农村电商在这一时空场景下落败的原因，笔者集中思考三个问题：第一，板栗市场所映射的国家与社会的关系如何？第二，以板栗为线索的供销体系存在何种延续与转型？第三，由供销/流通系统勾连起来的城乡关系如何？为此，我们首先向既有的成果投去关注。

第二节　市场、供销与城乡关系

经济人类学的研究由来已久，其产生与发展主要是源于对资本主义的经济学的反思。所谓的资本主义的经济学主要以亚当·斯密为代表，他们强调自由竞争，认为市场有自动调节的功能，应该尽量减少政府干预。在这样的经济体系中，绝大部分生产资料归个人所有，而这些人都是追求利己的"理性人"。[①] 在这样的社会中，每个人生来首先和主要关心自己。他们更为深切地关心与自己直接有关的，而不是对任何其他人有关的事情。[②]

不同于资本主义的经济体系，马林诺夫斯基（Bronislaw Malinowski）在《西太平洋上的航海者》中呈现了巴布亚新几内亚东部群岛上的一种叫"库拉"的交换制度。[③] 与当时（乃至时下）对原始贸易所

---

① ［英］亚当·斯密：《国富论》，唐日松等译，华夏出版社 2005 年版。

② ［英］亚当·斯密：《道德情操论》，蒋自强等译，商务印书馆 2010 年版，第 101—102 页。

③ 库拉是在一圈海岛上生活而形成一个封闭循环的众多群体之间进行的，他们主要用于交换两种物品分别是由红色贝壳制成的项链"索巫拉伐"（沿顺时针方向流动）和白色贝壳制成的臂镯"姆瓦利"（沿逆时针方向流动）。

抱有的主流的先验观念①不同，库拉的所有主要交易都具有公开性、礼仪性和规则性的特征，而用于交换的物品却并不具有实用性。此外，这种交易还具有持久性的特征，其主要表现在物品的流转与交换双方的伙伴关系的维持上，"一旦在库拉中，便永远在库拉中"。身处于其中的土著人虽然也喜欢占有，但更注重给出与获得的社会准则，这样库拉便成为了一种大型族际风俗与关系网络的基础。从此种意义上来说，整个库拉交易的过程都在证明关于"野蛮人具有纯粹的经济属性"的判定是一个巨大的误解。②

基于此，马林诺夫斯基建立了经济人类学的三个主要研究课题：第一，西方资本主义的经济学的概念是否适用于非西方社会的经济现象；第二，经济必须由非经济的社会文化脉络来了解；第三，如何呈现经济活动中当地人的观点。这三个课题受到了以其弟子弗思（Raymond Firth）为代表的一派的挑战，双方争论的焦点在于是否可以用西方资本主义的经济学来解释非西方资本主义社会的经济现象。相对而言，弗思承认了西方经济学原理在研究原始经济上的有效性。③

实际上，两派的争论就是经济人类学中的实质论与形式论之争，实质论者认为，西方资本主义经济学并不适用于解释非西方资本主义社会的经济现象，反之，形式论者则认为只要作出适当修正，西方资本主义经济学的观点可以用来解释所有的经济现象。将这种争论带到理论层面的是波兰尼（Karl Polanyi），他指出，在指涉人类活动时，"经济"这一术语兼具"实质意义"与"形式意义"：经济的实质意义源于人类依赖于自然及其同伴谋生，它指的是人类与其自然和社会环

---

① 土著人只会在基本的生存压力之下才会进行一种间歇性的、不规则的经济活动。

② ［英］马林诺夫斯基：《西太平洋上的航海者》，张云江译，中国社会科学出版社 2009 年版，第 45—57 页。

③ 黄应贵：《返景入深林：人类学的观照、理论与实践》，商务印书馆 2010 年版，第 198—201 页。

境进行交换，以供给他需要满足的物质资料；经济的形式意义源于目的—手段关系的逻辑性质，与理性行动的逻辑相关。二者没有什么共同之处，前者来源于实际，后者则来源于逻辑。① 在他看来，人类社会的经济是嵌入到制度、经济与非经济之中的，在不同的时空场景中有着不同的交换体系，即互惠（reciprocity）、再分配（redistribution）、交易（exchange）。互惠意味着在对称群体中相互关系的点之间的运动，如部落（tribal）社会；再分配指的是朝向一个中心而又从这个中心离开的运动，过程中常见的是"共享"，如古代（archaic）社会；交易则主要指在市场体系中个人之间的以物易物，如西方社会。② 显然，按照这种划分，用分析西方社会的理论和概念来分析非西方社会并不适用。

波兰尼的观点受到了一系列形式论派的批评及随之而来的实质论者的反击。形式论者比尔林（Robbins Burling）认为，波兰尼等人的观点掩盖了原始人在没有市场的情况下也是"节俭的"（economize）（即实践理性化计算）这类可能性。③ 库克（Scoot Cook）则指出，以波兰尼为代表的实质论派的观点发源于一种"反市场"的意识形态，它将经济理论视为是19世纪市场经济及其公认的辩护者（古典经济学家）的产物，而他们极端的结论则源自于荒谬的逻辑，最终可归于一种形而上学（不可验证）的命题。④

1960年中期以后，随着资本主义的全球性扩展，形式论与实质论的争辩逐渐没落，现代化理论中非西方社会要克服哪些阻碍来达到西方水

---

① Karl Polanyi, Conrad M. Arensberg, and Harry W. Pearson (eds.), *Trade and Market in the Early Empires*: *Economies in History and Theory*, New York: The Free Press, 1957, p. 243.

② Karl Polanyi, Conrad M. Arensberg, and Harry W. Pearson (eds.), *Trade and Market in the Early Empires*: *Economies in History and Theory*, New York: The Free Press, 1957, pp. 250 – 256.

③ Burling, Robbins, "Maximization Theories and the Study of Economic Anthropology", *American Anthropologist*, 64, 1962, p. 804.

④ Cook, Scott, "The Obsolete 'Anti-Market' Mentality: A Critique of the Substantive Approach to Economic Anthropology", *American Anthropologist*, 68, 1966, p. 336.

平转而成为热门的讨论。其中，原生的传统文化对于当地人现代化的阻碍，成了当时最主要的研究模式。[①] 福斯特（George M. Foster）在研究墨西哥的金遵庄时发现，当地人强调社会资源的有限性，认为一个人增加收入会相对剥夺其他人可以分到的利益，这种观念阻碍了当地经济的发展。[②]

随后，格尔茨（Clifford Geertz）对这种以西方发展经验为目标的现代化理论作出了修正。通过对印度尼西亚爪哇岛上的贸易型集镇莫佐克托（Modjokuto）与巴厘岛上的宫廷式的小镇塔巴南（Tabanan）的比较研究，他指出，不能忽视根本上的社会与文化变迁为快速的经济增长所铺平的道路。在狭隘的经济观点中，发展的过程在本质上几乎等同于两种情况：第一，为经济理性的自由运行清扫出一个更宽广的领域。第二，建立一个特定的规范化准则、一个经济伦理，使这种理性可以得到社会调节。但实际上，经济的重组与再造只有在更广的社会中发生，才助于这类理性化经济的发展，而经济所适合的方式在不同的地区之间也有着明显的区别。如塔巴南镇和莫佐克托镇都是传统的，但是代表着不同类型的传统主义。[③] 与之相似的，都是"现代"的，但也是不同的现代性。基于此，我们必须设想存在着与经济合理化相关的社会与文化变迁的真正规律。[④] 虽然格尔茨指出了传统文化

---

① 黄应贵：《返景入深林：人类学的观照、理论与实践》，商务印书馆 2010 年版，第 207—210 页。

② Foster, George M., *Tzintzuntzan: Mexican Peasant in a Changing World*, Boston: Little, Brown and Company, 1967. 转引自黄应贵《返景入深林：人类学的观照、理论与实践》，商务印书馆 2010 年版，第 207 页。

③ 莫佐克托镇的经济主体是从集市背景中发展而来的商店主阶层，他们倾向个体主义，有经济头脑，很少受到传统乡村社会的限制，这使得他们在效率方面占优势，但在资本化方面占劣势。与之相对的，塔巴南镇的企业家则来源于一个长久行使权力的阶层，塔巴南的多元集体主义，使得他们在调动资金方面存在优势，但在提高效率和合理化方面存在劣势。总体而言，前者的发展过程主要是以经济为基础和导向的，企业家想要的主要是富有，而后者的发展过程根本上是政治的，企业家想要的是保持权力。

④ Clifford Geertz, *Peddlers and Princes: Social Change and Economic Modernization in Two Indonesian Towns*, The University of Chicago Press, 1963.

对前飞跃（pretake-off）社会的发展产生了积极的影响，但他也承认，到飞跃阶段，仍需要突破传统的限制。他与福斯特都是在探讨当地的社会文化与资本主义相遇后所发生的反应，以及农民在其中的认识与反应方式。

关于资本主义的经济学理论是否适用于解释非西方社会，实质论与形式论之争涉及面极广，而关于资本主义经济与本土社会的传统文化之间的关系，也有很多讨论，但二者均未提升到本体论的层面，真正碰触到理论上的本体论问题的是莫斯（Marcel Mauss），他在《礼物》一书中，围绕资本主义经济之外是否有另外一种经济与社会形态这个问题提出了"礼物经济"。① 他以"夸富宴""库拉"贸易、"通家"的交换为材料，在分析了古代社会中义务性、竞争性、群体性、循环性的"送礼—收礼—回礼"活动后，回答了一个问题，即：是什么样的法律和利益规则导致接受了馈赠就有义务回报？他认为，使受礼者承担回礼责任的是礼物中包含的一种精神力，这种精神力也可以理解为送礼者的某些精神本质或一部分灵魂，它在随礼物送出后总是想回到自己的主人那里。如果不正当的占有或保留，将有致命的危险。② 人与物的融合，保证了物品与精神在社会中的持续交换。显然，这一类型的经济体系不能被纳入功利主义经济的框架。

这种反思后来在阿兰·迦耶的研究中得到了延展，他认为应该反思目前大行其道的个体性的利己主义，并将莫斯礼物的三段论发展为"要求—赠与—接受—还礼"四个步骤。在这四重关键时刻都具备的情况下，礼物的循环形成了一个积极的圆环，但它同样也可以变成一个消极的圆环。具体来说，圆环的性质取决于上述的四重步骤及其反义词：要求—忽视，赠与—夺取，接受—拒绝，还礼—长期占有，如

---

① 黄应贵：《返景入深林：人类学的观照、理论与实践》，商务印书馆 2010 年版，第 204—205 页。

② ［法］莫斯：《礼物》，汲喆译，商务印书馆 2016 年版。

果参与礼物流转的人采用的是忽视、夺取、拒绝或长期占有，圆环就会变成一个分裂的圆环，整个礼物的过程也陷入了消极。迦耶还指出，积极的圆环和消极的圆环并非是完全对立的两种状态，二者在一定条件下随时可以相互转化。随后，迦耶将礼物范式的适用范围扩展至了宗教、管理①与心理②三个层面。③

　　事实上，莫斯的精彩论述在很长一段时间内并未引起足够关注，直至后来在农民经济的研究中，恰亚诺夫才告别了乡民社会如何适应资本主义经济的主题而回到了莫斯的关怀，在资本主义经济之外找到另一种经济类型——农民经济。这种经济类型以家作为经济活动的单位，既是独立的，也可以纳入其他经济体系。这种经济类别有着自然的亲属基础，具有普遍性、适应力与弹性，不必然得依附资本主义而存在。④ 这种观点得到了许多学者的回应，萨林斯在《石器时代经济学》中讨论了"家户生产模式"，还将焦点引向了劳动力的生产。他指出了恰亚诺夫关于家户的独立自主性的假定与人类学的社会文化观念相互矛盾，并认为家户或者个人都不能独立存在而需要与其他家户和个人合作，因此，即使是家户经济的"自然基础"也便受到了质疑。⑤

---

① 礼物的泛化，工友之间的相互问候与安慰也可称之为一种礼物的形式。

② 具体到人类学最为关注的人的心理层面，阿兰·迦耶认为，每个人都是自我封闭的个体，要在社会关系中与其他封闭的个体进行互动，礼物的作用就凸显出来了。个人在心理层面存在的问题大致可归为三种：1. 过度的要求；2. 付出的太多，在馈赠的过程中尽自己所能把所有供给他人而忽略自己也有接受礼物的需要；3. 接受礼物后的愧疚，立即还礼以及还礼的份额都会造成压力。这些问题根源于莫斯认为的人类行为的四种驱动力（利己与利他，义务与自由）的失衡：有些人只陷入到与自己有关的事情中，有人则认为自己身上只担负了对他人的义务。要获得个人心理上和人际关系上的和谐，就要在上述四种动力中寻求一种平衡。当人们的自我给予与自我投入进入到一种良性的状态之中时，便会对社会产生积极的意义。以礼物的范式的参照，我们可以对经济领域中板栗的流通重新做出理解。

③ 根据阿兰·迦耶教授 2017 年 11 月 11 日下午 14：30—17：00 在北京大学的讲座整理。

④ 黄应贵：《返景入深林：人类学的观照、理论与实践》，商务印书馆 2010 年版，第 213—214 页。

⑤ ［美］萨林斯：《石器时代经济学》，张经纬等译，生活·读书·新知三联书店 2009 年版，第 48—90 页。

在黄应贵看来，尽管恰亚诺夫探讨了资本主义经济之外的另一种可能，但依照马克思主义展开研究才是真正面对资本主义经济之外的另一种可能。在此研究中，结构马克思论在经济人类学的发展上所具有的挑战性最为突出，主要体现在三点：认识论上的挑战、剔除资本主义文化偏见①、凸显被研究社会文化的特色。然而，这一理论存在着研究单位难以确定、最终落脚于社会性质而非经济、概念与经验不符等问题，加之苏联等社会主义社会的解体而在 1980 年走向没落。②

如上所述，对资本主义经济学背后的一整套的资本主义生产体系进行反思与批判的思潮，早已在世界范围内展开且延续了数百年，其中以社会主义理论最为广泛而强劲。16 世纪初，托马斯·莫尔为揭露资本原始积累，批判剥夺农民土地的圈地运动乃至新生的资本主义关系，虚构了一个在其中人们享有平等权利、财产实行按需分配的以公有制为基础的乌托邦，并以此倡导消灭私有制，建立公有制。③ 这一思想在 19 世纪初期由欧文、圣西门和傅立叶等人的推崇下达到顶峰，他们均主张建立一个没有资本主义弊端的理想社会。其中，圣西门首次提出了"社会主义"的概念，而他们的设想由于过于理想无法实现而被称为"空想社会主义"。

随着资本主义的发展及其内部矛盾的日益尖锐，马克思和恩格斯批判性地继承了空想社会主义的思想成果，创立了唯物史观和剩余价值论，使社会主义从"空想"变为了"科学"。通过细致地研究资本主义生产方式的矛盾，马克思认为"国民经济学"只是强调了贪欲及贪欲者之间的战争（竞争），但并未说明劳动与资本在其中分离的原因，并指出在以私有制为基础的资本主义生产关系下，物

---

① 具体指资本主义文化将经济限于现代经济制度和活动的偏见。

② 黄应贵：《返景入深林：人类学的观照、理论与实践》，商务印书馆 2010 年版，第 215—219 页。

③ ［英］莫尔：《乌托邦》，戴镏龄译，商务印书馆 1982 年版。

的世界的增值同人的世界的贬值成正比,即工人生产的财富越多,他反而越贫穷。劳动者所生产的产品作为一股不依赖于他的力量,是一种同他对立的异己的存在物,这种异化使得劳动者成为其产品的奴隶。①

在《共产党宣言》中,他们进一步指出资本主义生产关系将撕裂所有的社会关系,"资产阶级在它已经取得了统治的地方把一切封建的、宗法的和田园诗般的关系都破坏了。它无情地斩断了把人们束缚于天然尊长的形形色色的封建羁绊,它使人和人之间除了赤裸裸的利害关系,除了冷酷无情的'现金交易',就再也没有任何别的联系了"。② 基于资本主义体系的种种弊端,他们号召全世界的无产阶级联合起来,用暴力推翻一切现存的资本主义制度。至此,围绕亚当·斯密完全自由的市场经济运行规则展开的反思主要延伸为两条脉络:一条是我们于上文已经介绍到的在社会主义思想潮流之下的反思与改革,这种改革在某一阶段曾呈现出走向另一个极端的趋势——政府指令下的计划经济。另一条是在资本主义经济体系之中的反思与调试,20世纪20年代,英国经济开始出现萧条,严重的失业导致一系列社会经济问题。30年代,凯恩斯系统地批评了自由放任的经济思想,提出了政府干预经济的主张。③

马克思、恩格斯的科学社会主义深刻影响了以苏联为首的社会主义国家,并在列宁、斯大林、毛泽东等人的倡导下选择性地继承并发展出了各具特色的社会主义道路。具体到经济领域,按比例分配社会劳动时间于不同生产部门是人类社会的客观规律,但资本主义社会只能以价值规律的自发力量和经济危机的强制调节做到按比例分配;只

---

① [德] 马克思:《1844年经济学哲学手稿》,中共中央马克思恩格斯列宁斯大林著作编译局编译(3版),人民出版社2000年版,第50—53页。

② [德] 马克思、恩格斯:《共产党宣言》,中共中央马克思恩格斯列宁斯大林著作编译局编译,人民出版社1997年版,第30页。

③ [英] 凯恩斯:《就业、利息和货币通论》,高鸿业译,商务印书馆2005年版。

有在以集体为基础的社会或共产主义社会，才能通过对经济规律的认识和事先计划做到按比例分配。① 以此为基础，社会主义中国初期逐渐发展了一套计划经济的体制。由国家对商品生产、商品流通和资源配置进行统一指导与分配，国有企业、集体合作社垄断着商品市场，行使着各项经济职能。

围绕这一体制，学者针对其缘起与影响展开讨论与反思。有学者认为，在某种程度上，中国之所以会选择计划经济体制，一方面是受到了西方经济大萧条与苏联工业化"奇迹"的双重影响。另一方面，则是源于我们对马克思主义者之于社会主义社会实行计划经济的设想的教条主义的理解和对模仿，甚至平移、复制苏联经验的渴望。② 此外，一部分学者从当时中国的社会背景出发，指出这种体制是内生的，植根于中国历史文化传统与经济社会发展演变的历史逻辑之中，由历史的路径依赖决定③；它是中国基于经济现实，为走上工业化道路、克服发展障碍的一种策略性选择。④

由此可见，国家为了实现社会主义工业化的目标在经济政策上偏重城市与重工业，积极推动了农业集体化、主要农副产品的统购统销、工农业产品的差价交换及限制城乡之间生产要素流动等以农辅工的产业发展政策，利用农业剩余实现了工业化的原始积累。⑤ 事实上，供销关系使得这种积累成为可能，合作是原始积累的基础，而带合作性

---

① ［德］马克思：《政治经济学批判大纲（草稿）》，刘潇然译，人民出版社 1973 年版。

② 冒天启：《五十年巨变：由计划经济转向市场经济》，《兰州大学学报》（社会科学版）1999 年第 3 期。

③ 赵凌云：《1949—2008 年间中国传统计划经济体制产生、演变与转变的内生逻辑》，《中国经济史研究》2009 年第 3 期。

④ 参见曹远征《中国经济现代化进程中的体制变革分析》，《管理世界》1989 年第 3 期；林毅夫等《论中国经济改革的渐进式道路》，《经济研究》1993 年第 9 期；陈甫军《中国为什么在 50 年代选择了计划经济体制》，《厦门大学学报》（哲学社会科学版）2001 年第 2 期；朱佳木《关于在国史研究中如何正确评价计划经济的几点思考》，载《理论前沿》2006 年第 21 期。

⑤ 参见赵旭东、朱天谱《反思发展主义：基于中国城乡结构转型的分析》，《北方民族大学学报》（哲学社会科学版）2015 年第 1 期；许经勇《中国计划经济体制的引擎：粮食等主要农产品统购统销》，《厦门特区党校学报》2009 年第 3 期。

质的组织机构则是这类积累的重要媒介。换而言之，供销合作社的建立为这种原始积累提供了保障，这类组织正式建立可追溯至毛泽东在七届二中全会上所作的报告："单有国营经济而没有合作社经济，我们就不可能领导劳动人民的个体经济走向集体化，就不可能由新民主主义社会发展到将来的社会主义社会，就不可能巩固无产阶级在国家的领导权"。根据这一思想，《共同纲领》对合作社经济的性质和任务作出肯定，并规定了针对合作社的政策。随后，中央合作事业管理局（1949）、中华全国合作社联合总社（1950）先后成立。①

通过自上而下的大力宣传，以及自下而上的社员入股，供销合作社及其他各种类型的合作社在基层各地纷纷建立，它们成为贯通全国流通系统的网络体系，在国家工业化与城乡经济发展中发挥重要作用。1954 年，全国基层合作社已发展到约 3 万个，共组成 2000 多个县联合社，供销合作社社员人数有 1.55 亿。② 与此同时，党还在城市和中心市镇设立了国营贸易公司。到 1955 年，合作社和国有公司一起至少已经掌握了农村市场零售商业的半数。③

合作社和国有公司在农村市场的主导地位并不是基层自发完成的，这伴随着中国对传统小商小贩由上而下的长期改造甚至取代。毛泽东认为，小商人"一般不雇店员，或者只雇少数店员，开设小规模的商店"，并把他们列入农民以外的各种类型的小资产阶级，刘少奇在第八次全国代表大会的政治报告中将小商小版界定为"个体的商业劳动者"④，小商小贩兼具商业劳动者和私有者的双重属性，这意味着国家要对他们进行改造。1956 年中国近五分之四的小商小贩走上了组织起

---

① 全国供销合作总社编：《中国供销合作社史料选编》第一辑（上、下册），中国财政经济出版社 1986 年版。

② 苏星、杨秋宝：《新中国经济史资料选编》，中共中央党校出版社 2000 年版。

③ ［美］施坚雅：《中国农村的市场和社会结构》，史建云等译，中国社会科学出版社 1998 年版，第 127 页。

④ 林青：《关于我国小商小贩社会主义改造的几个简题的研究》，《经济研究》1958 年第 3 期。

来的道路，好几十万名小商小贩在年初的社会主义改造高潮中被国营商业、供销合作社吸收参加工作和被批准参加定股定息的公私合营商店。① 基层市场上的店主和行商们在极大的程度上依赖合作社和国有公司提供货源。②

供销社得以巩固和发展依赖于更大的时代背景。1953 年中共中央公布了过渡时期总路线，包括两方面内容：一是逐步实现社会主义工业化，这是总路线的主体；二是逐步实现对农业、手工业和资本主义工商业的社会主义改造。其中，对农业社会主义改造经历了互助组、初级社、高级社三阶段后基本完成。农业的集体化改造为供销的垄断性提供了物质基础，商业不再是个人与个人或集体之间的对接，而是集体对集体，生产大队在很大程度上确保了供销社的"供"与"销"。这样，国家试图用统一计划来代替自由市场机制，切断农民经济与市场的联系。③ 有学者因之将供销社称为国有商业体系在农村流通领域的延伸。④

供销社究竟是一种怎样的存在？在形式上，供销合作社是不隶属于国家机构的自主联合体，但是，他们的运营功能中包括为国有贸易公司收购土产和销售外来品。在此基础上，二者共同致力于农村贸易的社会主义化。⑤ 刘少奇说供销社就是为农民"应该办"而且"必须办"的三件事：

> 第一，是把他们多余的生产品推销出去，并且在价格上不使他们吃亏；第二，供应他们所需要的生产资料，并且在价格、质

---

① 林青：《关于我国小商小贩社会主义改造的几个简题的研究》，《经济研究》1958 年第 3 期。

② 吴承明：《私营贸易的社会主义改造》，《人民中国》1956 年第 10 期。

③ 张晓玲：《新中国成立初期供销合作社对农民日常生活的影响》，《农业考察》2014 年第 1 期。

④ 廖云凤：《供销合作社制度变迁的经济学分析》，《北京工商大学学报》2009 年第 4 期。

⑤ ［美］施坚雅：《中国农村的市场和社会结构》，史建云等译，中国社会科学出版社 1998 年版，第 127 页。

量和供应的时间上都不使他们吃亏;第三,供应他们所需要的生活资料,同样在价格、质量、时间上都不使他们吃亏,能较市价便宜一点。如果力量不足以完成以上三项,那么就先办"推销",再办"供应"。①

事实上,供销社在建立初期为农民提供盐、油一类的基本的生活资料都很勉强,对生产资料的供应就更为鲜见。这点在中共中央农村工作部办公室关于《八个省土地改革结束后至 1954 年的农村典型调查》中得到了数据上的支持。② 换言之,供销社最初并非是农民出售产品的最佳选择,也并未满足农村的消费需求。

然而,农业的社会主义改造与各类农产品的统购统销为供销社的优势地位提供了有力的支持,原来个人自由交易的农产品必须经由集体化的大队交到供销社来换取利润,并用于日后的集体开销和分配。伴随着人民公社运动的展开,国家不再与具体的农民打交道,而是与组织化的生产队打交道,尽管这使一部分农民的积极性降低,但是加强了国家集中力量办大事的能力。③ 1953 年,粮食统购统销政策施行;随后,1957 年发布的《国务院关于国家计划收购(统购)和统一收购的农产品和其他物资不准进入自由市场的规定》明确指出:

对于国家规定计划收购和统一收购的两类物质,国家只委托一定的国营商业部门和供销合作社执行收购任务。其他不是由国家指定担任收购任务的企业、机关和团体,都不准进行收购。既

---

① 中共中央文献研究室编:《刘少奇论新中国经济建设》,中央文献出版社 1993 年版,第 223—224 页。

② 张晓玲:《新中国成立初期供销合作社对农民日常生活的影响》,《农业考察》2014 年第 1 期。

③ 赵旭东、张文潇:《乡土中国与转型社会——中国基层的社会结构及其变迁》,《武汉科技大学》(社会科学版) 2017 年第 1 期。

不准派人到农村去收购，也不准在城市中收购私人贩运进城的计划收购和统一收购的物资。对于违反这一规定的企业、机关和团体，当地人民委员会应当给予严格的处分。①

国家希望通过对重要农产品和其他物资的计划收购和统一收购来保障城乡重要物资流通的畅通，在农民的日常中转化为粮票②、布票……国家在通过供销社从农村积累原始资料的同时，也强化了供销社的优势地位。③ 以计划为导向的发展以及供销社一边倒的优势使其很难真正实现刘少奇所倡导的"推销"与"供应"，忽视农民的个体需求甚至压制。加之，供销合作社的财产不再属于原有的特定团体（投入股金的社员）。政府将其对合作社的扶持作为投资，在多次的改制过程中变革了供销合作社的财产关系，把集体财产甚至社员个人财产转变为了国家的财产。社员感受不到财产的归属，他们既不对供销合作社的财产损失负责，也不享受供销合作社的财产权益，这促使他们对供销合作社失去热情、信任和支持。④

在1957—1978年间，中国在计划经济之下尚存在一部分未（能）被纳入国家计划的非计划经济因素，它们在一定程度上调节着物资的生产与流通。⑤⑥ 在这种情况下，出现了公开地或隐蔽地企图摆脱国营

---

① 全国供销合作总社编：《中国供销合作社史料选编》第一辑（上、下册），中国财政经济出版社1986年版，第230—231页。

② 1955年，国家开始发行粮票，至1993年全国范围内停止使用粮票，这期间新中国发行的全国粮票（先后印制共9套）、地方粮票和军用粮票品种总数达14000多种。

③ 据统计，国家商业部门、供销合作社收购比重，1952年为64%，1953年到1957年平均为77%，1958年到1975年平均为88%，1976年到1978年平均为85%，参见陈振平《计划经济时期供销合作社的制度评价分析》，《山西财经大学学报》2013年第1期。

④ 陈振平：《计划经济时期供销合作社的制度评价分析》，《山西财经大学学报》2013年第1期。

⑤ 向欣、苏少之：《1957—1978年中国计划经济体制下的非计划经济因素》，《中国经济史研究》2002年第4期。

⑥ 张学兵：《三类物资：观察中国计划经济运作中"小自由"的一个视角》，《中共党史研究》2013年第4期。

商业、供销合作社的领导，甚至摆脱生产大队的领导。① 这个过程意味着对大队的生产活动的松懈甚至逃避，正如《青松岭》所展现的，人们要想赚得额外的收益，就得想办法（装病等）把原本应该在生产队里的劳作时间和精力放在进山"找山货"上。

然而，这样一个隐秘而细小的缺口也随着集体化的深入而遭遇封堵。1965 年 12 月 8 日，古木县委员会批准了关于《澈河区供销社领导干部全部兼任生产大队副队长情况及今后意见》的报告，并明确提出，"这个报告很好，它反映了商业工作必须从生产入手，搞好购销全力支援农业生产的一个革命措施，也是密切农商关系、加强农工联盟、把商业工作越作越活的一个好办法"。这一办法直接为供销社对生产队的渗透与领导提供了合法性依据。除了落实到基层农民的监督与管控，国家还从买方入手，严令禁止农产品的自由买卖。② 这种渗透不仅是在经济领域的生产生活上，供销社一家独大的后果直接体现在了农民的观念、想法与行为习惯上的，这种情况一直持续到"分田到户"，其矛盾随基层供销社的破产而集中爆发了。需要注意的是，另有学者将计划经济的失效归结为人们在现有生产力条件下的工业社会中，很难及时采集和处理社会的需求、生产和环境等方面的信息，并快速作出反馈，因而不能实现极大推动生产力发展和防止经济危机等目的。③

---

① 林青:《关于我国小商小贩社会主义改造的几个简题的研究》,《经济研究》1958 年第 3 期。

② 1974 年 11 月 15 日，国务院、中央军委联合发出《关于严禁机关，团体、部队、企业、事业单位自行到农村采购农副产品的通知》，指出：中央曾经明确规定禁止自行到农村采购农副产品，但近来不少单位不顾中央三令五申，有的抬价抢购，有的用国家统配物资换购，有的与投机倒把分子勾结进行套购，严重地冲击国家计划，使国家本来该收购的东西收购不上来。通知重申：（1）一切机关、团体、部队、企业、事业单位，不许自行到农村、集市采购统派购农副产品，未经产地的市场管理部门批准，不许自行采购三类农副产品。（2）社队的统派购物资，一律向当地商业部门交售。（3）商业部门要提高服务质量，做好农副产品的收购与供应工作，严禁"走后门"。（4）进一步加强市场管理。

③ 张尧学:《从技术进步看市场经济与计划经济的有机结合》,《科学社会主义》2004 年第 5 期。

　　无论如何，中国的社会主义计划经济显然并未建立在资本主义社会化大生产基础之上，它所面临的任务不再是解决生产社会化与生产资料私人占有所导致的"无政府状态"，而主要是如何加快工业化，即解决工业化的资金问题、优先发展重工业问题、城市化问题。① 哈耶克指出，社会主义者主张为了实现财富的公平分配，需要政府垄断一切的经济资源，废除生产资料私有制，用一个中央的计划机构来取代为利润而工作的企业家，集中管理和控制社会生产和消费。② 在这种经济体制下的流通体系基本上在最低生活标准的前提下满足了中国追求高速工业化和建立独立工业体系的需要，然而代价却是乡村因不断向城市输血而造成自身失血过多，元气大伤，各类社会问题也日益显现。

　　正是在这样的背景下，1978 年安徽凤阳县凤梨公社小岗村的农民秘密签订一份包干保证书，强调"分田到户，瞒上不瞒下"。随后自十一届三中全会开始，中国开始实行一系列对内改革、对外开放的政策，中国开始向市场经济转变。③ 对内改革最早始于农村改革，农村改革的标志为"分田到户"，即"家庭联产承包责任制"。这是一种自发性的制度创新，代替了原先强制性的制度安排，即制度建设发生了从"自上而下"到"自下而上"的转变。④ 1979 年年底，仅有 1.02% 的生产队转为家庭联产承包责任制，但到了 1983 年年底这一比例飙升至 98%。⑤ 也是在 1983 年，澈河公社施行"分田到户"，人们的生计

---

　　① 武力：《中国计划经济的重新审视与评价》，《当代中国史研究》2003 年第 4 期。

　　② ［英］哈耶克：《通往奴役之路》，王明毅等译，中国社会科学出版社 1997 年版。

　　③ 按照武力的划分，中国的计划经济从形成到消亡，大致经历了四个阶段：第一个阶段（1949—1952）是为建立计划经济创造条件阶段；第二个阶段（1953—1957）是计划经济形成阶段；第三个阶段（1958—1978）是计划经济完整形态阶段；1979 年至今为第四阶段，即计划经济逐渐消亡和市场经济逐渐建立阶段。参见武力《中国计划经济的重新审视与评价》，《当代中国史研究》2003 年第 4 期。

　　④ 许庆：《家庭联产承包责任制的变迁、特点及改革方向》，《世界经济文汇》2008 年第 1 期。

　　⑤ 孙圣民、陈强：《家庭联产承包责任制与中国农业增长的再考察——来自面板工具变量法的证据》，载《经济学（季刊）》2017 年第 2 期。

来源发生改变，板栗等经济作物的种植量在该时段激增，板栗、山楂等经济作物取代玉米等粮食作物而成为当地人主要的生计来源。

显然，无论在理论上，还是在实践中，我们都有必要把计划和计划经济、市场和市场经济区分开来，模糊二者的界线，甚至将二者等同起来是不妥当的。计划和市场可以而且应该相结合，而计划经济和市场经济则不能相结合。① 以邓小平为主的国家领导引导了市场经济的推进，1984 年，十二届三中全会通过《中共中央关于经济体制改革的决定》，首次提出在公有制基础上有计划的商品经济，突破了把计划经济与商品经济对立的观念，确认社会主义经济是建立在公有制基础上的有计划的商品经济。1987 年，邓小平明确提出："计划和市场都是方式，只要对发展生产力有利，就可以用。我们以前是学苏联的，搞计划经济。后来又讲计划为主，现在不要再讲这个了。"② 随后召开的十三大阐明社会主义有计划商品经济体制应是"计划与市场内在统一的体制"，提出"计划经济与市场调节相结合"。从十四大到十八大，政府与市场关系定位于政府宏观调控下市场起基础性资源配置作用。

随着市场经济的展开，中国的流通体系发生了深刻变革。有学者将其演变过程划分为封闭式计划流通体系（1978 年以前）、新型市场流通体系（1978—2001 年）和开放条件下的市场流通体系（2001 年至今）三个阶段。③ 市场逐渐取代计划而成为商品流通领域的核心。流通体系的快速发展，尤其以城乡流通规模的扩大最为显著，借助现代化的交通运输体系与新媒介、新技术，除了面对面交易，人们还能

① 谭建陵：《对计划与市场同计划经济与市场经济关系的再思考》，《理论月刊》2009 年第 7 期。

② 邓小平：《计划和市场都是发展生产力的方法》，载《邓小平文选》第 3 卷，人民出版社 1993 年版，第 203 页。

③ 孙英敏、孔苗苗：《新经济背景下流通体系的变革与发展路径优化研究》，《商业经济研究》2017 年第 17 期。

通过网络实现线上的虚拟交易，最终实现物流、人流和信息流在城乡之间的快速流转。随着城乡流通体系的不断完善，传统的流通业务为国有（或集体）企业所垄断的情况发生改变，从农产品流通来看，社队—供销社—外贸公司的流通局面被打破，以生产者、代理商（代购/代售）、物流商、消费者为主的多元主体开始共同参与到商品流通当中。

在全球化、现代化与城市化全面展开的背景下，市场经济在某种程度上取得了相对于计划经济的优越性，但同时仍存在诸多亟待解决的现实性问题。就小豆庄地区而言，直至 90 年代，农村经济作物的出口权几乎仍由外贸公司①垄断，基层供销社代为收购。② 然而，经济体制的快速转向使得卷入其中的各类经济参与者一时没有一条可供直接迈进的道路，从高度限制到突然自由，各自摸着石头过河。在这种情境下，谁也无法预料哪一步是正确或错误的。从表面上看，农户遭受损失，基层供销社的纷纷破产源于收购、销售等业务经营不善，实际上，这是以往积攒在流通体系中的问题集中爆发了。

目前学界关于计划经济对中国所产生的实质性影响说法不一。有学者认为，计划经济积累了大量以客观经济规律为指导进行经济建设的成功经验③，为市场经济的发展奠定了基础④，而它所创造的公共经济基础是改革开放不可或缺的前提条件。⑤ 另有学者指出，虽然从数据上来看，计划经济取得了一些成绩，但其中"水分"很大，集权计划经济体制的低效益、低效率是中国放弃计划经济而转向市场经济的

---

① 原属供销社系统。就古木县而言，1987 年外贸公司从县供销社分立出来，成为独立公司。

② 刘伯芳，1997 年 2 月 26 日在河北省供销系统对外经贸工作会议上的讲话，"加大力度 奋力开拓 推动供销社外经外贸事业的更大发展"。

③ 朱佳木：《关于在国史研究中如何正确评价计划经济的几点思考》，《理论前沿》2006 年第 21 期。

④ 杨帆：《从历史的可持续性观点客观评价我国计划经济》，《探索》2007 年第 6 期。

⑤ 葛扬：《以公共供给为取向的计划经济发展模式的历史评价——基于新中国 60 年经济发展的整体视角》，《经济纵横》2009 年第 7 期。

深层原因。①

透过对商品流通体制本身及其浸润其中的各种类型的市场的分析,还可探观城乡关系的变迁与发展。在很大程度上,计划经济的展开加剧了隐藏于表象之下的更为深层次的城乡结构关系的断裂,这种断裂所导致的差距与中国社会结构的转变,包括城乡关系的转变相联系。在这种关系的转变中,"城市是在持续地从乡村社会抽血,长期的后果是造成其经济发展的动力不足,但是一旦结果造成了,那么要想再使这台发动机发动起来,却不是一朝一夕所能够实现的"。② 由此观之,城乡本是一体,但二者之间流通体系的不平衡正在撕裂这种共生共谋的关系。根据既有文献,造成农产品流通受阻、城乡流通不平衡的因素主要包括:产品特性上的差异③、基础设施上的差距④、集中程度上的差距⑤、信息与技术上的差距⑥、组织体系上的差距⑦。

从产品特性上来看,农产品的干鲜水果要求时效性,因而交易方式主要表现为现货交易而非期货交易,这使得农产品相对于轻工业品对于运输、储藏等方面的要求更高。然而,从基础设施上来看,许多农村在运输方面仍存在着亟待开通"最后一公里"的问题,而冷藏设施、流通物流的滞后和相对较高的成本也加大了农产品流通的难度。一般来看,农产品流通要经过"产地收购—中间运输—销地批发—终端零售"四个环节,每个环节要加价10%—15%不等。据统计,农产

---

① 冒天启:《五十年巨变:由计划经济转向市场经济》,《兰州大学学报》(社会科学版)1999 年第 3 期。

② 赵旭东:《乡村社会发展的动力问题——重新回味费孝通的"双轨制"》,《探索与争鸣》2008 年第 9 期。

③ 吴海民、张全红、李响:《基于农产品"最后一公里"流通模式的思考》,《价格月刊》2012 年第 9 期。

④ 邓智翰:《如何建设"双向流通"的城乡商贸体系》,《人民论坛》2017 年第 26 期。

⑤ 李爽、孙海召:《城乡互动流通体系现状、难点、形成机制与对策》,《改革与战略》2017 年第 9 期。

⑥ 李莲英、李崇光:《中国特色农产品流通现代化的主要问题与对策》,《中国流通经济》2012 年第 2 期。

⑦ 韩喜艳:《农产品流通组织化研究》,博士学位论文,中国农业科学院,2013 年。

品"从田间地头到百姓餐桌"这一流通过程中，流通成本占到终端销售价格的1/2，甚至2/3。[①] 另外，村落的集中程度整体较低使得农村地区的批发市场的建设规模与水平相对落后，这些都使农产品流通的需求不能得到有效满足。

从信息与技术上来看，有学者认为，流通问题的本质是原来在全国城乡具有连锁经营性质且为"三农"服务的供销社系统解体之后，如何在云、网、端等新信息基础设施和大数据新技术条件下重构城乡物流网络。[②] 以信息化技术为基础发展起来的农产品电子商务被认为是解决农村贫困地区农产品供求结构失衡、农民收入持续增长乏力的重要路径之一。[③] 但事实上，农产品流通的信息化水平普遍较低[④]，农民对于电子交易方式的认识度、接受度或使用率也整体偏低，大多尚未实现借助信息化技术降低交易成本（物流成本等）[⑤]，据统计，采用电子交易方式的农产品市场仅占全部农产品批发市场的9.23%。[⑥] 可见，以此为基础的农村电商，尚不足以作为拉动农业升级、农村发展和农民增收的新的引擎。[⑦]

从组织化程度来看，有学者指出，造成农产品流通困局的深层次原因在于中国落后的农业生产经营方式带来的"小生产"与现代经济的"大市场"之间的矛盾。[⑧] 目前农产品生产、加工、流通的组织化程

---

① 吴海民、张全红、李响：《基于农产品"最后一公里"流通模式的思考》，《价格月刊》2012年第9期。

② 陶君成、潘林、初叶萍：《大数据时代城乡物流网络重构研究》，《中国流通经济》2016年第11期。

③ 张弛、宋瑛：《农产品电子商务研究新进展：行为、模式与体系》，《中国流通经济》2017年第10期。

④ 薛建强：《中国农产品流通体系深化改革的方向选择与政策调整思路》，《北京工商大学学报》（社会科学版）2014年第2期。

⑤ 陈君：《农村消费升级背景下城乡双向商贸流通服务体系构建》，《改革与战略》2015年第7期。

⑥ 邓智翰：《如何建设"双向流通"的城乡商贸体系》，《人民论坛》2017年第26期。

⑦ 陶君成、潘林、初叶萍：《大数据时代城乡物流网络重构研究》，《中国流通经济》2016年第11期。

⑧ 张晓林：《我国农产品流通战略变革路径与对策》，《农村经济》2013年第8期。

度低,其中,生产仍以家户的分散种植为主,而从事农产品流通的主要力量则是单个或合伙经营的小商小贩,规模较小,缺乏统一的组织与管理体系,这使他们在市场中难以抵御竞争风险,维护个人利益。① 这一状况在 2007 年《农民专业合作社法》颁布实施后,随着农民专业合作社的快速发展而有所缓解。但学者同时指出,这类合作社目前仍处于初级水平。②

弗兰克(Andre G. Frank)曾提出,阻碍第三世界经济发展的原因是已开发国家与低度开发国家间的结构性依赖关系造成的。③ 尽管性质不同,但中国的城乡之间似乎也隐含了类似的关系类型。城乡之间在经济层面落差因流通系统的失衡而愈发凸显,随着市场经济的逐渐展开,从乡村"销"入到城市的,不仅是农产品,更是保障生产的农民,这不仅引发了如何组织农民,甚至引发了"乡村何以可能"的现实问题。许多学者认为,在城市牵引力与市场经济的双重刺激下,农村呈现出"空心化"和"过疏化"等情况。④ 从人际关系的角度来看,在经历了近代急剧的文化和社会转型之后,乡土社会的关系性日渐松散,呈现"个体化"⑤ 基础上的"半熟人社会"⑥,或"无主体熟人社会"。⑦ 基于此类判断,许多学者从不同立场出发提出向农村输血的策略。但也有学者反思,从近三十年的输血来看,中国农村的发展经历了开发式

---

① 李莲英、李崇光:《中国特色农产品流通现代化的主要问题与对策》,《中国流通经济》2012 年第 2 期。

② 薛建强:《中国农产品流通体系深化改革的方向选择与政策调整思路》,《北京工商大学学报》(社会科学版)2014 年第 2 期。

③ 依赖理论,具体指已开发国家与低度开发国家间的经济结构性关系,造成前者对后者的双重剥削,使得前者得以继续获利而继续发展,但后者在这种经济结构的限制下,只得继续被剥削而继续停留在低度发展的情境中,两者之间的差距愈拉愈远,使后者无论如何努力都无法达到经济发展的目的。参见 Frank, Andre G., *Capitalism and Underdevelopment in Latin America: Historical Studies of Chile and Brazil*, New York: Monthly Review Press, 1967.

④ 龙花楼、李裕瑞、刘彦随:《中国空心化村庄演化特征及其动力机制》,《地理学报》2009 年第 10 期。

⑤ 闫云翔:《中国社会的个体化》,上海译文出版社 2012 年版。

⑥ 贺雪峰:《新乡土中国——转型期乡村社会调查笔记》,广西师范大学出版社 2003 年版。

⑦ 吴重庆:《无主体熟人社会》,《开放时代》2002 年第 1 期。

扶贫、可持续发展、城市化道路、参与式发展等各种话语，但仍未脱离西方话语与西方思想的权力支配，它所追寻的仍然是现代化的普世模式。①

事实上，农民在城乡之间循环往复的运动②为我们理解城乡的流通关系提供了另一条可供追溯的线索。赵旭东认为，"原子化"这一概念的提出尚且缺乏宏观比较，以其为基础而提出的"半熟人社会"更加是没有全面看到乡土社会中的"远去"与"归来"。③

> 远去的游离与归来，二者是紧密地联系在一起的，这样的一种远去与归来的循环构成了人类自有了农业文明之后的一种生存方式，也就是受土地束缚的乡土社会把人们的生活牢牢固着在土地上，但是多种因素使得人们不得不离开这片土地而过着一种类似游牧社会的游民的生活，以此来补充乡土社会依靠土地生活的不足。④

在落叶归根的召唤与外乡生活的排挤下，离开土地的人大多并不会割断与故土的联系，而在远去与归来之间保持着一种循环往复的律动。⑤ 他们会赚钱养家，也会在打工收入不足的时候以土地来作为基本的生活来源。换而言之，现代中国移民不再是工业代替农业

---

① 张有春：《贫困、发展与文化：一个农村扶贫规划项目的人类学考察》，民族出版社 2014 年版，第 221 页。

② 王铭铭将其阐释为"居"与"游"，赵旭东将其表达为"归来"与"远去"。参见王铭铭《居与游》，载王铭铭《西学"中国化"的历史困境》，广西师范大学出版社 2005 年版。

③ 关于"远去"与"归来"的论述可参见赵旭东《远去与归来——一种跨越乡土社会的田野民族志方法论》，《西北民族研究》2009 年第 1 期；赵旭东、罗士泂《游离于城乡之间——文化转型视角下作为行动者的中国农民》，《学术界》（月刊）2016 年第 11 期。

④ 赵旭东：《远去与归来——一种跨越乡土社会的田野民族志方法论》，《西北民族研究》2009 年第 1 期。

⑤ 赵旭东、张文潇：《乡土中国与转型社会——中国基层的社会结构及其变迁》，《武汉科技大学》（社会科学版）2017 年第 1 期。

的问题,而是相互补充、共同维系的问题。这种关系是农民在现代情境下对费孝通先生曾论述到的乡村工业与农业关系所作的调试与转型。①

围绕人口外迁的问题,黄应贵指出,在工业化、都市化与全球化冲击下的农村,因人口外移、当地生计凋落等现象,很容易让人有农村社会没落乃至崩解的印象,但实际上它可能已在形成另一种不同的社会型态,而不再是有关农村兴衰的问题。② 伴随着不同的社会型态而衍生的新的文化形式,就是"文化再创造"的形式与过程,比如基于两地社会(bilocal society)而来的新文化。③ 这种对于资本主义消费文化所造成的人与人之间的疏离或异化,以及都市化吸纳农村大众后所造成人与土地疏离而产生的"去地域化"的否定与反抗,还可见于会灵山运动。④

类似于这种基于两地社会而生成的文化,往往因研究者们强调都市与乡村观念上的对立而被忽视。在此种意义上,原子化的趋势(远去)与共同体的周期性的恢复(归来)共同构成了村落生活的全貌。⑤ 事实上,黄应贵等人的上述观点都源自于对隐藏于城乡关系背后的乡村文化的关注。文化机制作为社会转型现象背后的深层次结构性逻辑,深刻影响着社会转型的方式,是社会转型的本质,而文化转型则以社

---

① 费孝通先生关于乡村工业与农业关系的论述可参见费孝通《中国乡村工业》,载《费孝通全集》第二卷(1937—1941),内蒙古人民出版社 2009 年版;费孝通《小康经济:敬答吴景超先生对〈人性和机器〉的批评》,《观察》1947 年第 3 卷第 11 期。

② 黄应贵:《农村社会的崩解? 当代台湾农村新发展的启示》,《中国农业大学学报》(社会科学版)2007 年第 2 期。

③ 以阿美族人为例,他们同时在台湾大社会的中心大都会与边陲居地建立家园,创造出新的文化形式。参见黄应贵《农村社会的崩解? 当代台湾农村新发展的启示》,《中国农业大学学报》(社会科学版)2007 年第 2 期。

④ 会灵山这类运动一般以农村或都市移民的低下阶层之民众为主,信徒在资本主义化、都市化和全球化的侵袭中遭遇个人或家庭的身心困难后,会以灵山会灵修行的方式来渡化。参见黄应贵《农村社会的崩解? 当代台湾农村新发展的启示》,《中国农业大学学报》(社会科学版)2007 年第 2 期。

⑤ 赵旭东:《从"问题中国"到"理解中国"——作为西方他者的中国乡村研究及其创造性转化》,《社会科学》2009 年第 2 期。

会转型为动因和表征，实践着文明进程意义上的变迁。[1]

从文化的角度来看，如何理解和应对因市场经济推进使中国农村社会急剧变迁而造成的暂时性的"文化中断"？[2] 输血要以农村自发的造血机能的恢复为目的。对此，黄应贵所提的"文化再创造"有助于我们摆脱传统与现代这样的两极思维，摆脱掉对工业化、都市化乃至全球化的入侵性与压制性与地方社会的被动性的刻板印象。这种对"文化的再创造"的强调为我们理解中国乡村经济，乃至整个中国乡村提供了一种新的思路，它强调了地方（乡村）社会自身的动力转化机制（不确定性）及确保这种转化成为可能的结构（确定性）。[3] 这是一种来自地方社会的创造性转化力量，即"乡村的创造性转化"。[4] 这也是萨林斯所坚持的文化本身的自主性。[5] 在中国的语境中，林毓生曾将之表述为"中国传统的创造性转化"。[6] 张士闪则突出礼俗互动在当今时代的重要意义，提倡以文化认同的方式消除显在与潜在的社会危机。[7] 在此类表述中，我们均可透视文化的韧性与活力[8]，它们刺激着我们对资本主义与社会主义的经济体系以及身处其中的个体选择

---

[1]　周大鸣、陈世明：《从乡村到城市：文化转型的视角——以广东东莞虎门为例》，《社会发展研究》2016 年第 2 期。

[2]　关于暂时性的"文化中断"这一提法，详见庄孔韶、赵旭东、贺雪峰等《中国乡村研究三十年》，《开放时代》2008 年第 6 期。

[3]　赵旭东：《乡村的创造性转化》，《中国农业大学学报》（社会科学版）2008 年第 2 期。

[4]　赵旭东：《乡村的创造性转化》，《中国农业大学学报》（社会科学版）2008 年第 2 期。

[5]　黄应贵：《返景入深林：人类学的观照、理论与实践》，商务印书馆 2010 年版，第 218—219 页。

[6]　林毓生：《中国传统的创造性转化》，生活·读书·新知三联书店 2011 年版。

[7]　张士闪：《礼俗互动与中国社会研究》，《民俗研究》2016 年第 6 期。

[8]　在强调基层的"文化网络"对于市场经济的渗透的阻碍作用的同时，我们并非是否定后者对乡村社会的改造能力。比如周大鸣所指出的，绝对的市场经济实质上是割裂了人与社会、人与人之间的联系。总体而言，转型期的中国社会正向着一种不确定的枝权社会发展，与此同时，乡村及以之为生活家园的农民在通过各种方式恢复和保持自身的活力以遏制枝权化的发展势头，这些改变与循环都是我们所不能忽视的。参见赵旭东《以国家的名义重新书写乡村文化：以河北两庙会为例》，《河南社会科学》2009 年第 6 期；周大鸣、龚霓《文化转型视域下的社会风气——文化转型研究之三》，《思想战线》2017 年第 3 期；赵旭东《枝权社会与乡土社会的文化转型》，《民俗研究》2015 年第 4 期；赵旭东《循环的断裂与断裂的循环——基于一种乡土社会文化转型的考察》，《北方民族大学学报》（哲学社会科学版）2016 年第 3 期。

重新作出审视与思考。

第三节　线索民族志

格尔茨在研究城镇社会变迁与经济现代化时就曾倡导将人类学研究与经济研究相结合，但目前中国社会学和人类学的研究多关注政治、法律、宗教、社会治理等问题，对经济领域，尤其是乡村经济的关注相对较少。而在此类有限的议题中，研究者的关注点往往存在城与乡的区隔，或着眼于城市、或扎根于乡村，围绕城乡流通体系的讨论则更为鲜见。为推进人类学在农产品流通乃至城乡流通体系方面的研究，本研究主要采用线索民族志的研究方法，从时间角度出发追溯城乡流通体系及其中多元主体的变化与发展的过程；从空间的角度来看，以事件为线索跨村落对比观察，实现将纵向研究和横向研究的结合。

人类学研究者庄孔韶将人类学聚焦于村落的研究历程追溯至美国学者葛学溥，在他看来，乡村在战略上的重要性是得到承认的。[①] 与葛学溥的中国乡村研究不同的是，布朗采取的是人类学的社区参与观察的研究方法，强调作为研究中国最为基本单元的村落研究的独特价值。[②] 对于村落的关注激发出了一种社区研究的范式[③]，但学者在村落研究中有意无意地都有一种"透过村落理解中国社会"的想法，即一种"超越村落"的企图，可将之称为一种"自反性研究"。[④]

---

① 庄孔韶：《中国乡村人类学的研究进程——农民社会的认识之一》，载庄孔韶《时空穿行——中国乡村人类学世纪回访》，中国人民大学出版社 2004 年版，第 422 页。

② 布朗：《对于中国乡村生活社会学调查的建议》，北京大学社会学人类学研究所编：《社区与功能——派克、布朗社会学文集及学记》，北京大学出版社 2002 年版，第 304 页。

③ 这明显地体现在了 20 世纪 30 年代吴文藻在燕京大学社会学系工所指导的研究之中，而他在燕大培养的费孝通、林耀华等学生，都注重在社区生活的一群人其真实的生活样貌。

④ 刘翠霞在"中国乡村社会研究回顾与展望学术研讨会暨第五届开放时代论坛"上的发言：《"自反性"的进入——中国村落研究的理论困境》。

然而，这种企图遭遇了"代表性"的问题。正如利奇对费孝通提出的质疑：个别社区的微型研究能否概括中国国情？对此，费孝通以"类型比较法"作为回应，即无须把中国千千万万个农村一一加以观察，而采用比较的方法把中国农村的各个类型一个一个地描述出来，以此逐步接近了解中国所有的农村。[①] 然而，乡村时下正经历着全面转型，部分围绕一个个乡村所展开的观察与描述，在将村落比较提升至整体认识的过程中发挥的作用尚不明显。

这些研究的局限性在很大程度上缘于观察对象的固化，忽视了村庄以外世界的存在。[②] 这在某种程度上使研究者与读者仅仅将注意力放到了乡村内部的细节上，而忽略了对外部世界与乡村之间的关联性的考虑。[③] 我们可以从方法论的意义上将村落固定为观察对象，但事实上，村落中的人大多是流动而并非是固守在有一定界限的村落中的，这种流动性与费孝通以来一直为学界所强调的乡土性（固着性）共同构成了相对整全的村落生活。换言之，乡村本来就是在有限的闭合性和无限的流动性之间不断循环的一个具体而微的空间。[④]

在此意义上，我们需要对之前唯独从"封闭的村落的视角"出发的既有的乡村研究做出反思。反思，不意味着抛弃所有由单个村落所提供的分析概念，而更意味着基于对村落的开放性的延展而对其重新思考。[⑤] 在这种无限的流动性与有限的闭合性之间构建起关联是"跨越乡土社会的田野民族志方法论"，是"对既有的过度关注孤立的乡村社会的

---

① 费孝通：《人的研究在中国——个人的经历》，《读书》1990 年第 10 期。
② 赵旭东：《远去与归来——一种跨越乡土社会的田野民族志方法论》，《西北民族研究》2009 年第 1 期。
③ 赵旭东：《远去与归来——一种跨越乡土社会的田野民族志方法论》，《西北民族研究》2009 年第 1 期。
④ 赵旭东：《闭合性与开放性的循环发展——一种理解乡土中国及其转变的理论解释框架》，《开放时代》2011 年第 12 期。
⑤ 赵旭东：《闭合性与开放性的循环发展——一种理解乡土中国及其转变的理论解释框架》，《开放时代》2011 年第 12 期。

社区方法论的一种矫正"。① 这种方法强调的是,基于超越地方感的乡土研究才可能找出乡土社会得以存在、地方感得以维系的原因。

对于超越村落的解释体系最具代表性的人物之一,就是提出集镇社区的解释框架的施坚雅。他认为,对中国农民而言,基本的社会生活单位是集镇,而非村落。② 但总体来说,就地方社会变迁而言,目前中国乡村人类学研究已经经历了"村落—区域—整体性的文化类型的比较研究"等几个阶段,但是在这些描述与比较当中,人们更多留意的是地方社会的当下存在的形态,而很少注意到在跟外界接触之后社会形态的转化以及这种转化的动力机制。③

依循着远去与归来的思考框架,乡村研究在空间范围上得到了拓展和延伸,而村落代表性问题的另一种新的解决途径是在时间向度上展开的。"这种解决途径是将一个村落放置在一种自身演进的生命历程轨道上,由此我们能感受到一个可以微观把握的村落史。"④ 具体而言,就是历史学与人类学的结合,过程和结构将是理解中国乡村当下变革的两个共变量,缺少任何一个,都将导致片面性的理解。⑤ 正如黄应贵所指出的,结构关系的形成,必须由历史过程来理解。⑥ 在这种方法论的考量上,许多学者将历史性纳入考察做出了研究,其中回访研究最为显著。⑦

----

① 赵旭东:《远去与归来——一种跨越乡土社会的田野民族志方法论》,《西北民族研究》2009 年第 1 期。

② [美]施坚雅:《中国农村的市场和社会结构》,史建云等译,中国社会科学出版社 1998年版,第 127 页。

③ 赵旭东·《乡村的创造性转化》,《中国农业大学学报》(社会科学版) 2008 年第 2 期。

④ 赵旭东:《乡村成为问题与成为问题的中国乡村研究——围绕"晏阳初模式"的知识社会学反思》,《中国社会科学》2008 年第 3 期。

⑤ 赵旭东:《乡村成为问题与成为问题的中国乡村研究——围绕"晏阳初模式"的知识社会学反思》,《中国社会科学》2008 年第 3 期。

⑥ 黄应贵:《返景入深林:人类学的观照、理论与实践》,商务印书馆 2010 年版,第 221 页。

⑦ 庄孔韶教授是田野回访的先行者,对此可参见于 2000 年出版的《银翅》一书。关于回访研究,马丹丹、王晟阳在《中国人类学从田野回访中复兴(1984—2003 年)》一文中做出了详细梳理。2003 年以后,回访研究也并不鲜见,如赵旭东教授对于华北庙会的重复访问,其弟子王莎莎于 2017 年出版的《江村八十年——费孝通与一个江南村落的民族志追溯》等。

事实上，乡土中国的研究也仅仅是对中国进行认识与理解的一个途径而已。赵旭东、齐钊曾对费孝通乡土中国这条线索以外的山川的关注历程做出了勾勒与论述，进而指出要想对中国社会、文化和中国人有更加全面而透彻的认识与理解，就要跳出乡土中国的阈限，将视野拓展到山川之灵的独特性与超越性上。① 这是一种由人到物的翻转——从过度以人为中心的关注翻转到人对诸如江河、山川等自然物以及人造物的关联的考察上来，以物观人。② 田阡就试图论证西南学术研究应该从社区研究转向区域研究，从族群研究转向流域研究。③

在社会转型的过程中，我们需要告别过去"实验室的隐喻"的民族志，不再把精力完全置于对村落细致入微的观察及对其功能与结构的把握，而应该站在高处去俯瞰并尝试做出深层次理解。其中，对一个文明做出理解的一个基本的考察向度就是其内与外的关系。④ 具体而言，这种关联性实际上可以由聚焦法之外的另一个社会研究方法——"线索追溯法"来探寻，这种方法不再是静态观察，而是把人与物放置到某个自然或者人造环境的大背景中，循着它们移动的轨迹生发出来的各种现象去实现一种在点之上的线和面上的整体宏观理解。⑤ 这种追溯实现了研究在时间与空间上的延展，也实现了真正超越于村落之外的乡村研究。

综上所述，本研究主要采用线索民族志的研究方法，试图打破时空的限定，以板栗为线索，一方面从历时的角度出发，追溯城乡流通

① 齐钊、赵旭东：《乡土之实与山川之灵——以费孝通为例对中国社会学与人类学两重性的再省思》，《西北民族研究》2014 年第 1 期。

② 赵旭东：《中国人类学为什么会远离江河文明?》，《思想战线》2014 年第 1 期。

③ 田阡：《重观西南：走向以流域为路径的跨学科区域研究》，《广西民族大学学报》（哲学社会科学版）2016 年第 3 期。

④ 文明之间的关系可分为三种，即对立排斥、互不交流与圆融共通，参见赵旭东《从文野之别到圆融共通——三种文明互动形式下中国人类学的使命》，《西北民族研究》2015 年第 2 期。

⑤ 赵旭东：《线索民族志：民族志叙事的新范式》，《民族研究》2015 年第 1 期。

体系的发展历程,探究该体系在不同发展阶段所呈现的特征及其所遭遇的问题;另一方面则从共时的角度出发,研究新媒介引入背景下的多元主体,如栗农、小商贩、电商公司和板栗合作社等,挖掘不同层面的因素对板栗的生产、收购、加工、运输与销售所产生的影响,探究人们的心态与行为选择,从而理解城乡流通体系的韧性与活力。具体而言,本研究主要采用定性研究方法,通过深入访谈和参与观察来获取经验材料,并试图通过文献法实现理论提升。

基于这种研究方法,我的研究主要分为两个阶段:

第一阶段(2016.07—2017.07),这阶段是参加当地生产,集中搜集资料期。主要的工作任务包括:2016年7月至9月,到古木县淘乐科技有限公司实习,追踪该公司开展电商下乡的整套流程,另外参与板栗抢收的过程。10—11月,初步整理材料。12月,重返古木县,到县档案局、政协、供销社、社会保障局搜集并整理相关的档案资料。2017年1月至3月,以小豆庄为中心向外到原属于小豆庄乡的村落访谈(含61位原供销社职工及相关大队干部、栗农)。3月至4月,考察栗农的基本经济生活情况,着重于他们的生计来源、消费观念与消费行为的变化。5月,考察手机、互联网等新媒介与新科技带来的影响。6月至7月,返校,补充文献,搭建框架。

第二个阶段(2017.08—至今)这个阶段主要是文献阅读整理和补充调研。2017年8月,到新路罐头厂,以厂长王志平为线索,调研板栗罐头加工与销售流程,查找板栗内销困难的原因。9月至12月(不断往返),另以两位人物(原供销社副主任、现代收公司经理卢向阳,在承德市做糖炒栗子的大军)为线索追溯板栗的收购、加工和销售的流程。这个阶段,大部分时间主要集中于论文写作与文献整理。

结合文献回顾与现实情况,大致勾勒出了古木县各个阶段的板栗流通的演变及其特征(详见表1-2)。

表1-2　　　　　　　古木县城乡流通体系的演变过程与特征①

演变过程	模式	方向	主体	对象	关系	交易方式	工具、媒介
计划经济	计划指令下的统购统销	纵向分段	国营流通企业、商业机构，供销合作社	外贸公司	硬性固定	面对面现金/收据赊购赊销	人背马驮、花轱辘车②、汽车队（县交通运输局）
市场经济（改革期）	多元、分散主体并存	纵向分散	小商小贩为主体，多元小规模流通主体并存	外贸公司、农贸市场等	松散	面对面现金赊购赊销	个人货车私营车队
市场经济（开放期）	传统联合；虚拟渠道	纵向整合	小商小贩，合作社，电商公司	各类市场、电商平台、消费者	松散	面对面现金虚拟交易	物流公司（另辅以电话、微信、网络）

　　如表1-2所示，市场逐渐取代计划而成为商品流通领域的核心。在市场的引导下，包含小商小贩、合作社、电商公司在内的多元主体开始冲击甚至取代国营流通企业、商业机构，供销合作社逐渐丧失了其在农产品流通过程中的重要地位。这使得一度呈纵向、分段的流通方向转为横纵兼有的流通方式，主体之间的关系由计划体制安排下的固定关系转向更加灵活的市场关系（涵盖血缘、亲缘与业缘），从横向来看，流通主体由于组织化程度较低而呈现分散经营的状态，但这种状况正随着农户、中间商乃至销售者在大市场中对集体归属感的强调而呈现出联合的趋势。在很大程度上，流通体系的快速发展得益于现代化的交通运输体系与新媒介、新技术，除了面对面交易，人们还能通过网络在线上进行虚拟交易，最终实现物流、人流和信息流在城乡

---

　　① 结合既有文献整理，具体可参见孙剑、李崇光《论农产品营销渠道的历史变迁及发展趋势》，《北京工商大学学报》（社会科学版）2003年第2期；赵晓飞、李崇光《农产品流通渠道变革：演进规律、动力机制与发展趋势》，《管理世界》2012年第3期（表2我国农产品流通渠道变革过程及特征）。

　　② 1958年人民公社化后胶轮大车增加到412辆、铁木轮大车65辆、单交轮手推车猛增到1924辆。1971年全县拥有胶轮大车783辆，铁木轮大车始被淘汰，单交轮手推车增加到1.7万辆。道路比较平缓的地区，胶轮马车（1995年）仍是重要的运输工具，深山区仍然靠驴驮或人力背扛。参见古木县志办编《古木县志》，新华出版社2000年版，第225、366页。

之间的快速流转,而这些都将进一步改变主体之间的交易形式、信任程度与日常关系。

　　本研究将通过对流通体系演变过程的追溯,呈现出人们是如何在供销的垄断体系中利用人情与关系(广义的礼物)[1] 把计划体制安排下的固定关系转向更加灵活的市场关系(涵盖血缘、亲缘与业缘)的,以及栗农、栗贩是如何在相对自由的市场体制下,为避免独自承受市场上的巨大压力而通过礼物的方式来谋求合作的。在义务中寻求自由,在自由中寻找归属,人类心智中共同存在着一种自我否定倾向。[2]

---

[1] 杨美惠:《礼物、关系学与国家》,赵旭东等译,江苏人民出版社 2009 年版。
[2] 赵旭东:《否定的逻辑:反思中国乡村社会研究》,民族出版社 2008 年版。

第二章　享枣栗之利的福地

如导论所言，本研究将主要采用线索民族志的方法，试图以板栗为线索，打破时空的限定。另需说明的是，这并不意味着研究范围的无限延展，虽然因人员的流动和板栗的流通而涉及多个县市，但本研究主要在板栗的生产基地古木县澈河镇展开，以板栗的集散地小豆庄供销社为中心向外追溯，在小豆庄及其周边的小石洞村、碌村、大树沟村等村庄展开。

第一节　后龙风水

古木县，地处河北省东北部的燕山山脉东部，长城北侧。西隔长城与北京市的密云区、平谷区相邻，东接宽城满族自治县，北邻承德县，南隔长城与天津市的蓟县，唐山市的遵化市、迁西县相邻。据《古木县志》[①] 载，人类在古木境内生活的痕迹可追溯至夏殷时代，其中耕地较多的澈河、车河、柳河等流域人口较多。[②] 从周代至清朝，先后隶属渔阳、檀州、蓟州、遵化等地，但无确切地名。《昌瑞山万年统志》"拨汛"条："原名孤山子，于乾隆二十年，经总镇图奏请添设，系专派巡捕驻扎总巡"。[③]

---

① 依学术惯例，本文所涉及的地名、人名，部分做匿名化处理，此处"古木县"为代称。
② 以梓木林出土的辽代契丹文墓碑为证，证明该处曾有契丹人居住过。
③ 参见古木县政协文史委《古木县历史资料集（一）：清代历史资料》（遵化通志·古木卷），第3—4页。

　　该县与清朝陵寝的修建不无关系,顺治十八年(1661 年),清王朝开始在遵化县马兰峪兴建东陵。① 为确保风水不被破坏,清东陵北部的古木大部分的境域被化归"后龙风水"禁地②,封禁 254 年,由马兰镇总兵管辖。禁区内居民被驱赶到"风水"区火道③边界以外的地区居住。(详见图 2 - 1)"后龙"禁地以外区域分属遵化州、密云县、迁安县、蓟县和承德府管辖。其中,界于"前圈"与"后龙"之间的小豆庄、碌村、大树沟村等大部分境域归遵化州管辖,遵化州还曾在澈河设巡检司,辖长城内外 107 个村(帐)。④

　　"后龙风水"开禁前,古木大部分境域人迹罕至,这在很大程度上保护了境域内的动植物资源,有人称之为"森林满山,树木遮天,野兽无数,遍地涌泉"。1915 年,"后龙风水"开禁后,红桩界内的地亩开放,但由于"九山半水半分田"的地势,该地自古缺粮,周边的北京(密云、平谷)、天津(蓟县)、唐山(遵化)居民之所以大量涌入,主要为了木材砍伐与木材交易。随后,直隶省在该地设立垦殖局,天津的商品开始经蓟县运至古木县,工业日用品占领市场,各地商号纷纷在古木街设立店铺。与此同时,采矿、陶瓷、木材加工等私营个体手工业开始发展,商民日增。

---

　　① 《遵化县志》载:一次,顺治狩猎来至凤台岭,见山川秀丽,说:"此山王气葱郁,可为朕寿宫"。随手扔出射箭用的扳指,以扳指落地之处定为穴位。1661 年,清东陵开始修建,后凤台岭改为昌瑞山。这在清朝《啸亭杂录》中也有翔实记载。陵区以昌瑞山为界,分"前圈"和"后龙"两部分,昌瑞山以南为"前圈",是清东陵陵寝分布的地方,昌瑞山以北的古木县大部分境域被划为"后龙风水"禁地。参见古木县志办编《古木县志》,新华出版社 2000 年版,第 58 页。

　　② 据《昌瑞山万年统志》载:"东陵前后风水地禁区占地 2500 多平方公里,东至鲇鱼关,西至昌瑞山西关门子,北至雾灵山北路,范围包括境内南、西、北大部分地域。"古木县志办编:《古木县志》,新华出版社 2000 年版,第 57 页。

　　③ 在"后龙"禁区内先后埋设了红、白、青三色木桩,以划定保护区的范围,并开挖了内、外、里三条火道,原居民全部被驱赶迁移至火道边界以外居住,红桩内不准居民涉足,严禁耕种、栽果、植树、埋坟、用火、采矿、砍伐、狩猎等,青桩、界石范围内虽允许居住耕种,但严禁偷伐树木、私挖药材、打窑烧炭。详见 http://news.hexun.com/2015 - 03 - 24/174340139. html。关于"后龙"禁区的保护机构和保护措施在清政府制定的《大清律例增修统纂集成》中均有重要阐述。

　　④ 古木县志办编:《古木县志》,新华出版社 2000 年版,第 53、62 页。

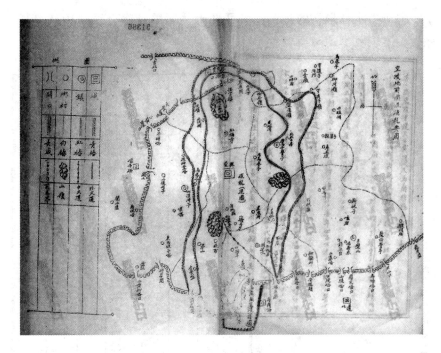

图 2 – 1 "后龙风水"范围

资料来源：辽宁省档案馆馆藏资料，古木县政协秘书长马忠提供。

古木境域历经沧海桑田，但古木县自其正式建立县制以来，尚不足百年。《河北通志》载：

……（该地）共有 1 镇 34 村，约 6、7 千户。客籍有 37 县之多，良莠杂居，作奸犯科者，时有所闻。以距城窎远，鞭长莫及，1930 年 4 月，始设公安分局，以资治理……辖境以原属遵化县之7、8 两区，并将第一林垦局之青桩界内，遵化现属第三区十余村，一并列入，共 130 村，14905 户，人口 71482 名。南北一百十余里，东西 70 余里。①

---

① 《河北通志》（第三册），第 2878 页，转引自古木县志办编著《古木县志》，新华出版社2000 年版，第 56 页。

关于古木县最初的建置，另可见于《国民政府公报》1931 年第 1 期第六七二号公报附录（详见图 2 - 2）：

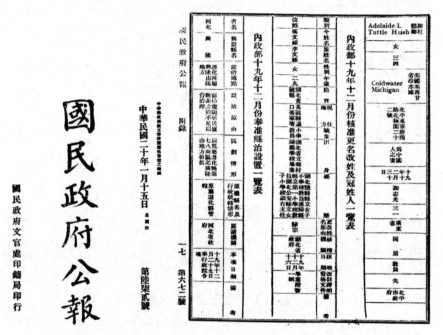

图 2 - 2 　《国民政府公报》（第六七二号）

资料来源：古木县政协秘书长马忠提供。

这份公告具体列明了古木建县的缘由及区划情况等，内容如下（详见表 2 - 1）：

表 2 - 1　　　　民国内政部十九年十二月份奉准县治设置一览表

省名	河北
新设县名	古木
设置地点	遵化县原属古木山镇地方
设置缘由	面积辽阔居民复杂非设置不足以资治理
区划情形	以原属遵化县第七八两区之古木山地方析置
原属县名及行政统辖情况	原属遵化县管辖
原请机关	河北省政府
奉准日期	十九年十二月二十五日奉行政院令准

续表

省名	河北
备考	

（《国民政府公报》　附录　一七　第六七二号）

建县后，为进一步方便木材等当地资源的运输与交易，古木县逐渐开辟了通往蓟县等地的陆路和水路运输通道。为加速信息在区域间的传递，1932 年，古木开通天津—唐山—古木军用长途电话，平时商民也可使用，这促进了地区间的经济交往，也促进了古木镇当地的商业发展（详见表 2 - 2）。

表 2 - 2　　　　　　　　古木镇的商业构成（民国 21 年）①

店铺类型	数量	店铺
杂货铺	18	惠通祥、永庆公、汇源栈、广益成、大兴号、德裕厚、大来兴、德兴永、有德成、宝源涌、德意楼、德厚成、同德永、德瑞祥、同聚兴、致恒隆、德隆永、东顺成
布店	5	公顺兴、福兴瑞、裕升和、丰泰号、庆生祥
粮行	6	俊丰恒、使满堂、公信合、公义成、德隆泉、万德隆
木行	11	公益、隆记、厚记、恒记、复兴、德巨号等
货栈	不明	东源、裕顺、振古木、隆岩号、德亿祥等

注：另有旅店、照相馆、药店、油坊、铁器、首饰、书籍、肉品等各类小店铺。

1933 年，日军侵占古木，把古木划入"伪满洲国"热河省辖，古木境内相对自由的贸易往来被切断，随之而来的是日军对古木境内广泛而彻底的管控，大部分外地商人被吓跑，店铺先后关闭。为了达到以战养战的目的，日军开始在热河由单纯地贩卖大烟变成大量种植罂粟和生产鸦片，并专门制定《热河种烟简章》，宣扬古木封禁多年，土地肥沃，十分适合种植罂粟，罂粟产量高、价格贵，是普通作物收

---

① 贺长山、闻成：《古木镇解放前的商业》，载中国人民政治协商会议　古木县委员会文史资料委员会编《古木文史资料》第四辑，第 163—164 页。

入的五倍，还鼓吹古木县人多地少，农民单纯种粮很难摆脱贫困，只有多种罂粟才能增加收入，使生活富庶。如此，古木种植罂粟面积猛增。为了从贩毒过程中捞取资本，日伪还专门制定了《鸦片法》，基本实现了对当地的罂粟交易的垄断，而当地人则深受毒害，吸食大烟者有 2 万多人，占全县人口的 21%。①

除了经济上的渗入，日军还将古木视为一个主要的军事活动点。作为京津通往热河和东北的咽喉要塞，古木县境域内九山半水半分田，山峦重叠，沟壑纵横，茂密的树木、庄稼为抗日武装活动提供了各类绝佳的隐蔽点，游击队、民兵组织以分散、流动、袭击的作战方法对日军做出了有力的反击，于是日军将古木列为满洲西南"国境"重点治理的县份之一。为了全面围剿游击队，方便对古木境域的管控，日军开始大规模损毁阻碍侦查、为游击队员提供生活保障的庄稼，这让勉强依靠庄稼维持生计的农民苦不堪言，"小日本没爸妈，带着汉奸割庄稼，刺刀镰刀一齐上，毁了青苗长什么?"②

损毁农作物只是日军强化控制的第一步，1939 年底日军开始实行局部"集家"，以烧、杀等暴力手段将深山区的居民赶下山，此后逐渐扩大范围。1941 年 9 月，热河宪兵本部提出"国境地带无人区化"的"灭共政策"，这一"无人区"的计划在同年 10 月制定的《西南地区肃正工作实施纲要》中进一步形成。翌年，热河日本宪兵队长在他签发的一份《灭共对策资料》中表示，为扭转晋察热国境地区的形势，要执行"匪民隔离"，具体写道，"所谓集家，是为了把可能成为敌人游击区的国境地区的住民，集结到我方据点及附近地区，使之与敌人的活动隔绝，由我方掌握，从而封锁扼杀敌人所谓人力物力的动员工作"，之所以如此，是由于"民众的支持，乃是彼等的依靠。这

---

① 朱呈云:《古木县输入鸦片与铲除烟害》，载中国人民政治协商会议　古木县委员会文史资料委员会编《古木文史资料》第四辑，第 112—115 页。

② 张福廷:《抗日歌谣十四首》，载中国人民政治协商会议　古木县委员会文史资料委员会编《古木文史资料》第二辑，第 59 页。

样就切断其与民众联系的纽带，救命之钢绳，此实致命之打击"。①

在上级政策的指示下，古木县开始彻底搞起集家并村、划定"集团部落"（即"人圈"）和"无住禁作地带"（即"无人区"），迫使原本散居在各个自然村落的居民集中到地势平缓、交通便利的区域共同生活，并给境域居民配发良民证。② 在集家的过程中，日军共毁掉 2000 多个自然村，共 22216 户，这些人占全县人口的 81%，他们都被赶进了 218 个"部落"里。③ 然而，进入部落也并不意味着可以获得太平生活，一方面他们被驱使参与高强度的劳作，包括修路建桥、开采矿产等；另一方面也时时面临生命威胁，与小豆庄相邻的一个村落在 1943 年就惨遭屠杀，村中的 80 户人家有 101 人被杀，30 户没有了男人，一时成了"寡妇村"。此外，凡是没有随身携带良民证、任意进出部落的人都可能被作为游击队而惨遭逮捕，甚至杀害。当地人在一则歌谣中唱道："小日本心太恶，害的百姓没法过，烧杀奸淫不用说，集家又组合。说集家真可怕，强盗鬼子命令下，好好房子拆趴架，硬把人圈搭。修人圈万人愁，拿着百姓当马牛，群众生活如罪囚，哪能得自由。"④

在那个时代，古木县的人们像被圈养一般在日军指定的部落中生活劳作，他们中有许多人被迫与原有的生活区隔离，在一个全新的环境中受到日军的压迫和奴役，但也有人利用地形优势，始终未下山，"敌人来多了就围山转，敌人来少了就把敌歼"。⑤ 然而，被圈禁的人

---

① 朱呈云：《日本侵略者于古木县制造的"人圈"》，载中国人民政治协商会议　古木县委员会文史资料委员会编《古木文史资料》第二辑，第 90—91 页。

② 良民证通常指日伪在抗战期间，为了维持占领区安全，逐一确定每一位居民的身份后，发放良民证，从而对占领区内的居民进行身份管理。部落，也称"人圈"，是日军将占领区散居的居民圈定在一个个固定的范围内，算作一个部落，这个过程叫作"集家"。无人区是指不允许人员进入或停留的区域，日军一般将进入无人区的可疑人员划定为共产党或八路军等敌对势力。

③ 朱呈云：《日本侵略者于古木县制造的"人圈"》，载中国人民政治协商会议　古木县委员会文史资料委员会编《古木文史资料》第二辑，第 94 页。

④ 张福廷：《抗日歌谣十四首》，载中国人民政治协商会议　古木县委员会文史资料委员会编《古木文史资料》第二辑，第 57—58 页。

⑤ 朱呈云：《日本侵略者于古木县制造的"人圈"》，载中国人民政治协商会议　古木县委员会文史资料委员会编《古木文史资料》第二辑，第 94 页。

民成为日军的劳力，日军利用他们在县域境内掠夺性地开采金、银、铜、煤等矿产资源，通过大连口岸，运往日本国本土。另外，日军还通过"兴农合作社""专卖局"等垄断性组织将境内板栗、核桃、杏仁、中药材等土特产品运送至日本或其他国家销售。与此同时，从日本国进口自行车、卷烟、煤油、食糖、电料、火柴、布匹等工业品，占领古木市场。①

这种垄断性地攫取在 1937 年达到了巅峰，全面抗战爆发后，日军开始实行经济封锁，只允许木材、木炭、果品外运。视商人进关②购货，贩运粮油、布匹、牲畜等，一律为触犯"国法"。具体来说，日军的经济封锁政策是一双袜子、一条香烟也不准从京、津、唐带入，违者轻则罚款，重进班房。自此几乎割断了古木与关里的经济联系和进货渠道。在实行封锁的同时，对关内输入的商品征收高额关税。通经关内的商品流通渠道被割断后，古木境内的商品只能从市区用役畜驼运至古木，造成商品运费成本增加，获利减少，加之战乱，多数坐商被迫关门停业或缩减经营规模。③ 到了 1944 年，古木镇只剩下 12 家店铺。

日军与古木之间严重失衡的交往关系与流通体系是在日军严密的管控下维持的，"集家"极大助于这种管控的实现，在某种程度上，它之所以能够实现也依赖于日军早期有计划地建立的交通、通讯网络。1934 年，日军在古木本街建立邮政局，设 1 名局长，4 名邮差，以马为交通工具，两人一组，交替往返于古木与市区之间。1934 年 2 月，日本为强化伪满洲国边境治安，先后与县辖各区之间建设电话线路，且行政机关和警察机构能与各区分支机构通话，农村地区开始出现电话通讯。④ 另外，出于掠夺资源的需要，日军大修公路，并逐步形成

---

① 古木县志办编：《古木县志》，新华出版社 2000 年版，第 262 页。
② 关内、关外主要以古木县与遵化县交界处的长城为界划分，长城以北的古木境域为关外，长城以南的遵化境域为关内。
③ 古木县志办编：《古木县志》，新华出版社 2000 年版，第 261—262 页。
④ 日伪投降后，大部分线路被毁。

了以古木街为中心的辐射状交通网络，除一些简易马车道外，大多可以通汽车。为了反抗和摆脱日军控制，民间开始出现有组织地破坏交通的行动，"一更里月儿上了稍，背起来炸药，扛起铁锹，离开了村庄，破坏了汽车道"。①

尽管日军建立这些通信与交通设施的主要目的是方便日军的殖民统治，但在某种程度上，也为古木的恢复发展提供了一定的基础。1948 年到新中国成立前，为支援解放战争，古木县有三条基本可通汽车的公路。建国后，古木县先后投资修复了县城至各区的电话，此外，更是加大对公路、铁路等基础设施建设的投入，京建线、津承线、宣唐线三条干线公路均通过古木县境。② 具体来看，古木县公路的发展过程大致可以分为四个阶段：

第一个阶段为公路的恢复期（1952—1966），这个阶段主要是按照国家"山水路综合治理"的方针，大规模地修整林区道路，至 1996年县林区道路已经基本形成了初级交通网络。第二个阶段为干线公路初建期与完善期（1966—1984），其间，古木—澧河的里程也得到缩短，小豆庄曾被设为道路施工民工团团部。另外，自 70 年代初开始对全县干线公路铺油。第三个阶段为地方道路建设期（1985—1987），这个阶段着力点在古木县的山区道路上，至 1987 年，全县 297 个行政村全部通车。第四个阶段是公路建设的成熟期（1987 年以后），地方道路逐渐形成了交通网络。

交通设施的完善为古木县境域内外资源的流通提供了基础条件，供销社的建立与运营则为商品流通提供了可靠的保障。1948 年，古木

---

① 张福廷：《抗日歌谣十四首》，载中国人民政治协商会议 古木县委员会文史资料委员会编《古木文史资料》第二辑，第 58 页。

② 到 1995 年末，全县有县级公路 96.4 公里、乡级公路 458.9 公里，村级公路 368 公里，通车里程达到 1089.6 公里。全县各种运输车辆发展到 6173 辆，其中客车 568 辆，年客运量 388 万人次。60 年代初期修建的京承铁路全长 256 公里，自西向东北经古木县境 72.96 公里。到 1995 年末，有 5 对客车途径古木。参见古木县志办编《古木县志》，新华出版社 2000 年版，第 5—9 页。

县工商科在全县建起 80 多个供销合作社,并开始由国营商业和集体供销合作社收购农副土特产品,将板栗、核桃、杏仁等转经天津口岸出口。活跃的经济传统,丰富的自然资源,快速发展的交通运输、邮电通讯等事业,加速了古木物产在县域内外的流通,其中包括当地主要的农产品板栗、苹果、山楂等。

第二节　京东板栗

板栗是中国原产树种之一,据考古学家在周口店发现"北京人"时期就有板栗的化石,证明板栗在中国的栽培历史已经达 50 万年之久。目前世界上现有的栗属植物有 10 余种,其中进行经济栽培的主要有中国栗、欧洲栗、日本栗和美洲栗这 4 种。它们主要是以栗仁作为辅助粮食或副食品,欧洲栗在意大利一般作为家畜饲料,美洲栗大部分作为用材林,日本栗因口感欠佳而多作为菜栗。① 中国栗则是因品质优良而备受世人青睐,特别是燕山地区的板栗,也称"京东板栗"②,以其涩皮易剥离,营养价值高而居食用栗之首,被称"东方紫珍珠"。如上文所述京东板栗中,以河北省产量最多,而古木县则是河北板栗的重要产区。

作为"京东板栗"的主产区,古木是中国的"板栗之乡"。古木板栗以香、甜、糯性好、皮易剥、营养价值高而驰名中外,除了国内的广大市场,远销日本、东南亚等地。据澌河镇政府制作的板栗简介来看,古木板栗的果仁含有多种对人体有益的微量元素和氨基酸,主要有利于人体的指标均居全国各地板栗之首。③ 古木板栗之所以能从

---

① 菜栗,主要用于做菜的板栗。参见刘祥林《古木板栗》,载中国人民政治协商会议　古木县委员会文史资料委员会编《古木文史资料》第三辑,第 120 页。

② 京东板栗,特指北以东燕山山脉一带出产的板栗。一带,在国际市场上又称迁西板栗、遵化板栗、燕山板栗、长城板栗、北京板栗等。

③ 资料来源:古木县澌河镇政府办公室。

从各地板栗中脱颖而出成为"高品质"代表,是以适宜气候和地势条件为基础。古木地处燕山山脉南麓,属季风型大陆性气候,四季分明,昼夜温差较大,这种外部条件适宜板栗生长。另外,古木境域的年均降雨量较多,雨水丰沛,而土壤含铁量高这一独特的土壤条件,更有利于板栗中的糖分积累。这些因素共同成就了该区域板栗的优良品质。

　　古木板栗之所以能构成京东板栗的重要来源,在某种程度上,有一定的历史渊源,相对于古木县不足百年的建县史而言,板栗在古木县域内生长的历史越发显得久远。古木栽培板栗始于战国时期,距今已有2000多年的历史。据《战国策·燕策》记载:"南有碣石雁门之饶,北有枣栗之利,民虽不由田作,枣栗之实,足食于民。"[1] 三国时期,陆玑也曾在《毛诗草木鸟兽虫鱼疏》[2] 写道:"五方皆有栗,……,惟渔阳、范阳栗甜美长味,他方悉不及也",渔阳在此处泛指古木县境内。[3]《清异录》记载了这样一则轶事:晋朝皇帝一次穷追敌寇时,军粮供应不上,将士三日粒米未进,士气大落。行至燕山之东,见满山板栗,便命军士蒸栗为食,借以饱腹。于是士气大振,大败敌兵。由此,将士们就称板栗为"河东饭"。[4] 彼时,板栗主要是作为一种上天的馈赠,自然生长。据《古木县志》记载,直至清代,长城沿线和禁区边缘地带开始大量栽植果树。至今,县境内尚有200年生的大树,且枝繁叶茂,结果良好。

　　虽然保存下来的栗树对当地的板栗业发展起到了非常重要的作用,但板栗大规模种植还要追溯到新中国成立。建国后,人民政府开始着力恢复因战乱而毁坏的果树,鼓励群众栽种植果,并且有计划、有组织地发展出了成片的果园,使果树数量和果品产量迅速恢复和发展。

---

① 古木县志办编:《古木县志》,新华出版社2000年版,第305页。
② 专门针对《诗经》所提到的动植物进行注解,有人称之为"中国第一部有关动植物的专著"。
③ 姜存金:《谈谈河北古木板栗》,《果树食用技术与信息》2017年第5期。
④ 古木县政协文史委:《古木县历史资料集(一):清代历史资料》。

1958 年，全县组建专业果树队，选拔上千名有果树栽培管理经验的人员进入专业队栽培管理果树。但这一稳健的恢复计划在"文化大革命"期间遭到了阻断，1966 年至 1976 年，全县提出"以粮为纲"，忽视了果树的栽培与管理。1979 年后，古木县县委、县政府重新确定"以林为主，粮果并举，多种经营，全面发展"的生产建设方针，争取实现"陡坡水盆化、缓坡梯田化、平地洼田化"，并于 1984 年决定，"在划分的自留地、责任山和承包的耕地里栽果，谁栽谁有，可以转让，允许继承，长期不变"。是年秋，仅 50 天时间全县栽果树 188 万株，户均 30 株。①

另外，板栗的大规模种植在很大程度上依赖于技术的引进与推广。1982 年，由县科委、林业局、供销合作社组织实施了"山楂、板栗、苹果、梨"四条"龙"配套技术研究，推动了全县果树的科学管理。1983 年，果树承包到户后，林业局开始推广板栗优种嫁接，并作试点推广，当时栗农并不理解，表面上接受技术人员送上门的优质接穗，实际大多都用来烧火。少数栗农接上后，第二年见了果，第三年产量激增，这不仅在试点村落，而且在全县起到了带头作用。② 这期间，供销、林业部门与公社联营，建立果品联营服务公司，提供有偿技术服务，双方签订合同，明确责、权、利，对果树实行打药、浇水、施肥、管护、采摘"五统一"。各级纷纷成立组织，与果农签订技术承包合同。1985 年，在澈河等乡提供优种接穗，传授嫁接板栗技术，共嫁接成、幼树 314 万株，这些都为板栗持续高产奠定了基础。③ 当地农民对果树有深厚的感情，称果树为"铁杆庄稼""摇钱树"。

另一个难为外人所意识到的板栗大规模种植的时间为 2003 年前后，彼时古木县全面实行的退耕还林。2002 年 12 月 6 日国务院常务会议通过《退耕还林条例》（以下简称《条例》），并规定于 2003 年 1 月 20 日

---

① 古木县志办编：《古木县志》，新华出版社 2000 年版，第 297—303 页。
② 刘祥林：《古木板栗》，载中国人民政治协商会议 古木县委员会文史资料委员会编《古木文史资料》第三辑，第 122 页。
③ 古木县志办编：《古木县志》，新华出版社 2000 年版，第 303 页。

起正式施行。根据此《条例》，古木县设立退耕还林领导小组办公室，与村民签订《退耕还林合同书》。这份合同规定，退耕地禁止林粮间作和乱采乱挖等大面积破坏林地原生植被的活动，但可以林药、林草、林果间作。另外，专设退耕还林补助，标注为每亩退耕地补助原粮100公斤，现金20元，补助年限为生态林8年，经济林5年（详见图2-3）。

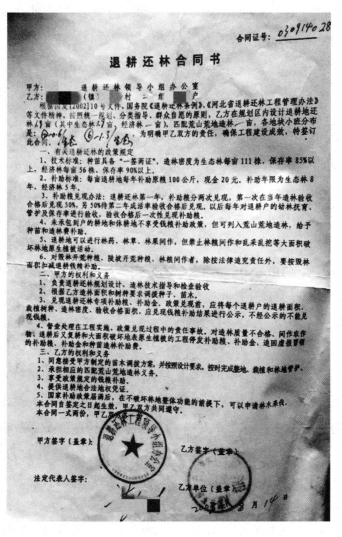

图2-3 退耕还林合同书

资料来源：小豆庄民伊俊提供。

由于板栗需求大，盈利多，农民大多选择林果间作的方式，而果树则主要以栗树为主。需求制造市场，古木板栗开始作为一种经济作物生产、加工、流转。事实上，汉代《史记·货殖列传》中曾提到"燕秦千树栗相此其人皆与千户侯等"，说明板栗在汉代就曾作为主要的经济作物开发利用。改革开放后，古木板栗的经济价值重新被发掘，主要外销给日本，20世纪90年代中期，板栗出口每吨可换回外汇2000—2500美元，或可换回11—14吨小麦。在日本市场炒熟的板栗每吨售价可达160万日元，约合人民币7.13万元。因此，国内板栗的收购价格一度持续上升，从60年代的0.25元/市斤，到1993年达至8元/市斤。[①]

古木县板栗生产与流通过程大致可分为五个阶段：第一个阶段是无人管理期（1949—1963年），这15年板栗基本是看天收成，年均产量低，大多并不作为经济作物流转。第二个阶段是粗放管理期（1964—1973年），此阶段板栗开始作为生产队的经济作物销售给供销社，社员开始隔年修剪栗树，清理树场。第三个阶段是由粗放管理转向集约管理的过渡期（1974—1983年），这期间部分生产队开始组织连年修剪栗树，有的还开始使用化肥。这20年，板栗的年产量以平稳的速度上涨。第四个阶段是集约管理期（1984—1996年），1983年古木县开始实行"分田到户"，板栗开始由生产队转向家庭经营，家户为获取更多盈利开始大规模栽植栗树，精耕细作。政府也开始推广嫁接、修剪、施肥等技术，促使板栗生产量大幅提高。这阶段的板栗主要在以供销社为主体的系统中完成流转。[②] 第五阶段暂且称为开放期（1997年至今），这阶段原有的供销体系瓦解，板栗完全进入自由市场，各种类型的栗贩开始参与到流转当中，板栗成为抢购的资源，外地板栗

---

① 刘祥林：《古木板栗》，载中国人民政治协商会议 古木县委员会文史资料委员会编《古木文史资料》第三辑，第120页。

② 结合刘祥林《古木板栗》整理，载中国人民政治协商会议 古木县委员会文史资料委员会编《古木文史资料》第三辑，第122页。

开始进入古木市场。目前古木板栗正经历又一次转型，我们将在第六章具体提及。

板栗的经济价值不断提升，刺激农民对板栗生产经营的高度关注，并将其作为主要的生计来源。在经营栗树过程中的付出决定着板栗的产量，栗树栽植后的经营一般分为：捡栗子—剪枝（撺树）—清理树枝（捋枝）—施肥（苗树）—防治病虫（打药）—清理树场（做树场）这六个步骤，整个过程断断续续持续整年。（详见表2－3）板栗这种需要长期经营的特点，也把农民们牢牢地吸附在了他们的土地上。

表2－3 　　　　　　　　板栗的生产安排

农事	时间安排	工作形式	工资、农资费
捡栗子	阳历9月	个人工、雇工	120—140元/人/天
撺树	农历1—2月	个人工、雇工	140—160元/人/天
捋枝	不定	个人工	
苗树	阳历5—6月/打药后	个人工、雇工	120元/人/天，肥料85元—150元/袋
打药	阳历7—8月上旬	个人工	
做树场		个人工、雇工	120—130元/人/天

每年阳历9月份，家户就开始陆续进入到"起早贪黑"的抢收时节，这段紧张的时期的长度因家户内部可供使用的劳力与板栗产量的多少而有所不同，一般维持在15—30天之间。除了捡拾已经成熟落地的板栗，到一定时间，栗农还需要用专门的栗子竿把仍在树上生长着的栗卜楞①打落下来，连同已经从栗树上自然掉落下来的板栗带回到家中。之所以附加这项工作，既是避免板栗在树上经大量阳光的照射而水分流失，变成"风干栗子"，也是防备其他人不定时地"霸栗子"。② 一

---

① 当地方言，栗子竿，专门用于从栗树上往下打落栗卜楞用的长木杆。栗卜楞，栗子壳，人们日常所见加工过的糖炒栗子，仅是去壳后的栗皮和栗仁。

② 风干栗子，是指因太阳照射、自然风吹等因素而水分流失的板栗，这种板栗味甜，但不能长时间储存，极易发霉。霸栗子，是指秋末人们可以自由出入其他家户的栗树场，捡拾遗漏的板栗。

般而言,霸栗子是在栗树主人并不在树场的时候完成的。主人之所以不在,是因为每户人家的栗树往往并不集中在一个区域,而是分散在村中各处,抢收时,人们需要不断往返于各个树场之间,捡拾已经成熟的板栗。

捡栗子是一个不断重复弯腰、下蹲、站起这一系列细碎动作的过程,它极大考验着栗农的身体承受能力。另外,大多数栗树生长于山腰,从树上掉下的板栗随着自由落体的惯性,加上山体的坡度散落各处,有的还会冲进山脚的河里,或者堆在一旁的柴火垛里。因此,捡栗子既是一个力气活,也是一项技术活,需要身体好、有耐性、有经验的干活好手儿。

> 捡栗子那个罪,可不好受呀!腰疼啊,腿疼,你瞅着栗子一个一个,好像挺轻巧吧,真累。猫下、起来,有高血压的,都捡不了栗子。树场的蚊子、麻嚼子①那叫是多,蚊子围着你嗡嗡叫,麻嚼子麻你一下,又刺痒又疼。一个秋上(天)过去,栗子也捡完咧,人也累出八分病儿。浑身上下,没有不疼的地方。②

这些被栗农辛苦捡拾到的板栗随后被装进笼筐、编织袋,重量较小的时候,人们就直接肩扛背驮,超出人力范围的,人们会利用推车推回。如果是在距离远、山体高的树场,栗农会把推车放在山下或者半山腰。捡完栗子后,装袋封口,根据长期经验,让栗子袋顺着山坡滚到推车附近,再用推车推回,这将省下很多力气。可若经验不足或运气不好,栗子袋都可能会在滚落的过程中洒落整个山坡,那就是个大麻烦了。

把板栗运回家后,还需要进行一项粗加工,"扒栗子",即把包裹

---

① 当地方言,麻嚼子,指一种毛毛虫。
② 访谈对象:赵淑琴,访谈时间:2017 年 9 月 21 日,访谈地点:小豆庄。

图2-4　"捡栗子"：栗农打捞滑落至河道里的板栗

（笔者摄于2016年9月18日）

在栗卜楞中的板栗挖出。乍听起来，这是一项十分简单的活计，可实际操作远非如此。为了节省时间以捡拾剩下的板栗，减少板栗的水分流失，栗农在扒栗子时动作必须很快。或者说，扒栗子是栗农在捡栗子返家后的又一项任务，许多时候，这部分工作也会由留守家中的老人、女性承担。但可供他们使用的工具十分有限，就在前几年，栗农扒栗子还仅仅靠双手和两根像筷子一样的树枝，不论是否有经验，栗卜楞上的芒刺总能扎入栗农手指中。每年秋收结束，栗农的手指就会布满针眼一样的芒刺，碰触任何坚硬的东西都会引发痛感。这些芒刺与柴火的倒刺还不相同，扎进手指后，很难用针挑出，越挑钻得越深。它们需要很长一段时间，才会慢慢从里向外长出来。最近几年，商店开始售卖一种塑胶手套，用于扒栗子，尽管如此，芒刺仍有可能扎破手套，钻进栗农的手指里。

图 2 – 5　扒栗子（笔者摄于 2017 年 9 月 23 日）

一般而言，每户栗农根据劳力的数量和板栗的产量安排分工，但从农事安排上来看，家庭内部至少需要有一个成员长期经营板栗。板栗的收成时间有一定的时效性，为了完成板栗的抢收，过去人们往往会采用帮工、换工的方式，随着市场经济的展开，越来越多的栗农开始转向雇工。在很大程度上，雇佣不仅促使了村庄内部的人员流动和关系缔结，还使得由板栗带来的财富在村庄内部得以重新分配。人均栗树产量较多或者因其将精力投入到其他生计方式而无法照看栗树的家户，由于无法独立完成板栗的抢收工作，会雇佣人均栗树产量较少且缺少其他生计选择或者乐于继续从事栗树经营的人。在整个生产过程中，撺树相对更具风险性，且要求技术性，工资稍高于捡栗子、做树场等工作。

这种雇佣关系一旦确定下来，如若双方没有大的变故，在第二年秋收时会重新缔结。由于一个人的体力有限，灵活性较差，受雇佣的人开始慢慢结为小组，家户一般通过这个小组中的一人，就可以雇佣到整个小组。这样一来，雇主用一样的钱，在短时间内完成抢收工作，受雇者也在工作的过程中保有一定的活动空间。如果雇工紧张，村庄就会到邻近的其他村落寻找工人，甚至有邻县的工人到此打工。

图 2 - 6　撺树的栗农及其所用工具（笔者摄于 2017 年 3 月 31 日）

第三节　板栗集散

　　板栗的大量种植与生产促进了板栗的流通。在板栗流通的过程当中，小豆庄在其中的优势地位逐渐凸显。古木建县后，小豆庄主要隶属澉河辖区。该村现位于澉河镇西部 3 公里处，全村有 6 个居民组，165 户，544 口人，其中劳动力 360 人，低保对象 15 户（27 人），五保户 3 户（4 人）。全村总面积 1.5 平方公里，退耕还林后现有耕地面积 30 亩，人均 0.55 亩，园地 1500 亩（主要种植板栗和红果①），人均 3 亩；建设用地 70

――――――――――

　　①　红果，也称山楂。

亩,其中宅基地 50 亩,户均 0.3 亩;林地 1600 亩。该村村民经济收入主要来源是板栗、苹果、红果,年产值 70 万元,人均年收入 2300 元。[①]

小豆庄之所以能够在板栗流通的过程中从若干与之相似的村庄中跳脱出来,在某种程度上是由于它相对于其周边村落的地位越来越突出。1934 年,日军古木县划分为 6 个区,6 个区共辖 66 个主村,61 个副村,这些村落中没有关于小豆庄的记载。1938 年,全境设 6 个区、1 条街,辖 65 个乡,180 个村。其中,六区辖 14 个乡 36 个村。这期间,小豆庄作为一个日军设立的一个"集团部落",开始陆续有其他村落的村民被迫到此谋生。[②]

日军投降后,中共开始接管古木县。1945 年 9 月至 11 月,全县建 9 个区政府和 267 个行政村公所。1946 年 5 月 4 日,中央发出了"关于土地问题"的指示,古木县开始展开"反封反霸"的斗争,一方面摧毁伪保甲,展开清算复仇说理斗争,一方面通过减租减息等政策法令巩固政权。减租主要是"二五"减租,即佃农租地主的土地不论原定的是粮租、钱租(后称为"租子"),都按原租子减少 25%。比如,原租子为一石[③]粮,就减去二斗半,改交七斗半。另外,"二五"减租后的租子最多不能超过产量的 375‰。当时流行一则歌谣:佃农一年真辛苦,政府法令有照顾,十成租子减二五,高不超过三七五。[④]"减息"也是具体参照了减租的办法。

减租减息之外,农民需担负一类"合理的负担",即"交公粮",具体上交公粮数量的计算品种是小米,单位是斤。1946 年 6 月 20 日,冀东区正式颁布的"晋察冀边区冀东区暂行农业统一累进税简易办

---

① 参见《澍河镇小豆庄民情调查报告》,资料来源:澍河镇政府办公室。
② 朱呈云:《日本侵略者于古木县制造的"人圈"》,载中国人民政治协商会议 古木县委员会文史资料委员会编《古木文史资料》第二辑,第 97 页。
③ 石,计量单位,十斗为一石。
④ 王继秋:《雾灵山的吼声——古木县人民清算复仇及土地改革部分纪实》,载中国人民政治协商会议 古木县委员会文史资料委员会编《古木文史资料》第三辑,第 38—39 页。

法"明确了农民担负的税制，即农业统一累进税。其中果木的折算标准是其他生产折算标准的两倍。① 但因计算方法复杂，村内会计算的人多为地主、富农，未能具体落实。这期间，小豆庄所属的澈河区的位置愈发敏感，既地处遵化县与古木县交界，又与当时已被国民党占领的地区隔山相望，因而也属于国共势力的交界处。小豆庄一带夹在两股力量中间，民心慌乱。

这期间反封反霸进入了第二个阶段，号召各群众组织平分土地，实现"耕者有其田"。但在具体实施的过程中，存在个别侵犯中农利益的情况，比如对栗树产量的估算上偏低等情况。为了加强中贫雇的团结，1947 年 1 月 10 日，冀东区党委作出了赔偿中农土地的决定，以纠正偏差。是年 10 月，党中央《中国土地法大纲》的公布，标志着古木境域内的土改运动进入了第三个阶段。古木县于 1947 年底至 1948 年初召开土地会议，并在县域内展开了大规模的"土地法大纲"运动，区内斗地主、斗富农，澈河区开始到山区内动员，号召山区居民"下山"②，小豆庄等村落成为山区村民的安置点，吴丰年等人就是在这次运动中落户小豆庄的。

> 当时动员好几天，没人报名呀！都是故土难离。我说我瞧去，就顺着秋木林大岭过来的。当时我们家是我弟弟我们哥儿俩，我妈和妹妹她们娘儿俩。从厂沟搬下来（到小豆庄）一共有好几家子，还有老刘家、老陈家。咱们村哪儿的人都有，不过还是坐地户多，老徐家、老白家、老杨家，剩下都是四外散出来的。我们

---

① 具体而言，包括：1. 征税免税赋。凡土地、地租、农业收入、果木、蒲草收入均应征税；家庭副业、畜牧业，一般运输、个人生产、机关、部队生产免税，新开荒地三年免税。2. 计算单位：如产小米 80 斤为一标准亩，其他生产折小米 80 斤为一亩标准，果木折小米 160 斤为一亩标准。另规定了计征税率与计算标准。参见王继秋《雾灵山的吼声——古木县人民清算复仇及土地改革部分纪实》，载中国人民政治协商会议　古木县委员会文史资料委员会编《古木文史资料》第三辑，第 47 页。

② 下山，指的是从山区内搬至地势较为平缓的地区生活。

住的地方就是富农的（老白家）①

"土地法大纲"运动展开后，陆续有外地村民落户小豆庄。1955年7月，中国共产党将澈河区改为二区②，区政府下辖各村，小豆庄、碌村、小石洞村、大树沟村直接隶属澈河区。1956年5月，全县划分9个区、55个乡、3个镇，建立澈河乡，小豆庄、大树沟村隶属于澈河区下辖的车道峪乡，碌村、小石洞村隶属该区的赵杖子乡。1958年8月，撤乡，全县9区改为人民公社，澈河区改为红星人民公社，小豆庄、碌村、小石洞村、大树沟村均隶属澈河公社。

1961年是小豆庄的一个转折点，是年7月，古木县重新划分为古木、澈河等7个区，46个人民公社，小豆庄成立公社，行政级别开始高于普通村落，碌村、小石洞村、大树沟村等隶属小豆庄公社。1984年3月，实行政社分开，公社改乡，小豆庄公社改为小豆庄乡；6月，澈河镇建立。1988年12月，撤区并乡时，小豆庄乡并入澈河镇，改称小豆庄（详见表2-4）。

表2-4　　　　　　　　小豆庄与周边村落关系变化的概览表

时间（年、月）	1934	1938	1955.07	1956.05		1958.08	1961.07	1984.03	1988.12
区划/事件	6区	6区1街	澈河改为二区	9区55乡3镇建澈河乡		撤乡区改公社	7区46公社	公社改乡建澈河镇	撤区并乡
区、公社（大）		澈河区		澈河区			澈河区	澈河区	
公社（小）、镇、乡				车道峪乡	赵杖子乡	澈河公社	红星公社小豆庄公社	澈河镇小豆庄乡	澈河镇
村庄	小豆庄	小豆庄	小豆庄碌村小石洞村大树沟村	小豆庄大树沟村	碌村小石洞村	小豆庄碌村小石洞村大树沟村	小豆庄碌村小石洞村大树沟村	小豆庄碌村小石洞村大树沟村	小豆庄碌村小石洞村大树沟村

资料来源：根据1962、1995年版本《古木县志》（64—69），并结合当地人的访谈整理。

---

① 访谈对象：吴丰年，访谈时间：2017年3月22日，访谈地点：小豆庄。
② 根据访谈，40年代末，小豆庄已划入二区。

从表 2-4 可见，1961 年小豆庄成立公社，1984 年将公社改为小豆庄乡，直至 1988 年撤区并乡时并入澈河镇，统辖碌村、小石洞村和大树沟村近 30 年的时间。这使得小豆庄相对于周边村落获得了较为优势的地位，也为它逐渐成为该区域板栗集散中心打下了重要基础，还对它之后的经济生活产生了深厚的影响。20 世纪 80 年代，作为乡镇所在地，小豆庄成为古木供销社的基层中心社，下设碌村、小石洞村、大树沟村 3 个分销点，整体负责辖区内 9 个村庄的供销业务。至此，小豆庄的优势愈发凸显，即能够将农产品"收进来"。

小豆庄供销社之所以能够有效地完成板栗的收购业务，得益于两方面的基础。第一，小豆庄地处当地主要的板栗产区——澈河生产基地，其统辖的碌村、小石洞村的分销店都处于板栗的重要产区。第二，小豆庄中心供销社主任连文茂的个人选择和积极推动。为了实现板栗的收购业务，连文茂不仅按部就班地执行了古木县供销联社的整体指令，将板栗交售到当地指定的外贸公司，还积极拓展其他销路，重新搭建了与其他区域外贸系统的联系。自连文茂起，当地供销社不仅仅从栗农，也从各类走街串巷收购板栗的栗贩手中收购板栗。这些都是小豆庄供销社采购板栗的业务能够风风火火地展开的重要因素。

需要指出的是，相较于大多数村庄，小豆庄之所以能够获得优势而成为当地板栗的一个集散基地，除了它能够将农产品"收进来"，还得益于它能够将农产品"卖出去"。小豆庄收购进来的板栗是如何"卖出去"的呢？从交通情况来看，112 国道横穿小豆庄全村，除了 112 国道，小豆庄毗邻当地的交通枢纽钓鱼台，后者地处现承唐（口里、口外）交界，通过 112 国道直接沟通临市。可见，交通基础设施的相对完善为农产品从小豆庄快速运输出去提供了有力支持。另外，小豆庄邻近孤山子生产基地，该地与澈河镇一样，设有加工厂，这大大便利了板栗的加工与销售。

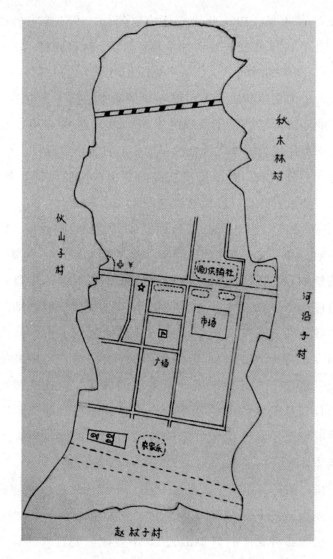

图2-7 小豆庄落布局图（笔者绘于2016年10月）

在分析小豆庄板栗的产销问题时，不能忽视的是，当地板栗与日本市场的关系。在某种程度上，日本与当地板栗，乃至古木县整体的商业往来可追溯至1933年。日军侵占古木后，把古木划入"伪满洲国"热河省辖，并开始在古木境内进行掠夺性开采金、银、铜、煤，通过大连口岸，运往日本国本土。除了重要的矿产类资源，日本还成立"兴农合作社""专卖局"等垄断组织，通过它们，将古木境内板栗、蚕茧、中药材等土特产品运送至日本或其他国家销售。为了加大林业、果树的产量，日本还先后设立了苗圃，调派专门的技术人员培育苗木，除了油松、刺槐等，也种植板栗。1940年，伪县公署曾在澈河等3处建立了苗圃，其中就有栗子、苹果、山楂等。① 这一方面有助于提高板栗的产量；另一方面，也开通了板栗等物品的一个销售渠道，尽管这一渠道最初是具有掠夺性的。

这种早就存在于古木与日本之间的贸易关系，因其殖民性、掠夺性而在日军投降后一度被完全切断。随之而来的是，中国共产党迅速领导民主政府恢复商业。1948年，县工商科在全县建起了80多个供销合作社，并开始由国营商业和集体供销合作社收购农副土特产品。1949年9月，县供销社总社建立后，由下属土产公司、果品公司和药材公司担负外贸出口商品的收购业务，将县域内的大宗板栗、中药材等物品经天津港出口。1975年5月，县外贸公司建立后，外贸农产品收购额不断增加。

国家统一收购板栗的计划在改革开放之后逐渐被打破，与此同时，日本与古木的关系快速恢复，并开始以新的形式展开。1979年5月，日本王家栗子商社柴源一郎理事长一行6人②，就在省、地、县外事部门人员的陪同下，对与小豆庄相距不远的两个板栗产区进行了考察。9月，日本板栗商团——日中物产株式会社社长南勇一行5人到访古木，在孤山子公社安装了两台由日方提供的板栗筛选机。③ 这些初步确定了日本与澈河镇、孤山子等区域的合作关系，此后日本商团多次

① 古木县志办编：《古木县志》，新华出版社2000年版，第262、297页。
② 日本王家栗子商社甘栗理事长柴源一郎、东京九一商社小泽惠次、甘栗本铺宫本帮夫、向井商店向井保雄、甘栗太郎野夫起克、日本国际贸易促进会友冈诚等。参见古木县志办编《古木县志》，新华出版社2000年版，第470页。
③ 商团成员包括日中物产株式会社南勇、山本昭久、兵库县贸易株式会社驻北京联络员森永哲生、技术人员中野隆博、渡边直以等人。古木县志办编：《古木县志》，新华出版社2000年版，第262、470页。

到孤山子及附近区域考察①，这密切了该区域及周边各个村庄的联系，也进一步促使小豆庄成为当地板栗的一个集散基地。

板栗作为当地农民主要的收入来源，格外受到人们的青睐，而"霸栗子"②的情况也使得栗农防不胜防。关于霸栗子的由来，有着不同的说法。一种说法认为，在计划经济时期并不存在霸栗子的情况。"天天跟着小队干活，没空霸栗子。另外，当时也没有啥栗子，生产队都看得溜干净儿的，一直看到树上一个栗卜楞都没有咯"③。还有一种说法则认为，这种行为是在集体生产时期发展而来的，"我们在小队的时候，在北山有一大片栗子树，小队说，'开圈啦'，这时候，才能去霸栗子。但那时候，就算是霸，也没有多少栗子"④。

此处，我们暂且搁置对霸栗子起源的探讨，转向关注这种行为的现实情况与实际影响：

> 现在也经常因为霸栗子有纠纷，人家没捡完，就过去霸栗子了。有的人一天能霸一二百斤的栗子。前年秋上，我们栗子多，大概有4000多斤。那年我丈夫去外地打工，没在家，儿子白天在外边上班，偶尔回来给我搭把手，我们两个人都没能捡得过来。

---

① 1987年6月，日本石井公司加藤国夫、逢见正人一行5人，到古木考察，与常务副县长杨忠元、对外贸易局副局长焦彦珠洽谈板栗出口项目。1987年8月，美国太平洋企业公司朱太龙在北京与副县长王捍东洽谈扶持古木板栗基地建设项目。1987年9月，日本甘栗进口协会向井保雄一行4人，由河北省粮油食品进出口公司人员陪同，来孤山子板栗加工厂，考察板栗加工事项。1988年3月，日本关东甘栗协会配贝秀光、向井保雄2人，来古木考察板栗生产。1988年12月，日本关东甘栗进口协会向井保雄和翻译黄文哲2人，来古木考察板栗生产。1989年3月，日本关西甘栗协会西源和夫等一行8人，来古木洽谈板栗出口事宜。1995年9月，日本株式会社甘栗太郎老板柴源治郎及田中康则、濑户利雄、齐藤力，来古木考察孤山子乡板栗生产情况。同月，日本甲南贸易株式会社园田益绍等4人，来古木考察孤山子乡板栗生产情况。古木县志办编：《古木县志》，新华出版社2000年版，第470—471页。

② 如上文所述，霸栗子，是指秋末人们可以自由出入其他家户的栗树场，捡拾遗漏的板栗，但就现实情况而言，秋末这个时间节点过于含混，栗农们经常会因他人到自家未收成完的栗树场霸栗子而感到苦恼，这种情况也常常会引发纠纷。

③ 访谈对象：张老汉，访谈时间：2017年12月9日，访谈地点：小豆庄。

④ 访谈对象：李耀文，访谈时间：2017年4月5日，访谈地点：澈河镇。

有天，我 7 点喂完猪才上北山捡栗子，有点儿晚，等我上去的时候，白黍正在我们栗树场捡呢。

屈：你干啥呢？

白：我这儿霸栗子呢。

屈：我们这还没捡呢。

白：啊，那你们没打完呢，我就不捡咧，刚人家一大早兮就从这儿捡一大尼龙袋子去。

北山东边的被人捡咧，等下午我再去战场地的时候，战场地也被人捡咧。[1]

尽管心中十分不满，但即便是被抓个正着，栗树的主人也多止于叫骂，很少动用武力，这一方面是担心招致不必要的麻烦，"没啥人性的才这样呢，因为一点栗子，粘撂不起"。[2] 另一方面，也蕴含了栗农的道义，（霸栗子者）还是穷困，谁又愿意捡别人剩下的呢？

此外，这些从板栗上获得的盈利支撑了当地的礼尚往来，其中，相当一部分收入流入到了农民在日常的人情往来中，这往往涉及几类重要的人生仪礼，如生育、结婚、丧葬、搬新房等。在访谈的过程中，许多人对无止境的"份子钱"感到不满，甚至焦虑，"辛辛苦苦鼓捣一年，不知不觉，1/3 都出去咧"。

平常的份子 200（元），近点 300，结婚亲一点的 500，有钱的 1000。看病人 200，添锅、看月子[3]差不多都是 300。份了挺大，挣得挺少，很多份子不出不中，都是面子上靠着。最近我都多少大份子呀，我三姐的婆婆是 11 月初的周年，我爸爸是十月初

---

[1] 访谈对象：屈小凤，访谈时间：2016 年 10 月 1 日，访谈地点：小豆庄。

[2] 当地方言，指惹不起。

[3] 添锅，当地方言，指亲戚朋友入住新房时需要给对方的份子；看月子，指探望满月的孩子。

十周年，我老妹是 10 月 19 搬家。这仨都是大份子，每个 500。这几天还有 4、5 个二三百块钱的小份子，有个老姨脑出血，拿的东西，又掏了 200。前两天我的一个朋友丈夫脑出血，我知道了以后觉得很不合适，就微信给她红包了 200 块钱，她没收。这样，我就买了两袋大米，一箱苹果，也是 200 多块，送到她家里，这样就退不回来咧。我的两个姑奶子都做手术了，大姑奶子离得太远，就没去，老姑奶子，这么近便不瞧不合适，我就拿点儿东西没掏钱，这阵子掏钱掏得……我是实在没招儿咧。几天吧？就少说，一份也 200 吧。一个月就好几个，一年的份子算不过来，真够劲儿。其实这几天家里有两个长辈都够呛，我这装不知道呢。你说，现在去看，人没了还去不？遵化那边出份子就很小，细想想，人家还是有钱。他们来咱们这边就拎着两瓶酒，人家就意得下去，咱们就觉得笑话。但是反过来想，人家那出份子的不压得慌，咱们这二百、五百、一千的掏出去，恨不得有的人行（出）份子还要借钱。有的地方出份子，瞧月子还有拿着 5 斤挂面上那儿吃馒头的呢！咱们这儿下得去不？为啥咱们这儿份子这么大呢？咱们这儿钱少，除了指望几棵栗子树，别的挣不来钱，份子总是往上涨。你说，一个秋收能有多少？[①]

由此可见，板栗是维持当地经济生活的重要来源，围绕它产生的雇工与霸栗子是使得资本在村庄内部实现再分配的两条渠道，前者主要是以劳力换取工资的形式，后者则通过拾遗捡漏的方式。然而，随着市场经济的展开，从事栗树的生产经营逐渐不足以维持家庭的日常开支与人情往来。在这样的情况下，越来越多的人开始在板栗生产之外寻找其他生路。

---

① 访谈对象：吴淑芬，访谈时间：2017 年 10 月 10 日，访谈地点：小豆庄。

第三章　栗树生产中的钟摆现象 *

板栗之所以能够成为一种经济产品而在当地发挥重要作用，前提是其生产经营的可持续性。在小豆庄及其附近村落，主要是通过两种方式保障板栗生产的可持续性，其一是栗树在家庭内部的继承，其二是它在家户之间的承包，二者共同保障了生产的延续。栗树作为一种重要财产，在继承与承包过程中一度成为多方争夺的对象。然而，随着市场经济的展开，板栗市场的饱和以及价格不稳定，加之更多可供选择的生计方式的出现，似乎正在威胁着这种由不断流转所维系的生产的可持续性。

第一节　栗树的继承

在当地，板栗是一种重要的收入来源与生计基础：对外，板栗收入是维持人情往来的重要支持；对内，栗树是家庭内部可供继承的重要财产。财产的继承，确保了栗树在时间维度上的流转。这类继承一般是由父母正式提出，邀请村内权威人物或家族内部人员做见证，将财产分给子代。在子代中，儿子优先享有继承权，没有儿子的家户，会将财产分给入赘的女婿或者其他家族成员，如侄子

---

　* 本章部分内容曾以《钟摆现象中的循环与融合——由栗树纠纷看中国乡村社会转型》为题发表于《中国农业大学学报》（社会科学版）2020 年第 4 期。

等。尽管有此约定俗成的规则,围绕栗树继承所产生的纠纷仍时有发生。

一 栗树与生计:从一场兄弟纠纷说起

小豆村哥哥赵大、弟弟赵二两兄弟间就因为栗树与土地的继承问题产生了严重分歧,甚至闹上法庭。在两兄弟之间展开的旷日持久的斗争,还要从他们的分家开始。赵大处有一份保存完好的分家单,可以帮助我们回溯纠纷的缘起与过程。

从这份分家单可以看出,1988 年,在村主任与族人的见证下,两兄弟完成了分家,并分别从父母手中继承了新、旧两座房屋,以及一部分承包地与果树。这些承包地来源于父亲赵贵在 1984 年家庭联产承包时与村委会签订的合同,当时除了赵贵及其妻子翠芝,还有赵大、赵二兄弟 2 人、待嫁的姊妹 2 人,因此共有 6 人份的承包地。分家以后,赵二获得 2 人份的土地,当时赵大因尚未娶妻,遂继续与父母共同生活,负责经营余下 4 人份的承包地。

赵大晚婚,直到 1995 年,33 岁他才与离异的淑芬结识并组成家庭。婚后,淑芬带来了与前夫的 8 岁儿子,并将其改为赵姓,名鸿,赵大视之为己出,二人未再生育。此时,父母因年老不能劳动,决定将原属于他们的 2 人份的土地均分。故 1996 年赵大、赵二以原始分家单为基础,在村干部的主持下签订了一份"补充协议",对赡养义务和财产继承做出了相对明确的划分,涉及纠纷的主要内容是:自留地归赵二所有,一战场道东的承包地哥俩各一半,(山)下边归赵大(0.6 亩,主要用于栗树经营)。1997 年赵二以分配不均为由强占这块原属于赵大的土地和栗树,此后 20 多年的时间里,两兄弟一直因树、地归属问题存在纠纷,甚至将官司打到了市中级人民法院(后简称"市中院")。

1998 年,赵大起诉赵二,因只有分家单,县法院认为"原告赵大与被告赵二的纠纷属土地使用权纠纷，应由政府解决，不属本院管辖"①，驳回了赵大的起诉。但赵二似乎有所触动，退回了部分土地（0.2亩）。是年秋收前，赵大到余下被"强占"的土地上浇树，宣誓"主权"，遭赵二阻挠。两人爆发了激烈争吵，并演变为肢体冲突，直至赵大头部被打伤送至医院。外出回来的妻子淑芬听说了这件事，气冲冲地要去上面②讨说法。随后被赶来的村干部、赵二妻子的亲戚劝住，"亲哥们弟兄再打也是亲的"。事实上，淑芬从心理也忌惮赵二的野性，考虑到自己刚刚入门不久，又带着年纪尚浅的儿子，最终不了了之。

眼见兄弟矛盾越来越深，母亲翠芝主动联系村委会，要求对方出面进行调解，但赵二拒绝参与。在民间权威，即已卸任的老村长以及当时村委会骨干成员的见证下，母亲与大儿子签订了一份调解书，主要内容是原在"补充协议"中归赵大所有的"一战场道东的4分地"等以母亲自愿免去赵大应付的养老费、医药费为条件而转归赵二所有。从表面上看，此份调解书对赵二十分有益，而他本人却并未在当事人一栏签字。究其原因，这份调解的达成还设置了一个隐含条件，即赵二需要把0.6亩的自留地转交给赵大，然而他拒绝交出自留地，也因此不肯签字。

调解书拟定后，赵二在一战场道东的承包地上又新栽上了一些栗树。1999年国家政策调整，土地在原承包合同的基础上延包30年，纠纷再起。赵大认定赵二未履行与母亲私下调解提出的条件，且未在调解书上签字，因而这份调解书无效；赵二则坚称其因调解书而享有对土地的承包权，尤其强调他对一战场道东新栽的栗树的所有权，两兄弟再次闹上镇法庭。为此，1999年3月25日，小豆庄民委员会调解

---

① 《河北省古木县人民法院民事裁定书》（1998）古民初字第996号，1999年3月5日。另见《中华人民共和国土地管理法》第16条第一款，"土地所有权和使用权争议，由当事人协商解决，协商不成的，由人民政府处理"。赵大认为，他与赵二之间的土地纠纷已不属于争议范畴，而是赵二的"强行占有"，因此请求法院判定。

② 乡镇、县两级的相关部门。

委员会向澈河法庭做出说明:

> 澈河法庭:
>
> 今将我村村民赵大、赵二哥俩土地纠纷一案汇报您处。
>
> 经我村委会、调解委员会协商,一致同意按原始的分家单和96 年 12 月 23 日第二次补充协议办事,因那是原始依据。
>
> 关于 1998 年 4 月 3 日的调解书,不能作为此案的依据,因他哥俩没达成协议,如作为参考也可以。一战场道东的 4 分地给赵雷,赵二就得把自留地(0.6 亩)给赵大,(因以前也是这么解决过)如作为参考,1996 年 12 月 23 日协议(补充协议)就得调整。
>
> 小豆庄民委员会
> 调解委员会
> 一九九九年三月二十五日
> (1999.03.25)

母亲翠芝也写了一份证明,对此表示赞同:

证明

> 96(1996)年,我们老两口的土地果树已经下放到他们哥俩手里,分家单里写得很清楚。赵二强行抢占赵大一占(战)场①道东 6 分地后,我为化解矛盾,98 年我找赵大商量:免去 97 年赵大应付的养老费 970 元。同时叫赵大把一占(战)场道东给赵二四(4)分,以及北山西坡小栗子树。然后我又找赵二商量:让他把量荒②的 6 分自留地给赵大种。他(赵二)不干,还说没有他签字无效。于是这个协议没有达到,是不生效的,因此,北

---

① 一战场,为当地的一个地名。
② 量荒,为当地的一个地名。

山西坡小栗子树仍属赵大，一战场道东 4 分地也属赵大。97（1997）年养老费赵大已如数付清。

特此证明！

李翠芝

1999 年 8 月

显然，调解书名义上是在调解李翠芝与赵大的关系，实则是在明确赵大与赵二的权责。那么，这份未经赵二签字的协议究竟是否有效呢？几位见证人的证词模棱两可，表示并未参与赵家的纠纷，这使得母子三人变成了自说自话，而调解书是否有效以及土地和栗树的归属问题再次陷入谜团。这种境况呈现了社会转型之中的真实场景，传统的调解机制已然失效，而适于转型社会的更为灵活的调解方式尚未完全确立，由此学界之中发出了"迎法下乡"的号召，尝试将法律实践作为维持乡村秩序的治理手段[1][2]，那么法律对于乡村纠纷的调解效力究竟如何？

二　争树：纠纷调解中的法律失灵

2000 年前后，村干部换届，赵大再次找村委会调解，村委会要求镇政府协助解决，镇政府后责成镇司法所、农经站进行调查核实。根据调查，第二次分家后，赵大分得的总产量比赵二少 440 斤。如果将一战场道东的 0.4 亩地给赵二，双方的产量差距会更大。而将该块土地转给赵二的调解书因其并未签字而不生效，由此可认定这块地仍属于赵大[3]，赵大遂与村委会重新签订了《土地承包期再延长 30 年合同

---

① 董磊明、陈柏峰、聂良波：《结构混乱与迎法下乡——河南宋村法律实践的解读》，《中国社会科学》2008 年第 5 期。

② 黄佳鹏：《再论"迎法下乡"——基于鄂西 D 村村干部矛盾纠纷调解实践的考察》，《长白学刊》2019 年第 2 期。

③ 镇司法所、农经站关于小豆庄民赵大、赵二承包土地纠纷的处理意见，2000 年 4 月 4 日。另见抗诉答辩，答辩人：赵大，时间：2002 年 5 月 21 日。

书》（后简称《合同书》），并到县公证机关作了公证。

承包权虽然得到了确定，但土地并未收回。2001 年赵大以合同书为证向县法院起诉，要求赵二返还土地，并赔偿经济损失。县法院一审判赵大胜诉，判决赵二将侵占的承包地的经营权归还给赵大。但由于赵二不清楚这块土地的确权时间，且赵大未向法庭提供具体的赔偿依据，驳回了赵大提出的赔偿要求。① 判决生效后，赵二以"两兄弟之间属于土地使用权纠纷，不属法院管辖范畴"为由向市检察院提起抗诉，检察院认为此案属于土地承包合同纠纷，属于法院管辖范畴，且判决合理，赵二败诉。② 赵二不服，在向市中院的上诉中提出：原判认定事实及适用法律错误。村委会与赵大采取不正当手段签订延期承包土地合同，侵害了共同承包人的合法权益，要求撤销原判。在庭审现场，原告方律师还指出赵大与村委会重新签订的《合同书》书在日期上有明显更改③，而它却是赵大起诉赵二侵犯其土地使用权的依据。据此，市中院认为赵大所签延期承包土地承包合同，应属无效。另公证机关对该合同有所涂改的情况下予以公证，应属不当。县人民法院支持赵大的诉情，确有不妥。④ 基于以上理由，2002 年 10 月，市中院的终审判决撤销了县法院的一审判决。赵大一方则坚持县法院与镇政府决定的合法性，认为市中院由于信息不全而造成了"判断失误"。

然而，同年，"土地确权"展开，镇政府再次对赵大的土地做出了确权决定。⑤ 赵二不服，向县政府申请复议，复议维持了镇政府的

---

① 古木县人民法院民事判决书，[2001] 古民初字第 587 号，2001 年 6 月 20 日。

② 县法院认为，两兄弟间的纠纷属于土地承包合同纠纷。来源：古木县人民法院民事判决书，[2002] 古民再字第 9 号。

③ 原写"2000 年 5 月 10 日"更改为"1999 年"，关于日期更改的问题，村干部徐成在 2002 年 9 月 29 日写了一份证明，内容如下：关于合同日期，要求全县统一填写 1999 年 1 月，在当天我误写当天日期，所以划去改为 1999 年 1 月。

④ 根据河北省水源市中级人民法院民事判决书，（2002）水民再终字第 178 号整理。

⑤ 镇人民政府关于小豆庄村民赵大、赵二承包土地权属纠纷的处理决定，澈政 [2002] 33 号，2002 年 12 月 6 日。

处理。[1] 赵二转而向县法院提起行政诉讼，状告镇政府，赵大转为第三人。[2] 他认为，此案争议已得到市中院的判决认定，赵大与村委会签订的延期承包合同无效。另外，这属于土地承包合同纠纷，镇政府无权处理，要求撤销其处理决定。镇政府则认为，适用法律正确，要求维持原判。县法院认为，作为共同承包人的赵大承包土地并不违反法律规定，予以认可；赵大母子所订调解书未经全体承包人协商一致，不予认可；案件属于土地使用权争议，并非土地承包合同纠纷，镇政府有权处理。基于此，县法院判决维持镇政府的处理决定。[3] 事后，尽管赵二多次表态，将以兄弟二人之间"属于纯粹的民事纠纷，镇政府无权做出行政行为"为由再次向市中院提出上诉请求，要求撤销县法院对此的行政判决和镇政府的处理决定，但并未直接提起上诉，而是再次采取简单的方式解决，在未得到土地确权的情况，"强行经营"着这块土地。

如图3-1所示，在本案例中，针对赵大与赵二两兄弟的纠纷，各机关围绕纠纷属于土地使用权纠纷还是承包权纠纷存在一定争议，这使得纠纷调解缺少可以参照的确定性的规则。另外，在主体意识不断觉醒的情况下，纠纷双方在利益角逐的过程也都试图借助这种"无序"对规则作出取舍[4]，如赵大一方坚持镇政府、县法院的处理决定，赵二则以有利于他的市法院的判决为依据。由此我们回归到一个根本性的问题上，人们为什么一定要争树呢？一方面，双方在相互"争"

① 县人民政府行政复议决定书，古政复决字〔2003〕19号，2003年4月17日，维持了原镇政府〔2002〕33号《关于小豆庄村民赵大、赵二承包土地权属纠纷的处理决定》。2002年11月8日，县人民政府行政复议决定书，古政复决字〔2002〕52号，曾撤销镇政府〔2002〕14号《关于小豆庄村民赵大、赵二承包土地权属纠纷的处理决定》，2002年8月5日。

② 第三人是相对于原被告而言，他是加入到别人的诉讼中。第三人的加入，还以原被告的诉讼已经开始，且尚未终结为条件。

③ 县人民法院行政判决书，〔2003〕古行初字第15号，2003年8月7日。

④ 张静：《土地使用规则不确定：一个法律社会学的解释框架》，《中国社会科学》2003年第1期。

的过程中实现了他们对于公正观念的表达①;另一方面,我们不得不谈到栗树对于当地农民而言的深刻含义。彼时"栗树是命,一家子生活靠它,孩子的学费也指望它,将来娶媳妇,人家也要看你家有多少棵树"②! 它由最初饱腹的来源一度成为村民在转型社会中赖以生存发展的基础,构成当地社会评价的主要指标,也成为了人们融入现代生活的重要媒介。

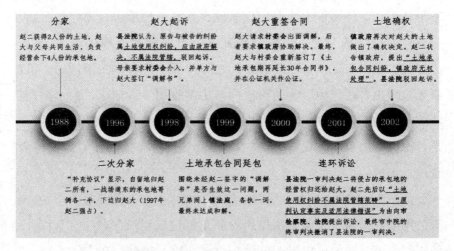

图 3-1　赵大、赵二纠纷之缘起与发展

三　弃树:未能实现的栗树分割

法律失灵,调解失效,似乎预示着赵大与赵二之间将爆发更为激烈的冲突,但事实上,乡村生计基础的转型为这场纠纷提供新的转机,存在于两兄弟之间的纠纷以赵大暂时妥协的方式告一段落。经历了十几年纷争,在成功得到土地确权后,赵大反而放弃了对于栗树经营权的争夺。从妻子淑芬的表达中,我们可以看到促使这场纠纷最终消弭的原因主要有四:其一,赵大年岁渐长,患有高血压等多种疾病,尽

---

① 赵旭东、何利利:《"争"出来的公正——对赣南一村落林权改革的法律人类学考察》,《法律和社会科学》2015 年第 1 期。

② 访谈对象:吴淑芬,访谈时间:2017 年 10 月 10 日,访谈地点:小豆庄。

量避免因纠纷而造成情绪激动，此为直接原因。其二，儿子赵鸿长大成人，并在城市找到一份收入可观的工作后，劝解赵大夫妻从纠纷中解脱出来，"他霸道快一辈子了，有我一个月工资多吗？"从中可见栗树已经不再构成赵大一家的生计基础，此为根本原因。其三，土地确权带来的潜在收益的确定性，"真正是哪天土地、栗树被占了，赔款还得打到我账上"。其四，村民私下纷纷循着"因果报应"的逻辑进行调解，"贪心钱得不到好花"等。赵大夫妇在诸如此类的道德判断中得到了心理宽慰与社会支持。总体而言，当栗树不再作为维持赵大一家的生计基础时，围绕它产生的纠纷消弭了，取而代之的是他们对于土地及其潜在收益的持续关注。

在赵大、赵二两兄弟旷日持久的纠纷中，乡土社会的生计基础正悄然发生着变化，从赵大一家的行动取向可以看出，作为当地人主要生计来源的板栗因为市场风险大、波动强，加之外出务工、本地就业等替代性生计方式的出现而逐渐丧失价值，因板栗而产生的纠纷随之减少，栗树似乎成了一块"送不出去"的烫手山芋。

第二节 栗树的承包

栗树承包的演变几乎循着与栗树继承相同的轨迹。随着市场经济的展开，栗树一度成为当地承包业务的主要内容。栗树所有方由于无人继承、外出务工等因素自愿以一定价格将栗树承包给他人，承包方则出于扩大生产或没有其他生计来源的考量而选择承包栗树，达成契约的条件一般是承包者让渡一定利益给栗树所有人，如每年供给栗树所有人一定数量的板栗或一定金额的承包费用等。与继承关系相似，这种契约关系正随着乡村社会的转型而呈现衰落或强化。

一 叔侄契约

事实上，如果没有其他的生计来源，栗树就是当地农民最可靠的生计保障。除非存在其他选择或身不由己，栗农才会选择将栗树承包出去，这种承包一般以族人承包为首选，其次是与自己日常往来较多的家户，再次是村中信誉较好的村民。在小豆村的邻村磏村中，就有这样一位老人，十分详细而深入地向笔者讲述着整个承包过程。这位老人名叫刘文华，1941 年生人，家中共有 4 位哥哥，1 位姐姐，他最小，在家中排行老六。

刘文华自小喜欢读书，60 年代初考上了古木中师①，由于处在粮食紧张时期，学校每天只供应一两粮食，刘家兄弟多，家境困难，拿不出额外的补贴。刘文华每日食不果腹，无奈退学回家。之后便开始在当地中学代课，后来一直未能转为正式教师。80 年代初，学校裁减代课教师，刘文华回家务农。在村里人看来，刘文华的日常行为有些"古怪"。比如，在这个没有几户人家会贴对联的村子里，每逢春节他都会自己花费时间制作一幅木质的牌匾，写上祝福的春联挂在门口。如果是到了特别的年份或是来了兴致，他还会去山上折些松柏，或者用硬纸片剪出两只白鹤装点在自己的门框上。让他骄傲的是，他培养了两个最早从村里走出去、在城市安了家的孩子，儿子刘子韬落户北京，女儿刘子双嫁至石家庄。

在 80 年代末 90 年代初的乡间，高中生的处境尴尬。"农民已经不把我们当成他们一体的了，我们是读书人。没考上大学，我们又只能当农民。可是又当不好农民。乡亲们说我们成了'半吊子'。高不成，低不就。废了。"② 不同的是，尽管在生活习惯上可能与主流不同，但刘文华在干农活方面确是一个能手，与他年龄相仿的老人回忆起他年轻时的状态，总会提起他撺栗树（剪枝）时的身体有多么灵活，"可以顺着撺树的勾镰竿子爬到树杈上，撺完后再顺着竿子滑下来"。1983年土地下放，此后不过几年，妻子便因脑梗塞而全身瘫痪，这牵扯了

---

① 类似师范类学校，已停办。
② 申赋鱼：《一个人一个人》，湖南文艺出版社 2015 年版，第 5 页。

刘文华的大部分精力，迫使他没有时间做农活，分身无术的他决定将部分土地和果树（以栗树为主）承包出去。

1996 年，刘文华开始逐渐把一家四口人的土地和果树分为两大部分：一部分是从集体承包来的土地，在这些土地上，除原有的果树，他个人还栽种了一些；另外一部分是他的自留地，上面也生长着他栽种的果树。接着，他把集体承包地一分为二，一半承包给四哥的长子刘金，其余部分自己经营。双方协议，刘金除每年按时负担两口人的"两税一费"和公粮外，不需要交付其他费用。2006 年 1 月 1 日，政府为解决"三农"问题，全面停止征收农业税，刘金不再担负任何费用，用村里人的话说，"他捡了一个便宜"。

议定书（1）①：刘文华与四哥长子刘金协议

地、树原承包者刘文华，因本人疾病缠身和伺候病人（妻子）难以脱身，只好拿出两个承包份的地、树，由甘愿接手承包者刘金经营。

一、地：大河西的后山和平地；大东洼；东南沟；小石洞村；大北沟子的一半。

二、树：东沟栗子树；东沟与刘铜有份②的安梨树；东沟与张连贵有份的热酸梨树；东沟与李翠芝有份的刺梨树；东沟二亩地阴坡槽的一棵安梨树；东南沟西岔外两棵红果（山楂）树；金场沟与张连贵有份的安梨树；东沟里一片松树；牛角桶一片松树。

三、负担：刘金由 1997 年起，每年负担两口人的"两税一费"和公粮。必须积极主动按时交清，不准生出丝毫理由抗拒或拖延。

---

① 四份协定书及承包费用交付情况表均是根据刘文华提供资料整理。
② 有份，当地话，指两家及以上共同拥有一棵树。

为清楚事理,特立字据以免忘惑。

立字人:刘文华　刘金

(无添改划抹处)　　　　　　　　　　　　　　　　　1996 年

基于这份议定书,刘文华详细记录了刘金每年对协议履行的情况:

1998 年 10 月 12 号早晨,交伍拾圆整。

1999 年 11 月 24 号午前,收伍拾圆整。

2000 年 10 月 9 号后半晌,收伍拾圆整。

2001 年 11 月 17 号晚,收伍拾圆整。

2002 年 10 月 25 号晚,收伍拾圆整。

2003 年 10 月 8 号晚,收伍拾圆整。

2004 年(提前交清),收伍拾圆整。

2005 年 11 月 13 号晚,交壹佰圆整。

2007 年、2008 年、2009 年、2010 年腊月卅(三十),200 元。

2014 年 4 月 15 号晚上桂合(刘金)的大门口收 200 元。

1998 年,刘文华妻子的病情加重,几乎需要专人全天在旁看护,再加上自己年岁渐长,他决定把余下的土地和果树全部承包出去。有了这样的想法,他开始把自留地分成了两份,一份承包给了自己的四哥刘文祥,刘文祥死后转交给儿子刘金经营;另一份承包给了大哥的长子刘银。

议定书(2):刘文华与四哥刘文祥协议

刘文华因疾病缠身和伺候瘫痪病人不能脱身,只好把法定自留地找人经营,刘文祥甘愿种植并由 1998 年起每年交给刘文华伍拾圆钱,交钱日期为阳历 11 月上旬,以交钱收据为准。

一处是：大块坟园子——东边坝坎，西边接张福厚，北边接刘贵民，南边接刘银，再加刘银与张福华之间的一个三根垅的大畦。

二处是：搞集体时的麦地——东头接三组，西头接水龙沟，南边接刘贵喜（原是张满的），北接刘长荣（原是刘杰—张铜）。

三处是：水库东台——南接三组，北边接张连贵，西边是坎子，东边是山。（万一哪时在山根下搞什么工程时，或是耽误种地，或是毁了青苗，不予赔偿。种植者不许阻拦）

为清楚事理，特立字据，以免忘惑。

立字人　　刘文华　　刘文祥

议定书（3）：刘文华与大哥长子刘银协议

刘文华因疾病缠身和伺候瘫痪病人不能脱身，只好把东边自留园子地连通（同）果树承包出去。界限：东边是刘杰、刘银的小坝墙，南头是尖形至河沟，西边是河沟西的大道和有一节接屈凤兰的地，北头接刘贵林的地。园子地每年都有该交的钱数，栗子树钱以斤数折算钱：每年定出斤数，以承包者当年卖的大部分栗子价为准乘以该年的斤数等于该年该交的栗子树钱。

交钱为公历 11 月上旬，交钱以收据为准。

年份（年）	该交园子地钱（元）	用以算钱的栗子斤数（斤）
1998	29	25
1999	27	29
2000	25	33
2001	23	38
2002	21	43
2003	19	49
2004	17	55

年份（年）	该交园子地钱（元）	用以算钱的栗子斤数（斤）
2005	15	60
以后各年份	15	65

发包人　刘文华　　　　　　　承包者　刘银

由协议（2）、（3）可见，除去每年固定的土地承包费用，刘银因承包了栗子树，每年还需比刘文祥多交一项，即另交给刘文华一定的栗子树钱。对此，刘文华有一份详细的记录，包括当年板栗销售的市场价格、用以算钱的栗子斤数和园子地钱，如下：

1998年10月6号：刘银按5.10元的栗价交钱，问他栗子够张（长）不？他说差个2—3斤吧。我一定要少收他14.0元。他推来搡去，才少收9.0元，共收147.5元。

1999年10月3号：7.50元×29斤+27元=244.50元，收他240.00元。

2000年10月15号，他单放着卖的8.3元×14斤=116.2元，收他75+25元（地）=100元。

2001年10月20号，大（栗）4元，中（栗）5.7元；5.1元×38斤+23元（地）=217.00元。

2002年10月25号，卖大栗子32斤，3.65元×32+21元=138.00元。

2003年11月21号，4.4元×49斤=215.6元+19元=234.6元。

2004年10月31号，4.5元×55斤=247.5元+17元=260元（264.5元），只收240元。

2006年1月11号，只给了200元。

2006年10月21号，只给了210元。

2007年10月16号，只给了200元。

2008 年 10 月 10 号，只给了 160 元。

2009 年 10 月 8 号，只给了 100 元。

2010 年 10 月 15 号，只给了 220 元。

2011 年 10 月 7 号，只收他 250 元。

2012 年，免收。

2013 年 10 月 5 号，只收 100 元。

2014 年 10 月 4 号，只收 300 元。

2015 年 11 月 1 号，只收 260 元。

2016 年 9 月 30 号，按 7.00 元价（7 元/斤），只收 470 元。

2016 年 9 月 30 号，按 7.00 元价（7 元/斤），只收 470 元。

2016 年 10 月 7 号，按 7.00 元 × 45 + 15 = 330 元，收 300 元。

综合以上记录和三份协议可见，老刘优先选择与家族内部的成员达成契约，尽管契约双方的权责已落于文字，但关于承包费用，老刘或是不要、或只是象征性地做了要求，这仅占收成的一小部分。尽管如此，这些费用也会随着政策变化、市场行情和收成情况而不断调整，这些老刘家内部的契约因夹带着人情味而富有弹性。

二　要不回来的栗树

自留地已经承包出去，从集体承包来的地树也已在 1996 年分给刘金一半，剩下就是为另一半寻找承包人了。刘文华先找到了二哥的长子刘铜，提出想把地、树转包给他的想法，并附了一份说明。这份说明与他和承包另一半集体土地的刘金之间签订的协议（1）不同，类似于与承包自留地的刘银签订的协议（3），直接针对承包费提出了要求，即前几年每年需要交付指定的栗子数量，自某年开始后，交付栗子的数量要按前一年数量的 10% 递增，这些栗子需要以当年的市场价格折算成现金交给刘文华。

刘铜仔细琢磨后认为,除去撑树、捋枝、捡栗子等各项费用,承包并不合算,因此叔侄两人没有达成承包协议。刘文华转而找到了大哥的次子刘铁(协议 3 中刘银的弟弟),并降低了每年需负担的涨幅,刘铁欣然同意,随后叔侄两人签订协议。(详见图 3-2)

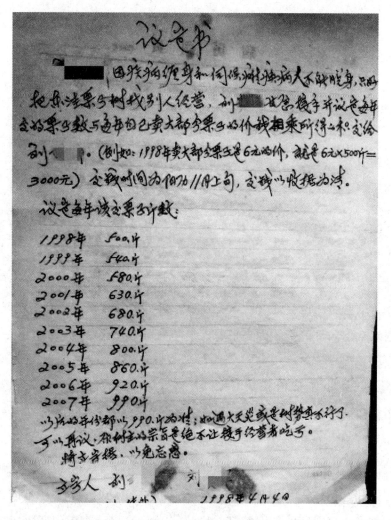

图 3-2　刘文华与刘铁的协定书（笔者摄于 2018 年 1 月 4 日）

叔侄二人协定原文整理如下:

议定书（四）：刘文华与大哥次子刘铁协议

刘文华因疾病缠身和伺候瘫痪病人不能脱身，只好把东洼栗子树找别人经营，刘铁甘愿接手并议定每年交的栗子数与每年自己卖大部分栗子的价钱相乘所得的积交给刘文华。（例如：1998年卖大部分栗子是 6 元的价，就是 6 元 × 500 斤 = 3000 元）交钱时间为阳历 11 月上旬，以交钱收据为准。

议定每年该交栗子斤数：

年份（年）	1998	1999	2000	2001	2002	2003	2004	2005	2006	2007
交栗子数（斤）	500	540	580	630	680	740	800	860	920	990

以后的年份都以 990 斤为准；如遇大天灾或是树势真的不行了，可以再议，原树主的宗旨是绝不让接手经营者吃亏。

特立此据，以免忘惑。

立字人 刘文华 刘铁
1998 年 4 月 4 日

根据此份协议，刘铁交给刘文华的板栗数量从 1998 年至 2007 年逐年递增，2007 年以后的年份都以 990 斤为准。关于刘铁所付栗子款的情况，叔叔刘文华做出了详细的记录。（详见表 3 – 1）

表 3 – 1　　　刘铁应付栗子款及付款情况（1998—2009 年）[①]

时间	应付栗子款（元） （单价 × 数量）	付款情况
1998 年 9 月 23 日晚	5.2 × 500 = 2600	交清
1999 年 10 月 2 日晚	7.5 × 540 = 4050	交清
2000 年 10 月 23 日	8.6 × 580 = 4988	交 2400 元，欠 2588 元
2001 年 10 月 16 日	5.6 × 630 = 3528	交 3213 元，欠 315 元

---

① 根据刘文华记事笔记整理。

续表

时间	应付栗子款（元） （单价×数量）	付款情况
2002 年 10 月 14 日	4.2×680＝2856	交 2100 元，欠 756 元
2003 年 11 月 20 日	3.8×740＝2812	交 2200 元，欠 612 元
2004 年 9 月 27 日	5.5×800＝4400	交 3000 元，欠 1400 元
2005 年 11 月 29 日	5.4×860＝4644	交 2000 元，欠 2644 元
2006 年 10 月 1 日	5.4×920＝4968	交 2000 元，欠 2968 元
2007 年 9 月 21 日	5.4×990＝5346	交 2500 元，欠 2846 元
2008 年 10 月 3 日	5.2×990＝5148	交 1000 元，欠 4148 元
2009 年 10 月 6 日	3×990＝2970	交 700 元，欠 2270 元

由表 3-1 可知，最初两年（1998—1999），刘铁按协议要求按时付清了栗子款。但到 2000 年，刘铁只支付了将近一半的栗款。随后四年（2001—2004），这种状况得到缓解，刘铁每年虽未能付清栗款，但能给付多半。2005 年开始，随着承包费用的提高，刘志强再次压低了给付比例，至 2008 年，他所给付的栗子款不足约定款项的 1/5。

从这一年，刘文华开始意识到，要让刘铁按约给付承包费的可能微乎其微，而他长年照顾的妻子已经去世，自己有时间、有精力照看栗树，"与其被人牵着鼻子走"，还不如把栗子树要回自己经营。最主要的是，刘铁丝毫没有契约精神、得过且过的行为让他心生反感。有了这种想法，刘文华就开始找刘铁协商，向他提出归还栗树的要求，得到的回应却是"再说吧"！

等刘铁再见刘文华时，就拒绝了他撤回协议的要求，主要原因是从 2000 年起，刘铁便将一些不爱结果的老树、弱树砍掉，并栽植了许多生产力较强的小栗树，这一砍一种，花了他不小的气力，因此不愿无偿将栗树退还。听到侄子否定了自己提议，甚至提出有偿退还的要求后，刘文华十分窝火，但一时也想不出其他的办法。只好打电话给儿子刘子韬，刘子韬听完父亲的叙述，认为家族内部矛盾要在内部解决，便从单位请假回家。回到老家后，刘子韬到堂兄刘铁家拜访，说道，"哥哥，你就把树还给你老叔几年，让他自己经由①经由，新鲜新鲜，他懒得经由了还给你……"，刘铁留了堂弟刘子韬在家吃饭，两兄弟推杯换盏，彻夜饮酒到天明。然而，刘铁最终还是没肯答应刘子韬的请求。

见刘子韬亲自回家仍未平息事端，刘文华更加恼怒，认为已经给足了侄子面子，而他肯定是听信了外人唆使，认为合同在手，不怕闹僵。事已至此，既然侄子不顾家族情面，那么与他撕破了脸倒也无妨。2010年，刘文华将刘铁告上了法庭，提出要被告按约定给付拖欠的承包费共20123元，另要求他赔偿10000元，以弥补未经自己许可就被砍伐、毁坏的62棵栗树。这一纸诉状递上，老刘家炸了锅，有人背后指责叔叔刘文华不顾情面，有人私下责怪侄子不通情理。

这时，刘文华的外甥、刘铁的表兄于正官坐不住了。于正官是县城里小有名气的律师，为了平息这起发生在亲戚之间的纠纷，他一面安抚舅舅刘文华，"老舅你差不多就行咯，这个是我大舅的儿子，你把他忒弄苦咯还中？"一面劝诫表弟刘铁。法庭庭长也出面调和："老爷子差不离就得了，你要是较真儿，经了林业局，刘铁就得估价。70多棵树，得做多少钱呐！"碍于情面，刘文华同意接受调解，调解内容如下：

一、解除原告刘文华和被告刘铁1998年4月4日签订的《议定书》。

二、被告刘铁给付原告刘文华承包栗子款2300元（当庭给付），其余部分原告刘文华自愿放弃追偿。

三、被告刘铁栽植在原告刘文华栗树段内的栗树归原告刘文华经营管理、收益，原告刘文华不再要求被告刘铁赔偿砍伐栗树损失。

---

① 经由，当地方言，指经营。

案件受理费 550 元由被告刘铁担负。①

关于叔侄两人的栗树之争，村里的人看法不一，与刘文华年龄相仿的张老汉认为，刘铁作为一个晚辈，面对长辈提出合理要求，态度强硬，这才激怒了叔叔，而他判断这个纠纷的根源在于"当下农村的老百姓都自私"②！另有村民表示，即便侄子刘铁不通情理，叔叔刘文华也应该承担起在家族内部进行教育的责任，不应该闹上法庭。尽管在与侄子的争斗中获胜了，刘文华还是心中愤懑："现代人都咋了？自己的树，合情合理地讲，还要不回来？要回来，反倒成毛病了？"

三 送不出去栗树

刘文华个性要强，打官司将栗树讨回后，更加不喜欢雇佣外人帮忙，也不舍得白白扔掉收成，打算亲力亲为。这无形地加重了儿子刘子韬的负担，每年一入秋，他便开始发愁，既放心不下父亲，也没办法说服父亲，只好年年向单位请假，返回老家帮助父亲抢收板栗。可刘子韬自小外出读书，并未练就爬树打栗子的本事，父亲腿脚不便，也很难再登高。于是，村里出现了一个供村民茶余饭后谈笑的场景：每到要去大树上打栗子时，刘子韬都会扛着一把梯子上山，把它倚在树干上，小心翼翼地顺着爬到栗子竿③可以够得到树冠的位置，再"笨拙"地从上到下打栗子。这种打栗子的方式因在村中极为少见而愈发滑稽，村民觉得刘子韬是个孝子的同时，也暗暗推测刘文华心中一定后悔。因为有好长 段时间，板栗市场的局势成谜。

隔着一条小路住在刘文华对面的张老汉就遭遇了这种困境。这位年过八旬的张老汉，曾独自打理约有 5000 斤产量的栗树，然而年老体

---

① 河北省古木县人民法院民事调解书，（2010）古民初字第 457 号。
② 访谈对象：张老汉，访谈时间：2017 年 12 月 9 日，访谈地点：小豆庄。
③ 栗子竿，专门用于从树上往下打栗子的长木棍。

衰，最近几年需雇人打理栗树，包括剪枝、打药、抢收。每逢产量高、价格好的年景，老两口可以多些余钱留作日常开支；价格不理想的时候，除去这些费用和人力成本，从板栗获得的盈利所剩无几甚至出现亏损。

张老汉的三个儿子自 20 世纪 90 年代开始便离开村庄、在外工作，在板栗市场价格的波动中，三人开始合力劝说父亲把家中的栗树承包出去，但张老汉认为其尚能劳作，且有雇工帮忙，不肯同意。2016 年春，腿脚不方便的张老汉愈发感觉到干活吃力，这样，他终于将已故大哥、二哥的后代（侄/孙）叫到家中，商量着把所有的栗树按照产量至少等分为两份，交由他们承包，所有承包者在每年收成后共抽出 200 斤，按承包比例分别交给张老汉。但侄孙因前几年板栗价格大多低迷，都没有承包意向，此事暂时搁置。

是年秋，板栗价格上涨，除去费用，张老汉还收入了一笔。考虑到经营板栗还有一定的利润空间，侄孙们可能会改变想法，张老汉再次有了均分栗树的想法，只不过，这一次不再是承包，而是除了留下几棵邻近房屋的栗树供自己消遣，其余的栗树在限定时间内无偿供给晚辈收成。这期间，侄孙完全享有每年秋天收获的板栗，但他们同时也需出劳力以保持栗树的可持续生产。① 翌年正月，张老汉再次召集侄孙们到家中商议，大哥的儿子因家中的栗树本就无暇照看，没有参与，但长孙秋冬，以及二哥的长媳的入赘女婿刘荣②、次子张文、幼子张武加入。倘若协商成功，张老汉将节省一笔经营成本，侄孙们也将无偿获得一批栗树的经营权，如此一举两得，本是美事一桩，却不想险些引发家族内部纠纷，张武险些和侄子秋冬打起来。

---

① 板栗树每年都需要有人定期经营管理，如果荒废的时间太久，就会降低产量、甚至不再结果。

② 张老汉二哥的长子故后，刘荣入赘张家。

秋冬觉得张武家里负担重,就说让他要。"正是给我老叔,他那儿俩孩子上学,也不打工去,也没矿石咧。"大家就都说让小武要,他就说回去和媳妇儿商量。过了一会儿,他把闺女小丽带来咧。小丽上来就说自己念大学了,以后可以养她爸,不想让他那么辛苦。小武也就开始叨咕老刘当时承包栗子树给侄子的时候,是怎么闹纠纷的。秋冬说:"你唠那个干啥,唠咱们个儿的事儿。"小武就急咧,站起来就冲着秋冬喊:"你给我滚!"两个人差点撕搂起来。大正月的,我把他们找来,也不是坏事儿,他们还打架![①]

秋冬看张老汉脸色难看,再加上和老叔张武较劲儿,赌气冲着大伯刘荣说:"大伯,咱们俩要"!刘荣本觉得无力全部经营,可以先拿一半,听秋冬这么一说,顺势答应:"要就要"。张老汉心里却犯起了嘀咕,"秋冬这小子有家里义气[②],就是想着让老爷省心点儿,实际上他还出去打工,弄不过来",于是告诉两人,"你们到家都商量商量,定准了我就配上袋儿,抽勾,都不想要,我自个儿留着"。果然,第二天秋冬就反悔了。刘荣听说秋冬不要那一半栗树,也找到张老汉,推脱说妻子身体不好,自己也不要另一半了。

从事了大半辈子农事的张老汉怎么也弄不明白,自己辛辛苦苦经营的栗树怎么就成了送不出手的烫手山芋了呢?亲兄弟都曾因为争抢它而打到头破血流的栗树,怎么现在无偿送出也会造成矛盾呢?那么,究竟是什么导向了这种改变与转型?村里人说,"应该是琢磨着不如打工省心"。据他们描述,刘荣、秋冬都曾在闲谈中表达过:"现在谁还指着那点儿栗子蛋儿活呢?我出去(打工)半年就够了。"可见,这种在家庭内部作为重要经济的资源的板栗正随着其他替代性的生计

---

① 访谈对象:张老汉,访谈时间:2017 年 9 月 5 日,访谈地点:碌村。
② 家里义气,当地表达,意指顾全家族利益。

方式的出现而逐渐衰微。

这类可替代性的生计方式主要是打工。村落附近村民的打工模式经历了"离土不离乡"到"离土又离乡"的转变，而这种转变更加强化了人们对于栗树的舍弃。这种离土的趋势随着三个层面的转型的推进而得以强化：一是城市在城乡结构转型过程之中表现出的巨大吸附力，二是市场在经济体制转型过程中的持续刺激，三是农民在文化转型中个体意识的觉醒以及对理想实现的孜孜追求。在这类转型的背景之下，乡村中围绕栗树产生的纠纷式微。这真的意味着人们之间的互动减少，而乡村社会正走向瓦解吗？

第三节　栗树价值的再现

回到我们在第一节文末提出的问题，栗农选择弃树以及"送不出去的栗树"，是否意味着乡土社会的基础性瓦解？回答显然是否定的。黄应贵曾指出，在工业化、都市化与全球化冲击下的农村，因人口外移、当地生计凋落等现象，让我们容易有农村社会没落乃至崩解的印象，但实际上它可能已在形成另一种不同的社会形态，而不再是有关农村兴衰的问题。[①] 进而言之，在城市牵引力与市场经济的双重刺激下的离土又离乡并不意味着人们从村庄中完全剥离出来。事实上，在落叶归根的召唤与外乡生活的排挤下，离开土地的人大多并不会割断与故土的联系，在城市与故乡之间保持着一种循环往复的律动。

对于部分乡民来说，背井离乡并非完全出于自愿，得到合适的工作机会更非易事，加之工资拖欠的情况屡屡发生，因而在很大程度上，栗树仍是维持其生存的最后一道保障，而他们也愿意将外出务工所得的财富转化为家庭投资的额外来源，用于本地建房、购车等。另外，

---

① 黄应贵：《"农村社会的崩解"当代台湾农村新发展的启示》，《中国农业大学学报》（社会科学版）2007 年第 2 期。

还有一部分乡民在现代工业的选择中遭遇"淘汰",如上文所述的秋冬和稍长他几岁的刘荣,因工作地针对外地务工人员疏解政策及其个人年龄渐长等问题的影响,于2018年先后重归家乡,并且主动向张老汉提出经营栗树的请求。村民对此偶尔打趣,"什么时候被人看不上的栗子蛋儿又变成了宝贝疙瘩"?

事实上,刘荣与秋冬的返乡并非个例,在小豆庄、碌村及附近村落,越来越多的村民转向本地就业,或者直接延续之前以板栗为主的生活。这种转向有着更大的社会背景,2018年农民工总量比上年增长0.6%,增速明显比上年回落1.1个百分点,而在外出农民工中,进城农民工更是比上年减少204万人,下降1.5%。① 尽管,仅就一年的数据无法预测接下来的具体走向,但显然,就小豆庄及其周边村落而言,乡村依然是农民的安身立命之所,是他们获得一份保障性生活的基础。

几乎与此同时,乡村向外出闯荡的村民发出邀请。在振兴乡村的号召下,村民陆续返乡参与美丽乡村建设,并在此过程中强化了自身对家乡的自豪感与认同感。乡村社会的转型为村民的全面发展提供了更广阔的空间与更丰富的机会,而村民的创新实践也将进一步深化转型。比如,有"脑瓜儿活"的农民尝试借助新型技术与媒介提高产量,拓宽销路,直接以板栗经营为主实现在本地致富,这类实践另可见于农民利用电商平台实现身份转换。② 从这个角度来看,农村社会并未没落乃至崩解,而是正在形成一种新的社会形态。

这种转型有助于人们重新发掘栗树价值,而该趋势在面临不确定的风险时进一步得到了强化,2019年底新冠肺炎疫情暴发,受疫情影响,原定年后返回邻近城市工作的农民几乎全部驻留家乡。相对于"充满风险"的城市而言,越来越多的村民开始意识到乡村生活的优

---

① 数据来源于国家统计局发布的《2018年农民工监测调查报告》,详见 http://www. stats. gov. cn/tjsj/zxfb/201904/t20190429_ 1662268. html。

② Linliang Qian, "The 'Inferior' Talk Back: Suzhi (Human Quality), Social Mobility and Chinese E-Commerce Economy", *Journal of Contemporary China*, 27, 2018, pp. 114, 887 – 901.

越性，除了由自我管理、自我封闭而快速达成的相对安全外，人们关于生活成本的后顾之忧也相对较轻，村民大多有储蓄的习惯，而他们村中种植和储存的粮食、菜品足够保障其在很长一段时间的消耗。如有必要，村庄甚至可以回归到"自给自足"的传统生产体系。

> 前两年都是一窝蜂似的跑出去，最近开始慢慢都回来了，为啥呢？因为外面不好过，这两年都在压缩用人，活儿不好找，真找到了，拖个一年半载不给你发工资。城里不比家里，一根大葱都算钱，更别说吃住了，谁耗得起呢？现在这个（疫情）形势更说明问题，哪儿也不如家里保稳，村口一拦，病毒进不来，人也饿不死。①

当地人"饿不死"的信念一部分源于栗树，在疫情的限制下，未能按计划外出务工的村民开始投入到农事当中，尤其以栗树经营为主的农事中。部分村民表示疫情不结束，他们将选择在家务农，一来节省了"外地人员进入需居家隔离14天"的成本，二来规避了城市中因人员聚集而带来的感染风险。目前小豆庄及周边村落原在外工作的青壮年正转向投入到当地的栗树经营及相关的农事当中。

如上所述，重新发掘栗树价值的趋势在新冠肺炎疫情的影响下得到了强化，这显然加深当地人对于栗树的依赖。换言之，在风险社会中，当地农民的生计转型不仅是工业代替农业的问题，而是相互补充、共同维系的问题。② 因此，本文推测随着人们对于家乡的认识的深化，栗树将在乡村社区转化为人们追求确定性生活的一份保障，围绕其所产生的各类纠纷很可能重现并发生转型，而其也将在很长一段时间内继续存在。在某种程度上，冲突具有正功能③，尤其在结构灵活的现

---

① 访谈对象：张静水，访谈时间：2020年2月2日，访谈地点：小豆庄。
② 张文潇、赵旭东、罗士泂：《中国乡村研究的第三条道路———一种文化转型人类学视角的回顾与反思》，《贵州大学学报》（社会科学版）2019年第2期。
③ ［美］科塞：《社会冲突的功能》，孙立平等译，华夏出版社1989年版。

代社会中,纠纷及其调解机制的失灵将促使人们重新审视现有规则,并对其加以修正。就围绕栗树所产生的纠纷而言,现有主要以正式机关介入纠纷调解的成效有限,在这种情况下,转向构建传统秩序的原则,如重建村规民约,是一个可供选择的有效手段,这将最终使乡村社会结构在不断调试的情况下得以整合并延续。

第四节 钟摆现象:基于栗树的循环与融合

总体来说,继承与承包一方面使得栗树能够打破时空限制而实现流转,另一方面也强化了栗树在该区域的重要地位,确保了生产的延续性,为板栗从村庄流通到市场中提供了物质前提。围绕栗树所产生的纠纷及其变化,映射了当地乡土社会的转型与发展。正如利奇对克钦社会结构所做出的判断[1],即其在贡劳制与掸制之间寻求一种"动态平衡"[2],乡村社会似乎也在循着"-1","0","+1"的轨迹进行着钟摆式的运动,这种规律在村民争树、弃树与守树的行动之中可见一斑。

事实上,争树以及调解难以达成从根本上反映出了栗树在当地社会的重要作用,它由最初饱腹的来源一度成为村民在乡土社会中的生计基础,构成当地社会评价的主要指标,也是人们融入现代生活的重要媒介,此时乡土社会正运行并短暂停驻于钟摆的一端。

然而,这种维系人们日常生活与社会交往的生计基础随着转型不断地发生变化。在城市巨大的吸附力,市场经济的持续刺激,价值理想实现的三重刺激下,村民纷纷做出弃树选择:在转型的背景之下,此类乡村纠纷式微,乡土社会朝向钟摆的另一端转型。

---

① [英]埃德蒙·利奇:《缅甸高地诸政治体系:对克钦社会结构的一项研究》,杨春宇等译,商务印书馆2010年版。

② 赵旭东:《动态平衡中的社会变迁——利奇著〈上缅甸高原的政治制度〉评述》,《民俗研究》1998年第4期。

　　这种转型并非是一种简单的动态循环，更蕴涵着各类观念的融合以及由此所引发的结构上的调整，换言之，纠纷的式微并不意味着乡土社会正走向土崩瓦解，外出闯荡的游子在经历了城市社会中的风险与不确定之后，正在乡村社会的不断感召下陆续的返回乡村，并依据既有的生活经验与社会转型，获得了关于栗树的重新认识，而它将作为一份保障而成为人们守护的对象，这是否意味着围绕栗树所产生的纠纷将重现并发生转型，仍有待进一步观察与验证。

　　既有纠纷及其调解机制的失灵促使我们重新对现有调解规则加以审视，相对于强调正式机关介入，以钟摆效应作为参照，此时关照构建传统秩序的原则，使其与现代法律相融合，似乎是一条出路。如上所述，在村民争树、弃树与守树的行动当中，我们不仅可以窥见乡土社会的钟摆效应与发展逻辑，还能够对其转型趋势作出预测，尽管会出现间歇性紊乱甚至停滞，但乡村整体将循着钟摆运行的方式持续作为农民的生计保障与社会发展的主要动力。

第四章 乡村供销社的供与销

供销社，曾在农村地区广泛建立，总体负责当地供销业务，与农民联系最为紧密。20世纪50年代开始至90年代中期，供销社都是农村地区商品流通网络体系的关键主体。尽管受国家支持，但供销社的初建时期，仍在选址、人员配置、物资调拨等方面遭遇重重障碍。除了向农村供应必要的生产、生活资料，供销社主要负责当地农产品的收购业务，小豆庄供销社的收购业务以板栗、药材等为主。在收购农产品的过程中，负责核验、定价的"验质员"成为十分关键的人物，他们深深地嵌入到当地社会中。1983年分田到户后，供销社与村民之间构建起稳固的关系遭到撼动，人们开始在稍微放松的监督之下，寻找自由交易的可能。

第一节 陌生的供销社

新中国成立之初，国家为了实现社会主义工业化的目标，在经济政策上偏重城市与重工业，积极推动了农业集体化、主要农副产品的统购统销、工农业产品的差价交换及限制城乡之间生产要素流动等以农辅工的产业发展政策，利用农业剩余实现工业化的原始积累。① 这

---

① 赵旭东、朱天谱：《反思发展主义：基于中国城乡结构转型的分析》，《北方民族大学学报》（哲学社会科学版）2015年第1期。

种积累导致了城乡关系的改变，对此赵旭东做了一个形象的比喻：
"城市是在持续地从乡村社会抽血，长期的后果是造成其经济发展的
动力不足，但是一旦结果造成了，那么要想再使这台发动机发动起来，
却不是一朝一夕所能够实现的。"①

　　事实上，城乡的供销关系使得这种积累成为可能，合作是原始积
累的基础，而带合作性质的组织机构则是这类积累的重要媒介。这类
组织最初是以党组织积极动员、村民自发组织而成立的。它们除了提
供农民日常所需的生活用品和生产资料外，还是收购农产品再将其倒
卖的中转站。古木县最早的集体合作商业是 1946 年 4 月 1 日建立的
"大众合作社"。1947 年 2 月，土地复查后，古木县的集体合作商业摊
点迅速发展到 83 个，良莠不齐。1948 年 1 月，土地平分后，合作商业
进一步巩固提高。1948 年 10 月，古木县成立专门管理全县集体合作
商业的机构——合作科。②

　　尽管农村社员在共产党的积极倡导下以集资入股的形式组建了供
销合作类组织的雏形，但这类组织在中国的正式建立可追溯至毛泽东
在七届二中全会上所作的报告："单有国营经济而没有合作社经济，
我们就不可能领导劳动人民的个体经济走向集体化，就不可能由新民
主主义社会发展到将来的社会主义社会，就不可能巩固无产阶级在国
家的领导权。"根据这一思想，《共同纲领》对合作社经济的性质和任
务作出肯定，并规定了针对合作社的政策。随后，中央合作事业管理
局（1949）、中华全国合作社联合总社（1950）先后成立。③

　　1949 年 4 月，古木县的供销合作社减少到 45 个，布局逐渐趋于合
理。9 月，以大众合作社为基础，全县 45 个合作社入股，以国营古木

---

　　① 赵旭东：《乡村社会发展的动力问题——重新回味费孝通的"双轨制"》，《探索与争鸣》
2008 年第 9 期。
　　② 资料来源：古木县供销合作联社。
　　③ 全国供销合作总社编：《中国供销合作社史料选编》第一辑（上、下册），中国财政经
济出版社 1986 年版。

商店扶助，政府投资的方式，集资 1000 石玉米，组建县供销合作（联）社。至此，"大众合作社"更名为"古木县供销合作社"（后简称"县社"），并开始正式举办基层干部培训班，重点学习《合作社条例规章》。县社成立后，由下属土产公司、果品公司和药材公司担负外贸出口商品的收购业务，将古木县的大宗板栗、核桃、中药材等经天津港出口。①

1950 年 7 月，全国第一次合作社工作者代表大会召开，为贯彻这次会议的精神，古木县再次掀起兴办合作社高潮，1952 年全县基层供销社又恢复到 64 个。1953 年末，全县供销合作社 59 个（中心社 29 个、分社 30 个），入股社员发展到 93706 人，占全县人口的 64%。商品零售总额占全县社会商品零售总额的 62.56%。② 古木县建社的高潮反映了中国合作事业的发展，通过自上而下的大力宣传，以及自下而上的社员入股，供销合作社及其他各种类型的合作社在基层各地纷纷也建立，它们成为贯通全国的网络体系，在国家工业化与城乡经济发展中发挥重要作用。1954 年，全国基层合作社已发展到约 3 万个，共组成 2000 多个县联合社，供销合作社社员数有 1.55 亿。③ 与此同时，党还在城市和中心市镇设立了国营贸易公司。到 1955 年，合作社和国有公司一起至少已经掌握了农村市场零售商业的半数。④

供销合作社在农村市场的主导地位并不完全是基层自发完成的，这伴随着中国对传统小商小贩由上而下的长期改造甚至取代。毛泽东认为小商人"一般不雇店员，或者只雇少数店员，开设小规模的商店"，并把他们列入农民以外的各种类型的小资产阶级，刘少奇在第八次全国代表大会的政治报告中将小商小版界定为"个体的商业劳动

---

① 古木县志办编：《古木县志》，新华出版社 2000 年版，第 262、408—410 页。
② 古木县志办编：《古木县志》，新华出版社 2000 年版，第 408—410 页。
③ 苏星、杨秋宝：《新中国经济史资料选编》，中共中央党校出版社 2000 年版。
④ ［美］施坚雅：《中国农村的市场和社会结构》，史建云等译，中国社会科学出版社 1998 年版，第 127 页。

者"，小商小贩兼具商业劳动者和私有者的双重性意味着对他们的改造。1956 年中国近五分之四的小商小贩走上组织起来的道路。好几十万小商小贩在年初的社会主义改造高潮中被国营商业、供销合作社吸收参加工作和被批准参加定股定息的公私合营商店。[①] 基层市场上的店主和行商们在极大的程度上依赖合作社和国有公司提供货源。[②] 这期间（1954—1956 年），古木县的区、乡供销社、分社增加到 73 个。（详见表 4 – 1）

表 4 – 1　　　　　古木县基层供销社合作社（含采购站）

基本情况一览表[③]　　　　　单位：平方米，万元

社别	建社时间	占地面积	营业面积	固定资产	自有资产		营业网点	职工人数（1995 年）
					总额	社员股金		
供销社								
澈河镇	1947.3	13201	2270	27	54	11.0	10	92
南双洞	1950.2	8663	985	15	34	10.0	6	26
黄酒馆	1947.5	5887	414	5	18	2.0	5	23
小东区	1972.8	8825	965	6	23	3.0	7	22
土城头	1956.6	13300	620	9	25	2.0	6	39
北水泉	1949.8	15638	995	15	47	3.0	9	26
大沟	1956.6	1073	160	5	13	0.3	2	9
澈河	1947.4	7093	300	15	51	83.0	9	48
小豆庄	1947.4	8950	700	15	41	8.0	7	35
安子岭	1947.5	29495	9090	13	36	4.0	9	27
孤山子	1956.1	1400	405	21	63	13.0	9	34
蓝旗营	1947.6	20348	1010	11	60	7.0	14	46
三道河	1946.3	14631	1123	10	38	5.0	8	29
澈河南	1949.6	10650	580	11	34	2.0	6	31

① 林青：《关于我国小商小贩社会主义改造的几个简题的研究》，《经济研究》1958 年第 3 期。

② 吴承明：《私营贸易的社会主义改造》，《人民中国》1956 年第 10 期。

③ 古木县志办编：《古木县志》，新华出版社 2000 年版，第 410—411 页。

续表

社别	建社时间	占地面积	营业面积	固定资产	自有资产		营业网点	职工人数
					总额	社员股金		（1995 年）
供销社								
八卦岭	1949.7	17815	1556	25	99	13.0	9	33
挂兰峪	1956.6	14548	780	20	50	5.0	11	43
四拨子	1956.6	1030	480	7	23	2.0	5	22
牛圈子	1950.3	4893	240	6	15	1.0	5	27
石庙子	1950.3	6710	1051	3	16	0.8	4	20
大水泉	1956.6	9096	752	15	33	3.0	7	48
白马川	1948.8	6058	488	11	28	4.0	6	23
黄酒铺	1971.6	3494	225	4	17	2.0	4	11
茅山	1948.4	8434	3332	25	53	6.0	10	29
跑马场	1950.3	1717	740	12	38	4.0	8	23
六道河	1947.1	25744	1571	30	84	10.0	9	54
营南峪	1949.7	3810	390	10	18	1.0	3	12
陡子峪	1960.9	4940	1900	13	33	5, 0	6	19
克梨木	1974.3	7339	1053	12	29	4.0	8	61
荒地沟	1974.5	6666	460	7	23	5.0	7	20
北营房	1956.6	11875	941	13	39	10.0	7	36
下台子	1949.5	2765	757	12	32	2.0	7	31
大杖子	1949.3		768	16	44	11.0	9	47
车河堡	1970.9		765	9	31	6.0	10	69
解放	1946.6	3787	735	9	21	4.0	6	22
孙杖子	1946.2	4788	843	15	35	6.0	5	30
蘑菇峪	1956.6		703	8	32	8.0	7	28
采购站								
澈河	1971.6							15

从表4－1可见，小豆庄、澈河建社较早，两地几乎同时自下而上建立了平级的中心社，随后两社多次分分合合，小豆庄供销社也曾几度成为澈河供销社的分社，而后又一度从中分离出来转而成为与之平级的中心社。小石洞村、大树沟村也都紧随其后成立了类似的组织，

1961 年碌村从小石洞村独立出来，开始积极争取建社，并于 70 年代正式成立。在相当长的一段时间里，小石洞村、碌村、大树沟村是隶属于小豆庄供销社的分销店，它们以小豆庄供销社为中心，共同负责当地的供销业务。

关于基层供销合作社的建立，一般是采用自下而上的社员集资入股的形式：

> 我们碌村①当时和现在的小石洞村是一个村子，合起来叫小石洞村，有一个小供销社，3 个人。当时建社是上级一点点儿往下传，传到区、区传到村子，村子有村长，那前儿都是村长张罗，大伙儿再推选，谁来干。东西不是国家给的，都是大伙儿凑的，使一点粮食弄个小地方，一人儿交 2 斗②棒子，算入股，一年一分红（利）。用这些再弄点货，大伙儿就上那儿买去。信用社（农村合作信用社）也都是大家入股，一个人两块钱，当底垫儿。③

那么，供销社究竟是一种怎样的存在？在形式上，供销合作社是不隶属于国家机构的自主联合体，但是，它们的运营功能中包括为国有贸易公司收购土产和销售外来品。在此基础上，二者共同致力于农村贸易的社会主义化。④ 刘少奇曾明确提出，供销社就是为农民"应该办"而且"必须办"的三件事：

> 第一，是把他们多余的生产品推销出去，并且在价格上不使他们吃亏；第二，供应他们所需要的生产资料，并且在价格、质

---

① 1961 年，碌村建立。

② 一斗，约合二十七八斤玉米。

③ 访谈对象：张老汉，访谈时间：2016 年 10 月 9 日，访谈地点：小豆庄。

④ ［美］施坚雅：《中国农村的市场和社会结构》，史建云等译，中国社会科学出版社 1998 年版，第 127 页。

量和供应的时间上都不使他们吃亏；第三，供应他们所需要的生活资料，同样在价格、质量、时间上都不使他们吃亏，能较市价便宜一点。如果力量不足以完成以上三项，那么就先办"推销"，再办"供应"。①

可见，供销社的主要业务，即"卖出去"与"买进来"，有助于农村地区的发展与农民生活水平的提高。在村民对小豆庄供销社建立之初的回忆中，该社受其自身与自由市场存在差价或收购计划的限制，并不能充分满足农民的销售需求，人们往往会绕远到邻近的自由市场销售农产品。田毅②就是较早走出村庄的人。1951年田毅家自产山楂1万余斤，其他很多家户还有更高的产量，但由于当地市场有限，许多山楂没有销路。田毅打听到天津有市场"有价儿"③，于是自行将山楂打包，从遵化市的运输局雇佣马车，将货运送至天津。

> 到天津卖7、8万④块钱（100斤），咱们这儿2、3万。那时候遵化的运输局都是马车，没有一个汽车。这一马车，拉2000多斤儿，走4天，到天津。我不跟车夫一块儿走，自己坐汽车到唐山，由唐山坐火车到天津，那儿有栈房。到时候儿哪角儿栈房，打电话，上哪儿接他去。这一趟好几天，也就是几斗棒子（玉米）钱儿。⑤

尽管天津有着一个庞大的市场，但村中大多数还是"没出过门"

---

① 中共中央文献研究室编：《刘少奇论新中国经济建设》，中央文献出版社1993年版，第223—224页。

② 田毅，原小豆庄供销社党委书记，1951年参加工作。

③ 有价，形容收购价格较高。

④ 当时通货膨胀，一万元约合一元。

⑤ 访谈对象：田毅，访谈时间：2016年12月21日，访谈地点：古木县。

的村民，他们只好在家附近以较低的利润出售手中的农产品，这些产品中，除了大宗的干鲜果品，还有少量的粮食、柴火等。相对而言，在农产品的收购价格方面，当地市场远不及天津市场，但仍稍高于供销社。另外，许多产品也并不在供销社的收购范围之内。总体上来看，供销社建立之初，自由市场在村民的日常生活中仍发挥较为重要的作用。相对而言，供销社则是一个相对陌生的存在。

> 这（供销社建立）之前的时候，人还不在集体，那前儿都是个人干，也没有钱，一般都是拿粮食换。打比方说，一斗棒子换多少尺布。五几年①一到供销（时期），就不能换了，都得使钱，那会儿就开始卖粮食、柴火、卖炭、干果、水果，还有的家户养牲口，不过都没有多少钱。（这些东西）一般不往供销社卖，有毛驴的就驼到澳河②，远的去遵化③，上市场卖得贵点儿，没有（毛驴）的就卖到供销社去。供销社那会儿只收水果和干果，柴禾啥的还得自己想法儿（卖）。后来就都往供销社卖，别处没法收，收了没法儿销放。那前儿供销社就俩仁人，卖咸盐、灯油、碱面、窗户纸这些，都是家里的日用品。够一推车了咯呀？使那个驴驮从澳河批发站批一点儿，很少上别的地方进（货）去。④

田毅、张老汉关于供销社建立之初的回忆，反映了当地村民因供销社与自由市场存在的差价或其本身收购计划的限制，而往往会绕远到澳河镇或邻近的遵化市，甚至更远的天津市销售农产品。此外，供销社供应的产品无法满足人民的基本需要，尽管除了澳河批发站，供销社员工还会徒步到遵化和鸦鸿桥进货：

---

① 根据访谈，1949 年 7—8 月（新中国成立前），小石洞村供销社已具雏形。
② 小豆庄所属镇，在小豆庄东部方向约 5 公里处。
③ 遵化市，唐山市代管的县级市，在小豆庄东南方向约 25 公里处。
④ 访谈对象：张老汉，访谈时间：2017 年 2 月 22 日，访谈地点：小豆庄。

那时候交通闭塞,没有车什么的,我爷爷就是背着油桶去鸦鸿桥进货。背着一桶翻山越岭,从小石洞村那儿、天高那边,搭梁走。有时候儿,还挎着一篮鸡蛋,到那儿把鸡蛋卖了,把油啥的再装回来卖。那会儿人实诚,我爷爷走过去又累又饿,那也不舍得吃一个鸡蛋。后来有一回,他和我说有个鸡蛋半路上不小心磕破了,他这才找一个路边的小店,让他们帮忙给煎了吃。①

图 4 - 1　"扁担精神"宣传画②

---

① 访谈对象:王海,访谈时间:2016 年 12 月 2 日,访谈地点:小石洞村。王海的爷爷王林为小石洞村供销社的创建人。

② 图片来源于网络,http://www.997788.com/112743/auction_152_12126138.html。扁担精神,1946 年 7 月,党员尹兴德、郭有恒等人,拿着十几元钱,用庙里的供桌做柜台,成立了"石板岩供销合作社"。由于交通不便,供销社职员只好挑着扁担运送货物,挑扁担也成了他们必须掌握的技能。他们前一天从山外挑来盐、煤油、洋火柴等商品,第二天卖给村里人。

可见，供销社供应的产品无法满足人民的基本需要，在建立初期，它勉强为农民提供了盐、油一类的基本的生活资料，对生产资料的供应则更为鲜见。这点在中共中央农村工作部办公室关于《八个省土地改革结束后至 1954 年的农村典型调查》中得到了数据上的支持。① 换言之，供销社最初并未满足农村的消费需求，也并非是他们出售农产品的最佳选择。即便是最初参与建社的老职工，对于供销社的概念也是陌生而模糊的，在田毅的回忆中，他就是被村干部强制要求参加了供销社的工作。

> 田：村子找我啥事吧？
>
> 邵：咱们村子要建立个供销社，申请批咧，大伙儿建议让你去。
>
> 田：那不中，我父亲岁数大咧，山沟子里挑水都没人。
>
> （我就说啥也不去，说了俩仨钟头呀）
>
> 邵：你是团员不？你还是团支部书记呢？
>
> 田：那还有关系呢？
>
> 邵：咋没关系呢?!
>
> 田：那样儿吧，我服从领导。去半年中不中？
>
> 邵：那知不道，得供销社建好咯，有人替你咯才中。②

老书记田毅的回忆既反映了农民对于供销社性质的不了解，他因团员身份而有了家庭责任与组织安排的冲突与妥协；也侧面了供销社初期在农村的影响一般，人们对它充满了陌生感，"到那儿工作还不如在家的营生"。勉强承担了供销社售货员工作的田毅，自 1951 年 6 月 20 日参加工作起就盼着到 12 月 20 日，这天刚满他当时向村干部承

---

① 张晓玲：《新中国成立初期供销合作社对农民日常生活的影响》，《农业考察》2014 年第 1 期。

② 访谈对象：田毅，访谈时间：2016 年 12 月 21 日，访谈地点：古木县。

诺的半年时间。时间一到,他便开始准备收拾行李回家,供销社主任
见状,急忙挽留他。

> 他(主任)问我咋回事儿,我说我答应了半年,不干咧,他
> 生让我先干着,说过些日子就定级咧。我说我不是嫌(工资)
> 少,我来之前在家当生产队队长来着,我待着一天也是10分,每
> 月合44块1。刚起开始去(供销社)23块7(一个月),还不顶这
> (生产队)一半儿呢,那我也没气罕。我父亲说:"你不用着急钱儿
> 多少,人家为啥非得让你去呢?这前儿国家用你。"后来,主任把
> 我说的暂时站下咧。第二年就让我到县社考试,我说我不去,还是
> 心疼我父亲挑水啥的。中心社的主任和书记非让我去,还写了一封
> 信让我拿着,交给县社主任。当时我也不知道是啥,以后我才知
> 道,是啥呢,就是"考不上,我们也要(他),不能放回去"。[1]

1958年田毅被借调到县社的人事科做"审干"工作,1960年进
入困难时期,供销社开始动员职工返回农村,支援农业。在一次支援
农业的动员会后,田毅觉得自己条件符合,父亲年迈,家中再无青壮
劳力,开始着手写材料,申请回乡。管理全县供销系统1000多人的主
任在巡查时,恰好看到正在准备材料的田毅,怒斥道,"扯淡!看会
儿报纸不中?你想回去也不让回去,不想回去的也得回去"。就这样,
田毅不得已留在了供销社系统。

由上文可见,以田毅为代表的供销社职工、社员、农民对于供销
社的认识都是模糊的,他们对供销社感到陌生,因而也并未与之产生
特别亲密的关系。那么,供销合作社是如何获得在农村的优势地位的?
可以说,农业的社会主义改造与各类农产品的统购统销的展开是这一
转变的社会背景。

---

[1] 访谈对象:田毅,访谈时间:2016年12月21日,访谈地点:古木县。

1953 年中共中央公布了过渡时期总路线，包括两方面内容：一是逐步实现社会主义工业化，这是总路线的主体；二是逐步实现对农业、手工业和资本主义工商业的社会主义改造。其中，对农业社会主义改造经历了互助组、初级社、高级社三阶段后基本完成，全国加入合作社的农户达 96.3%。农业的集体化改造为供销的垄断性提供了物质基础，商业不再是个人与个人或集体之间的对接，而是集体对集体，生产大队在很大程度上确保了供销社的"供"与"销"。这样，国家试图用统一计划来代替自由市场机制，切断农民经济与市场的联系。① 廖云凤因之将供销社称为国有商业体系在农村流通领域的延伸。②

随着供销社的不断发展壮大，对基层供销人员的需求量也急剧增加。这期间人们的观念也逐渐发生了转变，开始觉得供销社的工资虽然很低，但上班总比务农强，"挣钱多，还轻巧"。这一阶段，进入供销社系统的员工大部分是从村中推举出来的"本地精英"，还有一批是经过相关部门专门培训的外地青年，曾任小豆庄供销社社主任的董继国③就是经过热河省合作干部学校的选拔与培训后从邻县调到古木县的骨干人员。这位 80 多岁的老人的记忆很多都是碎片化的，不过对自己当时是如何从家乡来到古木县的记忆却尤为清晰：

> 那时候我正上高小④，十七八岁，听在县里上班的人说（供销社）要招人。当时我们同学的爸爸在县社，我们听到这个消息后就问他，他把通知念给我们听，说得先考上学校⑤，我们就去

---

① 张晓玲：《新中国成立初期供销合作社对农民日常生活的影响》，《农业考察》2014 年第 1 期。

② 廖云凤：《供销合作社制度变迁的经济学分析》，载《北京工商大学学报》2009 年第 4 期。

③ 董继国，1934 年生人，原籍承德市青龙县，1952 年从热河省合作干部学校毕业后到激河供销社做会计，80 年代初调小豆庄供销社做社主任，至 1995 年退休。

④ 高小，对应现在小学六年级。

⑤ 指热河省合作干部学校。

考了。那天早晨我吃的摊煎饼，赶到学校，也没考，到了后晌，就定了谁合格、谁不合格，我现在也不知道自己为什么被录取了。那儿还有医生，给我们检查身体。后来我们一进学校还是考试了，我考得不错，上了会计班。除了会计班，还有业务班，两个班，200左右人。在那儿上学不用交学费、伙食费，还发衣裳、鞋，我上了1年就分配了，当时分下来我们有30个上古木县社，到县社又分，我们3个人到潵河。①

供销社系统的不断完善为农业的社会主义改造提供了人员上的保障。从"供"的角度来看，供销社管控了农村的消费领域，农民的日常消费转化为"什么都要票，粮票儿、布票儿，碱面儿还有自个儿的票"。② 这几乎杜绝了自由买卖的可能，也更加强化了供销社的优势地位。

过去买点儿啥都要找供销社，买点儿灯油都是。那时候买东西还先要有布票、粮票，然后再用钱买，否则有多少钱也买不了。比如几块点心，就需要二两粮票、一毛钱。有时候，你有票据也未必买得到，当时有些紧俏商品，像自行车、手表、缝纫机等都得找供销社。这些紧俏商品都是需要主任批，且得排号呢。为什么当时那么多人想去供销社？那阵儿咱们物资特别匮乏，但供销社就有便利条件。③

从"销"的角度来看，原来个人自由交易的农产品也转为必须经由集体化的大队交到供销社来换取利润，并用于日后的集体开销和分

---

① 访谈对象：董继国，访谈时间：2016年10月9日，访谈地点：大树沟村。
② 访谈对象：张老汉，访谈时间：2017年2月22日，访谈地点：小豆庄。
③ 访谈对象：董少辉，访谈时间：2016年10月9日，访谈地点：大树沟村。董少辉，原供销社主任董继国的长子，供销社生产资料门市部经理。

配。伴随着人民公社运动的展开，国家不再与具体的农民打交道，而是与组织化的生产队打交道，这在很大程度上提高了国家的财政汲取效率。[①] 1953 年，粮食统购统销政策施行；随后，1957 年发布的《国务院关于国家计划收购（统购）和统一收购的农产品和其他物资不准进入自由市场的规定》明确指出：

> 对于国家规定计划收购和统一收购的两类物质，国家只委托一定的国营商业部门和供销合作社执行收购任务。其他不是由国家指定担任收购任务的企业、机关和团体，都不准进行收购。既不准派人到农村去收购，也不准在城市中收购私人贩运进城的计划收购和统一收购的物资。对于违反这一规定的企业、机关和团体，当地人民委员会应当给予严格的处分。[②]

国家希望通过对重要农产品和其他物资的计划收购和统一收购来保障城乡重要物资流通的畅通，但这几乎杜绝了自由买卖的可能，国家在通过供销合作社实现"以农辅工"的同时，隐含地强化了这一组织体系的优势地位。[③] 计划导向的发展以及一边倒的优势使得供销合作社很难真正实现兼顾刘少奇意义上的"推销"与"供应"而忽视甚至压制农民的个体需求。加之，供销合作社的财产不再属于原有的特定团体（投入股金的社员）。政府将其对合作社的扶持作为投资，在多次的改制过程中变革了供销合作社的财产关系，把集体财产甚至社员个人财产转变为了国家的财产。社员感受不到财产的归属，他们既

---

① 赵旭东、张文潇：《乡土中国与转型社会——中国基层的社会结构及其变迁》，《武汉科技大学》（社会科学版）2017 年第 1 期。

② 全国供销合作总社编：《中国供销合作社史料选编》第一辑（上、下册），中国财政经济出版社 1986 年版，第 230—231 页。

③ 据统计，国家商业部门、供销合作社收购比重，1952 年为 64%，1953 年到 1957 年平均为 77%，1958 年到 1975 年平均为 88%，1976 年到 1978 年平均为 85%。参见陈振平《计划经济时期供销合作社的制度评价分析》，《陕西财经大学学报》2013 年第 1 期。

不对供销合作社的财产损失负责，也不享受供销合作社的财产权益，这促使他们对供销合作社失去热情、信任和支持。①

在 1957—1978 年间，中国在计划经济之下尚存在一部分未（能）被纳入国家计划的非计划经济因素，它们在一定程度上调节着物资的生产与流通。②③ 由此出现了公开地或隐蔽地企图摆脱国营商业、供销合作社的领导，甚至摆脱生产大队的领导的情况。

> 应该是 53、54 年的时候，开始建立互助组，我 19 的时候（1956）是初级社，果树、牲口……凡是能用的，都做价（赊卖给大队），大家在一起还了好几年。我 21 那年（1958）是高级社，到处修水渠、修长坝，还有一个全国性的大搞钢铁。在初级社，一天 6 分工，高级社，一天 10 分工。我家里 6 口人、2 劳力，干一整年，冒一回分得一二百（元），冒一回还得往队里交钱。就算有钱，还得有票，那会儿供销社卖盐好像是 2 毛多钱一斤，而且它也不赊账，没钱咋活呮？就这样，我得空就上山割柴火，两块多钱 100 斤，一推车推 300 斤，推到遵化，换 7、8 块钱。从小摊儿上买点儿针头线脑的，便宜点儿。不舍得花钱，不知道咋活过来的。④

以上是赵振海对 20 世纪五六十年代的回忆，上山砍柴再把柴推到外地卖在当时并不在国家禁止的活动内，但这个过程就意味着对大队的生产活动的松懈甚至逃避，正如一部记录古木合作化时期的电影

---

① 陈振平：《计划经济时期供销合作社的制度评价分析》，《山西财经大学学报》2013 年第 1 期。
② 向欣、苏少之：《1957—1978 年中国计划经济体制下的非计划经济因素》，《中国经济史研究》2002 年第 4 期。
③ 张学兵：《三类物资：观察中国计划经济运作中"小自由"的一个视角》，《中共党史研究》2013 年第 4 期。
④ 访谈对象：赵振海，访谈时间：2016 年 12 月 21 日，访谈地点：小石洞村。

《青松岭》所展现的，人们要想赚得额外的收益，就得想办法（装病等）来将原本应该在生产队里的劳作时间和精力放在进山"找山货"上。

　　然而，这样一个隐秘而细小的缺口是建立在农业生产时间的易操作性上，它随着集体化的深入而遭遇更加严密的封堵。1958 年古木县实现了人民公社化，为适应"大跃进"的需要，成立了钢铁指挥部，贯彻"以钢为纲"的方针，将大批农业劳动力投入到大炼钢铁的运动，最多时达三万余人。在农业生产方面，提出"工农业并举"，"苦战一年，塞北粮食撵长江，实现 40 条，改变全县面貌"。为了实现"人均半亩水浇地"的目的，农村地区还大搞"百库乡""千库区""河边打井""夫妻水库"等项目。实践证明，各种类型的炼铁炉大多因质量差、不适用而纷纷下马。事实上，对于钢铁生产和基础建设的过分强调，使得农业生产萎靡，全县到处可见"日产千吨铁、亩产千斤粮"，但人们却是吃不饱饭，而这也直接压缩了他们从事其他生产活动的可能。加之人民公社组织军事化，劳动战斗化，生产集体化，大办公共食堂，取消社员自留地和家庭副业，关闭农村集市，人们的生产、生活资料"归大堆"，公社统一核算，实行"供给制"，这都严重挫伤了农民的生产积极性。①

　　　　集体那会儿"割资本主义尾巴"，要在山沟子坝墙上种点儿倭瓜秧，那叫"资本主义墙边儿"，要在平房上种点儿菜苗子，叫"资本主义上房尖儿"。那阵儿集体不让种，要是集体棒子地里种点儿小白菜儿，这叫"资本主义捣乱儿"。公社领着我们检查，地里那个倭瓜秧给薅咯，白菜也给薅咯，啥也不让种。也就是家里种点儿，有的院子大点儿（能种），有的（院子小）根本

---

　　① 高桂山：《古木县大跃进运动史料》，载中国人民政治协商会议　古木县委员会文史资料委员会编《古木文史资料》第四辑，第183—184 页。

种不了啥。"农村的八大匠是打击对象"，木匠这些都不允许，都统一榜地。你要自个儿上山，没准儿就是"乱砍盗伐"咧。①

与此同时，古木县委员会于 1965 年 12 月 8 日批准了关于《澈河区供销社领导干部全部兼任生产大队副队长情况及今后意见》的报告，明确提出，"这个报告很好，它反映了商业工作必须从生产入手，搞好购销全力支援农业生产的一个革命措施，也是密切农商关系、加强农工联盟、把商业工作越作越活的一个好办法"。这直接为供销合作社对生产队的渗透与领导提供了合法性依据。除了落实到基层农民的监督与管控，国家还从买方入手，严令禁止农产品的自由买卖。②另外，从 1966 年起，农村生产强调"以粮为纲"，集体副业和家庭副业都受到了严格的限制，加上管理采用"一刀切"的手段而忽视各地差别，在分配上强调平均主义，集体吃"大锅饭"，农村经济几乎陷入了停滞的状态。③ 这种渗透不仅是经济领域的生产生活上的，供销社的一元独大的后果直接体现在了农民的观念与行为上，他们充分信任并依附于供销合作社。

第二节　坚定的验质员

供销社对农村地区"供""销"的垄断，使得供销社职工与当地

---

① 访谈对象：吴丰年，访谈时间：2017 年 3 月 22 日，访谈地点：小豆庄。

② 1974 年 11 月 15 日，国务院、中央军委联合发出《关于严禁机关，团体、部队、企业、事业单位自行到农村采购农副产品的通知》，指出：中央曾经明确规定禁止自行到农村采购农副产品，但近来不少单位不顾中央三令五申，有的抬价抢购，有的用国家统配物资换购，有的与投机倒把分子勾结进行套购，严重地冲击国家计划，使国家本来应该收购的东西收购不上来。通知重申：（1）一切机关、团体、部队、企业、事业单位，不许自行到农村、集市采购统派购农副产品，未经产地的市场管理部门批准，不许自行采购三类农副产品。（2）社队的统派购物资，一律向当地商业部门交售。（3）商业部门要提高服务质量，做好农副产品的收购与供应工作，严禁"走后门"。（4）进一步加强市场管理。

③ 费孝通：《三访江村》，《江苏社联通讯》1981 年第 17 期。

村民间的关系紧密而微妙。从"供"的角度上来看，农民如果需要紧俏商品，就一定需要通过内部职工的关系来获得优先购买的权利。从"销"的角度来看，销售到供销社的农产品需要"分成定等"（根据成色划分等级），至于成色如何，划定成哪个等级，这些都是由供销社专门的验质人员决定的，属于"手高眼低"①的事情。在这些农产品的定等中，对板栗的定等是一项主要的工作任务。在一"供"一"销"的严密安排下，村民为了买到需要的物品或者将农产品卖到更好的价格，常常会在年末岁尾邀请供销社的关键人物到家中用餐。"过年一到腊月，村里就请我们经理吃猪肉，那会把我们也都叫着。一进腊月就排队，还有排不上的（家户）。"②

　　尽管如此，也会有严守规则的人。赵世森，供销社的一位老验质员，在验质的过程中严格把关，不讲人情，人称"赵黑脸"。他于1940 年生于河北衡水，1957 年考入中学，1960 年初中毕业后又考上了承德石油学院，即现在的"承德石油高等专科学校"。按原计划，赵世森能够毫无后顾之忧地在这所学校上 5 年的学，享受"书费不要，住宿费不要，吃饭不要"待遇，但 1962 年，学校突然采取"一刀切"的政策，把学生分别安排到了各地工作，赵世森被安排到了急需人员补充的古木县供销系统。

　　　　国家养活不起了，我们还没毕业，政策就算我们毕业了，给
　　我们找工作，是哪个县的，就归哪个县。比如，是承德的，就回
　　承德，是宽城的，就归宽城。不是承德专区的人，就全都安排到
　　古木县。因为那会儿古木太困难，太缺人了。③

---

　　①　董少辉的表达，原比喻贪得而不识货，在此指验质人员对农产品的"分成定等"有很大的发挥空间，出于私人关系等方面的考量会为了照顾农民利益而选择将农产品的等级定高。
　　②　访谈对象：张静水，访谈时间：2016 年 11 月 20 日，访谈地点：小豆庄。
　　③　访谈对象：赵世森，访谈时间：2017 年 12 月 23 日，访谈地点：遵化市般若院。

1962 年赵世森进入了澖河中心社①，在那里作为售货员工作了两年半，随后赵世森被调到中心社下属的分销店金杖子帮忙。金杖子地处偏僻，赵世森刚到该地时感到十分不适应，为此，他曾强烈要求组织重新安排。谈到从金杖子供销社离开的始末，赵世森说道：

> 他们把东西摆在那，让我想吃什么做什么，但我不会做饭，那个地方一到后晌就我自己，人烟稀少，狼羔子要给我叼去呢？挺害怕的。待了一阵儿，我就打电话坚持说我要回来。回来以后，他们嫌我把工作撂下咧，把我好（一顿）说。后来说，你不是待不住吗？那就去小石洞村吧。就这样，把我挪到小石洞村了。不过那里还好，不是我一个人。②

拒绝在金杖子驻守，被调往另一个山区小石洞村，也是赵世森验质生涯的开始，此后他经历了自 20 世纪 60 年代起到 90 年代板栗验质的变化。

> 我大概在 65 年到小石洞村，一呆就是 8 年。在那我开始负责采购，不过都是收购生产队的，不是个人的，栗子、梨、栗不楞③、棒瓢子④、柴禾，啥都收。碌村和其他村子，都往这个地方（小石洞村）送，生产队用驴把栗子、红果驮过来，用芨子⑤固定。不过那时候什么都不值钱，栗不楞也就几分钱，枝子（柴禾）应该是一块一/百斤。栗子相对贵一点，一等两毛五/斤，二

---

① 文化大革命期间，小豆庄供销社及小石洞村供销社、大树沟村供销社均属澖河供销社。
② 访谈对象：赵世森，访谈时间：2017 年 12 月 23 日，访谈地点：遵化市般若院。
③ 板栗的外壳。"像栗不楞，就是往宽城走，说是做染料去。也不知道为啥，栗不楞一泡就是黑色的。"
④ 玉米瓢。
⑤ 类似炕席，比炕席窄一些，一尺多一点，很长。

等两毛四/斤，三等两毛三/斤。怎么确定这个"等"呢？就是拿着秤称一斤，再数一数这一斤有多少个栗子。一斤小于 80 个的，是一等栗子；大于 80 小于 90 个的，是二等栗子；大于 90 小于 100 个的是三等栗子。现在还有人闹笑话，说当时超过 100 个的，都是"等外"的栗子，实际上很少有那样的栗子，就算有，我也是按三等算。①

尽管赵世森会把少数的"等外"板栗算作三等板栗收进供销社，但对于"等内"的栗子，就相当严格了。就算代表生产队来卖栗子的人和他挤眉弄眼，要求通融，他仍会认认真真数栗子，再根据数目核定等级。他一直坚信，照章办事最为安全。甚至在文化大革命期间，他仍觉得，听话，就不会犯错。"按理说，能犯啥错？人家说啥就是啥，人家说怎么办，就怎么办。让你把门关上，关就关呗。有的东西，人家不让卖，那就不卖呗。比如'四旧'，死人的东西不能卖，香不能卖，迷信的东西都不能卖，那就不卖。"结果文革来的时候，还是惊得他一哆嗦。

我差一点儿就被揪出去了。有一天早晨我起床，一开门，看见供销社的墙上贴了一张大字报。走上前去一看，哎呀一声，上面写的是啥呢？"大贪污犯赵世森"！那个时候。你就没这事儿、那事儿，有点儿别扭，就把你揪进去。何况还有人给你写了大字报，贴在了墙上呢。我大喊："老孟②！老孟！"老孟跑过来一看，眼睛瞪很大，看着我说："这下完蛋咧！"

你看见大字报的时候，人家的举报电话早就打到县社去了。那怎么办呢？只能等着呗，第二天澈河供销社就来了几个人，说

---

① 访谈对象：赵世森，访谈时间：2017 年 12 月 23 日，访谈地点：遵化市般若院。
② 老孟，时任小石洞村供销社经理。

要"点货"①。人家要点货,你就不能上跟前去了。我杵在一边儿,心里一直腾腾,真腾腾啊!真害怕,直敲鼓。人家点了以后说,"你们开门吧",就走了!他们这一走,我也不知道会怎么样,心里整整提溜了两天两宿。直到第三天,才有人告诉我没事。哎呀!这两天!②

从供销社派人点货的行动来看,有人张贴大字报举报赵世森,似乎是因为他办事疏忽,或者说为了谋私利而霸占了公家的财产,事实上,赵世森的虚惊一场,不是因为他牟私求利,而恰恰是因为他太守规则。

大字报,我后来听说是老许家的人写的,好像是收购栗子的时候惹到他们咧。当时其实没犯呛鼓,都是生产队的东西,不至于。但即便是生产队的东西,也都是个人来交,他也愿意多交,这个交栗子的人,认为我压价了。比如说栗子分成一等、二等、三等,人家想要一等,但他交来的,我定成二等,人家就不愿意了呗!心里就犯别扭!这栗子,值两块,就是两块,我不能多给他们。③

尽管被吓了一跳,赵世森还是没有改变他的行事风格,供销社其他职工都讥笑他不懂变通,当有人问他缘由的时候,他戏谑地说:"点货一点儿没亏吧?我也没挨着批斗吧"?

70 年代局势趋于平稳,供销社的板栗流通主体发生变化,1974 年 9 月,古木县成立外贸公司,由同属供销社系统的基层供销社代购给

---

① 点货,清点货物。
② 访谈对象:赵世森,访谈时间:2017 年 12 月 23 日,访谈地点:遵化市般若院。
③ 访谈对象:赵世森,访谈时间:2017 年 12 月 23 日,访谈地点:遵化市般若院。

果品公司，再由果品公司交给负责出口业务的外贸公司。外贸公司每年按照国家制定的"统一领导、分级管理、等价交换和重质先于重量"的原则，依据历年商品出口情况，制订商品收购计划。通过与生产单位、供货部门和个体生产者衔接，落实签订合同，然后再按品种、规格、质量、数量，组织计划出口商品的收购业务。就古木县的板栗的收购任务而言，由于板栗季节性强，分布面广而且分散，有限的外贸机构人员不能全部承担直接收购的任务，因此委托基层的供销部门①代购。同期，为保障收购业务，小豆庄供销社以免三年公粮的方式在村庄中心换得一块土地，社址得以扩大。

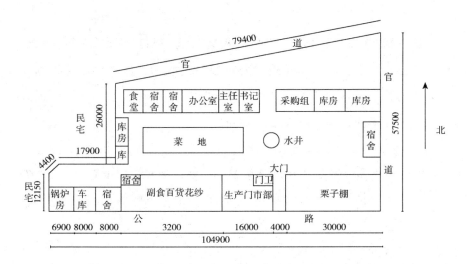

图4-2 小豆庄供销社布景图②

这个阶段，板栗的价格也以缓慢而平稳的方式上涨，供销社在当地的威信也随之增加了。这期间，在小豆庄供销社建立之初就到该处参加工作，后来受"三反五反"运动波及的李卫忠退休，他退休后，

---

① 原为供销社系统内负责出口业务的果品公司，后面直接与基层供销社对接。

② 小豆庄供销社原址大部分已于2004年拆除，本图是笔者主要根据原小豆庄供销社职工的回忆绘制而成。

将工作传给了次子李耀文①。20 世纪 70 年代末,李耀文开始参与到板栗的收购工作中。

> 那会儿都是小队②来交栗子,装麻袋或口袋里,用马车拉来,到了以后,往大秤上一垛,称重。称完以后,打开一袋栗子,往旁边的大堆上一倒,倒一堆儿。从这个堆里,也不从上边铲,也不从下边铲,在中间铲一秤盘子,称一斤一数,如果这一斤没到 80 个就是一等,没到 90 个就是二等,没到 100 个就是三等。一等是 4 毛 6,二等是 4 毛 3,三等是 4 毛。③

从李耀文的叙述中,70 年代的板栗收购与赵世森在 60 年代收购板栗的方式几乎相同,同样是"公对公"的收购,另外也都是根据每斤板栗的数量来核定等级。不过,与 60 年代不同的是,70 年代板栗在收购、加工的过程中出现了严重的损耗:

> 那会儿栗子发(霉)的多着呐,我记得某采购组有一年(1977 年前后)有 170 多麻袋发了。④ 那阵儿不会管栗子发不发,比如收

---

① 李耀文,1974 年到了蓝旗营供销社参加工作,1974 年至 1976 年任供销社售货员,1977 年到 1979 年转到采购组,负责主要负责收购当地的农副产品,如板栗、苹果、梨等。1979 年 9 月 10 日,调到大树沟村供销社,做会计,一年左右。第二年(1980)到小石洞村供销社做会计,为期两年左右。大约 1982 年或 1983 年,大树沟村的经理刘福顺升任为小豆庄中心社副主任,李耀文被调回大树沟村任经理,并在该地前后共待了 11 年。大约在 1990 年,李耀文被检查出患有肝炎,按规定不能门市部工作,此间去往齐齐哈尔市治病几个月,后返回疗养,但因仍是病毒携带者,被中心社主任董继国调到小豆庄办公室,做现金会计,为期一年。此后,受小豆庄中心社田毅书记的指派,从小豆庄中心社再次调回碌村分销店。
② 向供销社出售板栗的小队的板栗产量一般从 2000 斤到 10000 斤不等。
③ 访谈对象:李耀文,访谈时间:2017 年 4 月 5 日,访谈地点:潵河镇。
④ 当时板栗总产量不高,但只有供销社收购板栗。蓝旗营作为供销社,除了收购蓝旗营所属范围内小队的板栗外,还接收分销店的板栗,南至开庄,北至大山,南北跨度约 100 多里。和蓝旗营供销社一样,小豆庄供销社当时也负责收购所属范围内所有小队的栗子,当时分销店也向中心社的采购组交栗子,但没有提成,供销社职工只享受固定工资,每月约二三十元(收购时工资与平时一样)。偶尔有加班费、补助,但每月最多不过十几元。

栗子花了300万，不管中间掉了多少秤、坏了多少，只要不超过（损耗）规格①，果品公司就把这300万都打过来。那年总共收了100多万斤，这170多袋栗子本来就在它的损耗之内，根本没人会理会这点。栗款打过来以后，在另外给供销社3%的手续费②，300万的栗子款就是9万的"手续费"。③

由上可见，供销社为果品公司代购板栗，并从中获取一定利润，主要是3%左右的手续费。而果品公司为什么能够接受如此之大的损耗，李耀文也有自己的解释：

图4－3　20世纪七十年代供销社内部场景④

那阵儿出口是供销社交给果品公司，果品公司加工好了以后

①　每100斤约有5斤的损耗量。

②　手续费算作中心社的收入，与分社、分销店没有关系。这些手续费一般会存在账上，作为积累，偶尔也分公积金、公益金和待分配基金。直到80年代，才开始实施对供销社职工的奖励办法。

③　访谈对象：李耀文，访谈时间：2017年4月5日，访谈地点：澈河镇。

④　图片来源于网络。

再交给外贸（公司）。我们收 4 毛多钱一斤，它们出口就是 8 块多钱一斤，利润空间忒大。我听说那阵儿是 12 斤栗子到日本换一台彩电，那阵儿国内彩电好的还三四千呢，比当下还贵呢。不过虽然说彩电在日本也便宜，换彩电的说法应该不是正常出口，正常出口还有关税啥的。①

总体来说，供销社负责收购业务的员工在板栗收购的业务中掌握很大的自主权，他们可以将没坏的栗子说成是坏了的，将等级低的栗子定成等级高的，对于收购业务，他们有着很大的操作空间。但事实上，极少有人愿意暗箱操作：

> 爱出一等出一等，爱出二等出二等，没人管，都是上边儿（果品公司）包着。比如，应该是二等，你给他合一等也中，但是那会儿的人都假坚决，一等就是一等，二等就是二等。再好比说 10 万块钱收的栗子，你说 100 万，它也知不道。这个就是相信下边儿的供销社，让你"账面儿端"。
>
> 那阵儿收购员要是多开点儿（钱）也绝对中，但是没有多开的。收的时候就是混等，捡完栗子往那儿一交，就把账数报上去，比如花 3 万，果品公司就给你 900 块钱手续费，这就算你的。除了这些，它还委托供销社加工，好比说，这个 3 万块钱的栗子，应该加工出 1 万块钱一等粒和 2 万块钱二等粒，你就是加工出来的没有一等的，供销社也不负责，人家也照常给你钱。
>
> 那阵儿要是和当下这人似的呀，掺和多少都中，可谁也不贪污。为啥不贪污呢？毛泽东思想嘛！就是你开这个小票儿，明明三等，你给人家开二等……你良心不正，好像毛主席就在天上瞅着你呢！不说信不信，这人啊，当时就是那个思想，要不人家也不至

于那么相信你。发多少、烂多少，人家都是实报实销，相信你。①

1980 年以前，代购方法一般按外贸部门下达的计划，由供销社组织收购。1981 年《中华人民共和国经济合同法》颁布后，大宗农副产品收购逐步推行合同制。根据年初上级下达的收购计划，直接与基层供销社签收购合同，如板栗、苹果等，几乎完全由基层供销社收购。② 由此，供销社对当地供销业务的管控得到了强化，对于农户而言，卖栗子也开始有了额外的"粮食奖励"，板栗在当地的农产品中优势地位更加凸显：

> 我们山沟子，吃不上面，有一段时间卖栗子有奖励，我们就吃到细粮了，好多麦子。那会儿应该是我高中毕业的时候，大概是 80 年前后，队里用马车往供销社交栗子，然后拉着麦子奖励回村。那时候，人们就觉得，捡栗子真好啊，给钱，还给麦子，多好啊！③

第三节　偷摸的地道战

分田到户以后，村民各自承包了土地，可以自由到供销社、个体商店和集市上购买所需物品，农产品也开始由"公有"转向"私有"。这时，供销合作社直接面对的收购对象不再是沉默的集体（生产队），而是更加积极主动的个体（栗农）。尽管供销社在大多数人心中仍是"至高无上"的存在，但供销社和个体栗农之间的纠纷开始展开了：

---

① 访谈对象：李耀文，访谈时间：2017 年 4 月 5 日，访谈地点：澈河镇。
② 古木县志办编：《古木县志》，新华出版社 2000 年版，第 466 页。
③ 访谈对象：吴澜，访谈时间：2017 年 9 月 18 日，访谈地点：小豆庄。

那就是八几年,把栗子啥的分到个人手里咧,那就因为合(等)得不合理。有的时候他嫌合的低咧,因为一两分钱就会打起来。不过那时候儿打得少,也就是有的个别调皮的。①

随着国家对农副产品购销政策的调整,打破经济区域界限,外贸公司可以直接组织人员到省内外进行异地收购,此间仍主要依靠各地供销社代为收购,外贸公司付给供销社的费用如下:**结算价=收购价+代购手续费(手续费由 3% 提高至 6%)+损耗费+包装费+运费**,其中代购手续费是供销社收购业务的主要盈利。事实上,改革开放并不意味着全面放开,板栗就不属于"放"的对象。按规定,板栗作为一种重要的商品,仍由供销社统一收购,私自倒卖,将会受到当地工商部门的处罚,也是因此,小豆庄供销社与当地农民之间依然保持着非常密切的关系。

对自由倒卖板栗的限制,说明各地在板栗的收购价格上存在明显的差异,这种差价尤其体现在口外与口内②的对比之中。据在口外工作、在口内安家的赵世森回忆:"1983 年的时候,我们家的栗子是九毛一卖的,后面就是九毛二,一直往上涨。口外的栗子,不让往这里(口内)卖,因为这边价高,那边价低。吴澜(供销社同事)她爸和哥哥往这边倒(腾)栗子,就被工商所抓到了,还挨罚了呢。"③ 吴澜对这件事情也记忆深刻:"我 1984 年开始在供销社上班,大约 85、86 年的时候,我正上班,听人说我爸倒栗子让工商所扣下了。刚好当时我和一个叫老郭的人是同事,他的姑爷是工商所的。我就给他买了烟,托他从中给打点,这才放回来。"④

---

① 访谈对象:李耀文,访谈时间:2017 年 4 月 5 日,访谈地点:澉河镇。
② 当地以罗文峪一带长城为界,口内指长城以南的遵化一带,口外指长城以北的古木县域。
③ 访谈对象:赵世森,访谈时间:2017 年 12 月 23 日,访谈地点:遵化市般若院。
④ 访谈对象:吴澜,访谈时间:2017 年 1 月 19 日,访谈地点:小豆庄。

尽管当地严禁倒卖板栗，有人甚至为此受到处罚，但铤而走险的人仍屡禁不止。人们想方设法地争取把自己辛苦收获的农产品卖到最好的价格，或者通过其他方式牟利。在供不应求的板栗市场中，供销社相对于自由市场一般出价较低，"有胆量"的农民纷纷转向"地道战"式的商业活动中，而这对于灵活的小商贩而言，也是一个商机。

王润田是最早发现这个商机的村民之一，当地人说他就是最早倒腾栗子，而且一辈子都在倒腾的人。据王润田介绍，他第一次倒栗子是因为自己掌握了栗子"卖不出去"的消息。1986 年左右，他的叔伯妹妹在与家人闲聊时抱怨，"我们那儿[1]栗子都卖不出去，没人上我们那儿收去"。但事实上，孤山子村中就设有一个供销社，可为何村民守着供销社，他们的栗子却卖不出去呢？

原来，从集体分出单独经营后，栗农都更加关注板栗的价格，他们往往会在出售板栗之前打听各地的价格。但供销社一般出价较低，且有质量要求，贩子则出价较高，一般"蹊咯夸嚓地收咯就蹽咧"[2]。这样一来，栗农会因差价而将板栗储存起来，不想卖给供销社，栗贩为了牟利，虽然会到位置较为偏僻的村落收购板栗，但没人敢去设有供销社和工商所的孤山子村，一来二去，这个村子的板栗几乎变得无处可卖。王润田听后考虑了一番，决定让妹妹带着回村里看看板栗的成色。见到板栗后，王润田心中有了主意，就让一起搭伙做买卖的人拿着样品到天津蓟县联系栗贩，栗贩给出的价格是 2. 4 元/斤，而他们在村里收购这些板栗只需 1. 9 元/斤，可观的盈利空间让王润田下定决心要冒险。在王润田的叙述里，可以直观的感受到最早的栗贩是如何发挥他们的胆量与智慧来追求更好的生活的。

那会儿查的严啊，咋弄过去呢？我雇了一辆苏联的拖拉机，

---

① 王润田的叔伯妹妹嫁至孤山子村。

② 当地表达，形容以最快的速度收购完，干净利索地跑掉。

夜里 12 点以后过去,还不敢弄着(启动)咯,车快到庄里都是推过去的。我们几个挨个上之前定好的个人家儿去,称好以后再一个个扛到车上,再把车推出来,一共 4000 多斤。到家后,我从古木 7 队雇了一辆老解放,又开始琢磨咋走(到蓟县),那不是半道上好几个卡子(关卡)嘛,好几下截,没法儿咧,我又收咯点儿红果,把红果从包里倒出来,再把栗子装到红果包里儿。又把栗子包装在车厢中间,边儿上装红果包,合着都使红果包围上,弄咯一车,拉到蓟县咧。那些栗子合着一斤挣 5 毛,那点儿红果我也是提前联系好的,红果儿是保本儿。①

这次倒卖板栗的成功经历让王润田尝到了甜头,接近 2000 元的利润在当时是很大一笔数字,他开始更加关注板栗方面的行情,等待下一次赚钱的机会。

在板栗流通业务利润的驱使下,一些农民转化成了小商贩,此外,一些头脑灵活的供销社员工也开始拥有双重身份,他们既是供销社职工,也是个体栗贩,他们利用职务之便,偷偷摸摸地将原本出售给供销社的板栗转而以个人的名义进行收购,从中赚取差价。在一些基层合作社,甚至出现了全班人马的"阳奉阴违"。

王润田就曾与供销社职工合作,共同谋利。这种合作可追溯至 1988 年,是年秋,大树沟村供销社像往年一样开始收购板栗,经理卢向晨②找到同乡王润田,邀请他到采购组帮忙,负责验质。卢向晨作为供销社经理雇佣王润田收购板栗,是王润田正式迈上收购板栗这条道路的关键一步。

---

① 访谈对象:王润田,访谈时间:2017 年 1 月 19 日,访谈地点:小豆庄。
② 卢向晨,1945 年生人,小石洞村人,最初在小石洞村供销社帮忙,包括收购板栗、药材等,1965 年二区社(澨河)招收职工,经理看他写字好、能干活,向上推荐,卢向晨开始在供销社系统工作。1972 年,卢向晨调至大树沟村供销社,1980 年开始负责采购业务,后升任为大树沟村供销社经理。

　　秋天去个月八①的，回来给我分了大约三、四千块钱，那时候还算不少呢。我一早骑着自行车从小石洞村去，白天有时候在（供销社）院里，有时候跟着农用车上外头转悠去收栗子，那前儿栗子少，有的上一家就去好几回，人家有栗子不卖，明儿再去再给添点儿，直到这家没栗子咯才不去呢。回来加工，一溜都要（夜里）12点以后回家。②

图4-4　大树沟村供销社原址（笔者摄于2017年4月5日）

　　尽管赚了一些钱，但王润田觉得这只算单纯帮忙，不是入股，板栗的利润空间再大，他也只能在庞大的利润体系里分得固定而有限的一部分。与之相似的是，尽管农产品的收购，尤其是板栗的收购利润巨大，但参与收购业务的职工仍是主要以固定工资为主要收入。中心社"包干立任"的规定为员工们额外获利提供了可能：小豆庄中心社每年给分销店下达任务，规定每一年至少上缴中心社的金额，除了这

---

① 当地指一个月左右。
② 访谈对象：王润田，访谈时间：2017年1月19日，访谈地点：小豆庄。

部分金额，余下的盈利为分销店自主操作提供了空间。在这种暗潮涌动的大环境下，卢向晨开始率领供销社职工，包括王润田在内的帮手到各处收购板栗，除了上缴规定的费用之外，将余下的利润进行分红。

小豆庄中心社知道这种情况后，便要阻止大树沟村分销店这样为谋取私利而收购板栗的商业行为。在一次领导讨论会上，主任董继国当众批评了卢向晨，并勒令他停止此类行为。卢向晨很不服气，当场表示要"撂挑子"，回到大树沟村供销社后给职工开会："咱们不管咧，让他们自个儿收。"自此，中心社与分销店较起了劲，中心社派副主任老孟带着一队职工在大树沟分销店收购板栗，但由于人员、经验不足，无法全面照看，被当地一户栗农哄骗，为一份板栗付了两份栗款，诸如此类的事件常有发生，最终出现亏损。第二年，中心社妥协，由大树沟村供销社继续负责当地农产品的收购业务。①

1992 年前后，工商所对板栗流通的管控开始逐渐放松，栗贩开始正大光明地做起买卖，但"偷摸的地道战"并未终止。这一年，卢向晨购置了一辆摩托车，长春铃木，花费 7000 多元，这是小豆庄一带的第一辆摩托车。眼见小商小贩在市场中的自由度变大，他们所赚取的利润也十分可观，卢向晨又开始盘算着如何扩大收益，考虑到经济能力有限，市场风险较大，他最终决定以合伙入股的方式做买卖。于是，1993 年他在大树沟村供销社与小豆庄供销社之间的村庄租了一个店面，搞起了副业，并拉王润田入股。正巧王润田也不满足于给供销社帮工的身份，果断加入，并承担起店内的销售和管理工作。另外，卢向晨还找了 5 个人，两位女工、一位男工，三人主要负责收购板栗，其余两位分别负责"杀猪""打更"。合伙人们平时销售一些日用百货、农资建材等，一入秋，就集中精力收购板栗，然后直接转卖给归卢向晨管理的大树沟村供销社。

这期间，个体栗贩越来越多，他们除了冒风险把本地板栗倒卖到

---

① 访谈对象：卢向晨，访谈时间：2016 年 12 月 16 日，访谈地点：小石洞村。

外地，还直接把板栗加价转手卖给当地的供销社，这需要一个前提，这些栗贩与供销社存在着某种隐秘的关系，"没关系谁敢收吧？收了没地方交呀"！①　这种倒卖方式可追溯至 20 世纪 80 年代中后期，但倒卖的板栗是以古木板栗为主的京东板栗。1993 年前后，人们关注的不仅是如何从当地收购板栗，再想方设法将其以更高的价格卖给外地，而是开始琢磨如何把相对廉价的外地板栗销入到本地市场。供销社系统内部出现了第一批到外地收购低价板栗，运回、加工后转卖给古木外贸系统的职工，陆广就是其中之一。

陆广，1987 年从越南前线退伍复原，因在战时立下三等军功，享受优先分配的待遇。"当时是县里的所有部门随便挑，去什么部门都中，我爸他们都在乡下这嘛，我当时考虑离父母太远，分开时间太长了，愿意在他们跟前，就相上小豆庄这供销社了，那时候供销社这属于最好的地方呢。"②　随后，陆广曾先后在多个基层供销社工作，并且较早尝试倒卖外地板栗。

> 我听在供销社系统工作的亲戚说山东有栗子，就跟着他去了。那时候农用车走的慢，走了将近三天多。路上没合适的地方吃饭，有的（店）把你招呼屋吃去了，就不多的东西，要很多很多钱，夯人。以后我们就不敢上那儿吃去了，都自己在道上买点面包啥的。车上吃，车上住，倒着开车。山东那边儿有个本地人，提前收好了，我们到那把栗子一验，一看这栗子看着还中，就给他提个手续费，一斤提个一毛、两毛的。我们装上车就回来，不用在那等着，来钱快。

> 那前儿一回收的也不多，一车也就五六吨，我们去了三趟，大概 10 多吨栗子。不过差价大，那边收栗子也就两块多钱，再算

① 访谈对象：王润田，访谈时间：2017 年 1 月 19 日，访谈地点：小豆庄。
② 访谈对象：陆广，访谈时间：2017 年 3 月 6 日，访谈地点：秋木林村。

上中间费用啥的，也超不过4块钱，到咱们这边儿交给外贸，就卖七八块，合着能半（对）半的挣了。折腾一秋，一个人合着能落下万八的，挺多的，你想啊，我在大树沟供销社的时候，我们一个人一个月的工资就200（元），还得扣生活费（伙食费）呢，最后领到不过一百四五。这一万，顶好几年工资。要是没那么大利润，也没人上那边跑去。①

陆广赚钱的消息在供销社系统不胫而走，人们对此缄默不言，却也心照不宣，这像是在原有的供销系统上撕开了一条口子，越来越多的人参与到板栗倒卖，尤其是高风险、高收益的外地板栗倒卖的活动中。陆广调回大树沟村供销社后不久，经理卢向晨就开始带着职工到北京市的密云区、山东省泰安地区收购板栗。考虑到自行驾车，去的时候空车，回来才拉货，成本较高，人们开始选择乘火车到目的地，返程时，再从当地临时租车，"连货再人一块回来"。这些外地板栗最初十分顺利地被转卖给了尚不能在本地板栗与外地板栗之间做出明确区分的外贸公司，倒卖者则从中赚取了高额的利润。

除了在收购业务中赚取利润，卢向晨还曾示意会计张静水协助自己做假账②。张静水对此的解释是，小豆庄中心社虽然对各分销店下达任务，但分销店完成任务后，额外赚取的更多，一旦被发现，中心社"鞭子打快牛"，把下一年的任务量提高。这样一来，分销店不仅得不到实惠，甚至无法完成定额的任务。为此，大树沟村供销社当时备有好几个账本，"给中心社的、给分销店的、还有给主任我们两个的，甚至主任自己可能还有一个"。这类假账是在非常隐秘的情况

---

① 访谈对象：陆广，访谈时间：2017年3月6日，访谈地点：秋木林村。

② 比如，袜子，供销社卖价定价为1.5元/双，本来是合格产品，但可以向上说明"因产品质量存在问题，以0.5元/双的价格处理"，实际上仍是以1.5元/双的价格出售，从中获取1元差价。相对于门市部的差价，采购组的差价则更多。比如，收购板栗，一吨板栗的收购价格为2000元/吨，但可以向上报账为3000元/吨。另外，关于损耗，也会作假，以少充多。

下完成的，因而许多业务都只有经理、会计知晓，别人无从查证。

> 你收栗子去，我也去，他还去，最后究竟收了多少，用多少钱收的，谁也知不道。不过当时也有瞅着我们长气的，越是这样儿，我们还越能完成任务，其他分销店很多时候还完不成。卢向晨当时说，"咱们都好好儿干，一个人儿买一个小吉普"。哎！做假账，也就是为了糊弄公家，我们个儿都得点实惠，弄咯好几年呢。①

除了供销社系统的员工，胆大敢闯的村民，尤其是与供销社存在某种联系的村民，也陆续参与到倒卖板栗这类隐秘的商业活动中，形形色色的人通过熟人关系把各种成色的农产品经由供销社出售给外贸公司。在这些人中，有一位是张静水的弟弟张远山。看着周边做板栗生意的朋友搞得红红火火，日子越来越富裕，张远山坐不住了，终于在一年秋天与妻子一起到挂兰峪收购板栗，满载而归。张远山心中欢喜，到家后先找到大哥张静水，说自己收到了几吨栗子，张静水跟着弟弟到车上一看傻了眼：

> 这样儿的栗子我没看见过，跟橡子似的，不跟咱们这儿栗子这样黢黑儿的，它是黄咯吧叽的。咱们这儿的栗子一称，好比说，标准栗儿大概是65—75个左右一斤，它不是，得到85—95，拿筛子筛，有的小就掉下去咧，有的还在筛子缝儿里卡着。大小不对，密度也不对，这就不达标咯吧？我琢磨着大多数是我弟弟他们两口子挨贩子糊弄咧。他们俩不大信，又找了别人瞅，人家一瞅也说是假的，还有的说像是湖北的栗子。第二天他俩就拉着栗子到各个收购点儿转去，结果到哪儿人家也相不上，一个栗儿也没卖出去，一下

---

① 访谈对象：张静水，访谈时间：2016年12月26日，访谈地点：小豆庄。

就傻咧。我说这可奏(完)咧,你说他俩为的是挣钱……①

张静水一边责怪兄弟太过鲁莽,一面想办法为这些板栗找销路。兄弟两人商议后决定向卢经理求助,因为除了供销合作社,没有个体商户能够接收这部分板栗。兄弟俩抱着"糊弄公家,也别害巴个人"的想法,当夜忐忑地赶往卢向晨家。

张静水:表兄②啊,远山这边儿有点儿事儿得求你咧,你要是能办,就费费心。

卢经理:这前儿咧,啥事儿吣?

张静水:远山收了点儿栗子,挨贩子糊弄咧。

卢经理:那咋儿弄呢?多少吣?

张静水:大概齐4吨左右。

卢经理:喷!张静水你说,我是干这个的,你也是干这个的吣!那咋儿弄呢?

张静水:唉!别说这个咧。远山他们两口子当时分家都挺困难的,可想弄点儿栗子赚点儿钱呢,弄了好几吨假栗子。喷!咋儿着你也给想想招儿吧!

卢经理:那哪儿有那方儿(办法)吣?

张静水:总而言之,你比我们强吣?人到难处咧,你帮一把吧,要不这日子更过不了咧。

卢经理:唉!下回可别弄这个咧……后晌弄吧,白天你要把这个也不中吣。③

① 访谈对象:张静水,访谈时间:2016年12月26日,访谈地点:小豆庄。
② 张静水家与卢主任家属于远房亲戚,因此私下以表兄弟相称。
③ 访谈对象:张静水,访谈时间:2016年12月26日,访谈地点:小豆庄。

听到卢主任的应允，俩兄弟一分钟也不敢耽搁，当即雇了一辆车，连夜把板栗拉到了大树沟村供销社……结果，张远山没赔钱，但大树沟村供销合作社损失了约 3 万多元。

卢向晨帮过忙的，除了职工亲属，还有他的家人。一天，卢向晨一早把负责采购的陆广和负责付款的张静水指派到外贸公司销售板栗，等两人下午返回时看到栗子棚里堆满了装着板栗的麻袋，他们吃惊于如何在半天的时间里收购如此大量的本地板栗。等两人走进一看，才发现麻袋里装满的都是外地（山东）板栗。陆广问，"这是谁干的？这得多大胆儿吧！"当天负责收购板栗却并不懂验质的职工海霞说，"卢向明和高振合着收来的栗子交到咱们这儿咧，经理让收，你不收中？"在海霞开具的凭票上，这些山东板栗是按照本地板栗的价格收购的，收款人一栏没有卢向明而只有高振的名字，第二天卢向明拿着凭票找到张静水，并拿到了栗款。卢向明，正是卢向晨的三弟。

卢向晨的谋私招致了陆广的不满。陆广当时在大树沟村供销社采购组，在收购板栗时与张静水对接，陆广负责验质、收购、开票，张静水负责见票付款。在陆广的印象里，卢向晨"私心挺大"，他帮衬亲朋，让无辜的供销社职工一同承担风险。

　　我始终对卢向晨印象不好，他赚钱，我们赔钱。他这人是最坏最坏的一个，合着就是吃我们的钱。有年收点栗子，都是小栗、虫眼栗子那些玩意。我说这栗子不中，我觉得他们肯定给卢向晨钱了，他当时说，必须收。我就是不收。

　　卢向晨："我是经理，你是经理啊？"

　　我就顶他说："我是采购，你是采购啊？"

　　卢向晨："从现在开始，采购不让你干了！"

　　当时我就急了，把那秤砣啥的往桌子上一拍，说："老子正不想干了！"

我骂了脏字，然后就一边待着去了。弄完以后他就让海霞干，她也不会。结果收了不少四不像栗子①，卢向晨拿栗子机（筛）过，过完以后他就告诉那点小工，"这点栗子不许动啊，给我单另放着，我就不相信它赔钱"。第二天早晨，我瞅着他老早起来，去那儿转悠，知道弄不了了，后悔咧。那年赔够呛。因为采购，就是收栗子之类的，我们俩拍桌子就相互那啥（对骂），他都有把我开（除）了的心。可是我正式职工，他开不了，后来再有这事儿，他就提前把我支走，有一回不就是回来就看着一库房的山东栗儿。卢向晨干了五六年，我们俩干（架）了五六年。②

另外，员工抱怨卢向晨以分红的口号带着他们倒卖农产品，最终巧妙地把大多利润转化成了他自己的财产。

那几年，那样说吧，最起码一个人得少收入一万不敢说，五六千差不多。打比方说我们今年栗子挣钱了是吧，挣钱了，大家伙辛苦这一秋了，应该分给个人点儿是吧。他不，不分。栗子挣钱了，他又弄红果。打比方说红果又挣了，他又弄苹果。非得把这钱赔净了算。不让你个人把这钱拿走，非得把钱赔净了。③

在陆广看来，卢向晨之所以不停地倒手这类农产品还有一种原因，即这些农产品的收购与出售都需要借助汽车。卢向晨抓住了这个商机，自费买了一辆农用车，人树沟村供销社除了中心社规定内的收购和外销业务，都需要租用这辆车，他从中赚取运费。在陆广的运算中，卢向晨每年单从运费就能赚取几万元。

---

① 四不像栗子，指不符合本地板栗特征的板栗。
② 访谈对象：陆广，访谈时间：2017 年 3 月 6 日，访谈地点：秋木林村。
③ 访谈对象：陆广，访谈时间：2017 年 3 月 6 日，访谈地点：秋木林村。

　　显然，许多在计划经济时期严把质量关的合作社员工在心态上发生了转变，他们联合农民、商贩甚至外贸公司的验质员共同完成了对"公家"的欺骗，这种情况在市场全面放开后愈发严重。为应对这种困境，外贸公司的验质要求也逐渐提高。外贸公司在公司内部安排专门的验质人员，负责在出口商品调拨发运之前，按照国家统一制定的验质标准、合同规定的规格、质量、数量组织验收，具体做法是：1. 凡属外贸公司直接设点收购的农副产品，由外贸公司验质人员按上级规定随收随验，自行保管、储存、发运。2. 由基层供销合作社代购土特产品和畜产品，如板栗、苹果等，由外贸公司验质人员按上级规定及合同标准组织验收，凭验收单入库，统一组织发运。① 可见，验质的权力部分从基层供销社采购员分散给了对应的外贸公司的验质人员，在某种程度上供销社更加受到以验质员为代表的外贸公司的辖制。

　　验质，顾名思义，侧重于对板栗质量的检验。验质主要为提防两类板栗：一种是低价的外地板栗，一种是劣质的本地板栗，如发霉栗、虫眼栗等。因此，如何摆脱监控，赚取利润，具体而言，如何与外贸系统验质员的构建关系成了基层供销社的重要课题。对于外贸公司的检查，供销社一般采取两种应对办法：针对外地板栗，多是以外地板栗与本地板栗1：5以及更低的配比混合，统一销售。这种方法屡试不爽，但也并非万无一失，尤其是没有熟人关系的情况下。对于劣质的本地板栗，则是将其单独存放，转交给外贸前做好标记，再私下知会已经达成合作关系的验质员。由于当地板栗数量巨大，验质多采取抽检的办法，这使得个人╱供销社在验质员配合下弄虚作假有了可能。

　　我们就捡不是完全发（霉）的，有点儿发的那个，单装一个

① 另规定了关于粮油、工业品的具体验质做法：1. 粮食部门出口的粮食、商业部门出口的猪肉等畜产品，由承德地区粮油食品出口公司会同删减人员联合验收后，凭验收单发货。2. 凡工业部门供货之出口产品，经由国家商检人员验收后，外贸公司组织发运。详见《古木县志》，第467页。

麻袋里，和好的分开。好比说，这一车栗子，里边儿有三五包发毛的，在家就使上记号儿。送栗子前，给外贸的厂长或者验质的塞钱或是送礼。不过也不是给验质的送礼都不验咧，就是暗示他别往使记号儿的麻袋上揪。因为到外贸，验质的让工人揪哪个就揪哪个，工人搬下来就直接倒出来看。①

尽管存在弄虚作假的可能，但这其中充满了不确定性。比如，外贸公司方面的主要负责人可能并不接受供销社抛出的橄榄枝，甚至公开表示拒绝和反对。更尴尬的是，对方基本上确定了合作意向，但却被一些偶然因素搞砸了。

有一年，有个采购的（职工），该他使记号儿，结果他往发（霉）了的栗子包上标了大大的"发栗"俩字儿。到那儿大家都看着，验质的也没招儿，就把坏栗子包薅出来咧，一倒出来都是发毛儿的。验质的就横，"栗子拉回去！不要咧！"一车就都不要咧。那阵儿还不净是小豆庄往外贸交栗子，全县的栗子都上澈河、孤山子交去，各供销社主任的啥的都在，黑加白天儿地都在那儿待着，排队。它不是寒碜嘛！卢向晨骂道，"咋干的工作？干什么吃的？瞎咧？"回来了以后全体开会。赵广业②糊弄的更厉害，交栗子去，拿着沙子混栗子，在孤山子外贸弄出来不少沙子，都给照相咧。其实他也是跟验质的、厂长有着关系，但当时也知不道咋弄出来的。③

事实上，在外贸公司的系统内部，除了内部员工良莠不齐，验质

---

① 访谈对象：刘久荣，访谈时间：2017年4月2日，访谈地点：大树沟村。
② 赵广业，原为碌村供销社副经理。
③ 访谈对象：刘久荣，访谈时间：2017年4月2日，访谈地点：大树沟村。

员被贿赂或者碍于人情存在徇私的可能，外贸公司也可能整体参与造假。

> 　　那会儿外贸的压力就非常大咧，大伙儿都要和它争这口饭吃，所以它就不择手段，一这样把客户就扔咧。七几年的时候，咱们的栗子始终给日本的元田公司，对咱们古木的栗子特感兴趣，一开始是这检那检的，以后就直接免检咧。等着一市场经济咧，它抢，它也抢，这外贸就不够吃咧，再加上受利益上的（驱使），就开始瞎掺和，山东的、湖北的，到人家（日本）那儿一用，这货不中……你就是关系再好，一到商业上，人家也不迁就咱们，关系是关系呗！①

从栗农贪小便宜掺和坏栗，到供销社为人情或谋利而以假乱真，再到外贸系统的审验不严、加工不精，都使古木出口板栗的质量明显下降，这都是日本许多商家陆续取消与古木合作，古木板栗对日本的出口量降低的主要原因。

尽管如此，仍有许多人能够从中谋利，比如卢向晨的小弟卢向阳。卢向阳当时在小豆庄中心社区做副主任，相比大哥卢向晨，他的心思更为缜密，在卢向晨红红火火做着板栗生意时，他也没落闲，只是以更加低调的方式进行：像大哥一样从各类栗贩手中收购板栗，或者私下入股，以他人的名义收购板栗再转手卖给供销社。与两兄弟类似的，一边搞副业一边在供销社上班的情况并不鲜见，陆续组织起来的板栗收购点甚至直接抢占了邻近的两个供销社的业务，而卢向晨的商店在其中尤为凸显，这让中心社主任董继国十分不满。董继国直接或间接地给卢向晨提醒，甚至几次找到他谈话，卢向晨、卢向阳兄弟因此心中不快。

---

①　访谈对象：刘久荣，访谈时间：2017 年 9 月 15 日，访谈地点：小豆庄。

这期间，两人与同村的连文茂①往来密切，三人关于倒卖板栗、增加利润的想法不谋而合。60 年代末，小石洞村有一个年轻的小伙子一有空闲就到供销社帮忙，帮经理老孟和验质员赵世森算账、出板报，赵世森看这个年轻人机灵能干，就向澈河供销社推荐他到系统内工作，这个年轻人就是连文茂，梁为人活络，大胆敢闯，在改革开放后一度利用板栗创造了供销业务的辉煌业绩。但也是他，让小豆庄供销社最终破产，而他也成了小豆庄供销社的"末代皇帝"②。

据访谈，三人私下联合找到古木县供销合作社的主任杜文斌商量，申请将连文茂从八卦岭供销社调任小豆庄供销社，杜文斌当时与连文茂除了上下级的关系，还保持着倒卖板栗的合作关系，因此答应了三人的请求。1995 年，连文茂调回至小豆庄中心社任主任，董继国做了半年的副主任后，办理了退休手续。董继国一派与连文茂一派就像是板栗业务中的保守派与激进派，虽然激进派取得了优势，但最后还是尴尬收场，用董继国的话说，"供销社是他们瞎胡闹搞败的"！

第四节　消失的 500 万

连文茂调任小豆庄供销社后，就开始在卢向阳的辅助下大刀阔斧地开展起了各项业务。在市场经济的各种洪流中，连文茂感到了供销社发展的危机，意识到单靠现有业务不足以供养职工，毋庸说长足发展。于是他想到一个办法，在供销社内部发起了强制性集资，每人一万。带着这些集资款和供销社盈余，连文茂和卢向阳决定走出去发掘

---

① 连文茂，1953 年生人，原为小石洞村小石洞村村民，初中毕业时正好赶上文化大革命，参加过"斗批改运动"，先后到大水泉、西窝铺等地参加运动。1971 年经陈贵全、赵世森介绍到供销社系统工作，1972 年在大树沟村供销社工作一年，1974 年到小豆庄供销社工作，1989 年到石庙子供销社工作一年，1990 年到八卦岭供销社（任主任）；直至 1995 年再次回到小豆庄（任主任）。

② 原供销社职工对供销社主任的说法。

商机，他们第一站到了天津塘沽，购买了一些二胺，打算销售完二胺后，带着货款再次出发。当时古木县生产资料公司经理①与连文茂有私人交情，他通过转折关系把连文茂介绍到了北京。梁后来在北京偶遇老王，二人投缘，后来还结成了拜把兄弟。

连文茂从供销社共计带出了 50 万元，他打算用这些钱和老王商谈合作，卢向阳则比较警惕，他初见老王就觉得对方是个骗子，私下提醒连文茂说，"他连个执照啥也没有，就挂了一个税务登记的牌子，这个中吗？"连文茂轻描淡写地回答没事。在卢向阳的分析中，与保守的董继国相比，连文茂处于另一个极端，过分胆大。连文茂的胆大源自于他作为集体企业的领导，对于金钱的理解出现了偏差，他曾说过，"人家果品公司亏损了多少千万，人家有啥事儿了吧？没事儿！"为此，两人出现分歧，卢向阳认为，"人家果品公司用的是贷款，是国家的钱，咱们这个是职工集资，职工的钱，俩概念"。连文茂则认为，"那也没办法，既然答应人家咧，那就办去吧"。

随后，这 50 万元按照连文茂的安排打到了老王的账户上，计划投资两项业务：一部分投在北京，一部分投在山东青州。经老王介绍，他们结识了一位在俄罗斯做皮革生意的大东，四人计划用 20 多万元在青州购买皮革，再通过大东将皮革发到俄罗斯市场售卖。结果，皮革汇寄给了大东，货款却杳无音信。此后，卢向阳和会计曾被派到青州讨要货款：

> 我们到门口儿敲门，咋敲也敲不开，那会儿都没手机，我就让（会计）春生去下面儿那个公用电话打他电话，我在外面门口听着。结果找着他咧，他说没钱，当时啥条儿也没有，我有点法律意识，就让他写一个还款计划。他给写了一个还款计划，到最后也没经法律，但是通过这个计划能和县社交待这个事儿。要不这 20 多

---

① 古木县生产资料公司经理，公司瘫痪以后，携款潜逃，判刑 14 年 3 个月，减刑 1 年。

万块钱,你和县社都没法说,我说投资到山东青州咧,手续呢?老
连胆子大。要是我,我不敢,不用说50万,10万我都不敢。①

事实上,卢向阳一直都有戒备意识,从把50万元打到老王的账户
上后,他就开始想办法给老王灌输小豆庄供销社的优势地位,向他透
露当时供销紧俏、利润空间大的商品。老王听说有利可图,连蒙带骗,
到北京的雪花冰箱厂拉出了30多台冰箱。卢向阳笃定50万元收回无
望,采取了"你骗到啥,我就拉啥"的措施,以便尽量减少损失。除
了冰箱,卢向阳还从老王处调回了一辆双排座货车。

这一年,小豆庄供销社的板栗收购业务发生转型。当时古木县外
贸公司已经倒闭,各个基层供销社都开始自找销路,小豆庄供销社的
主要的合作对象是龙虎峪供销社。两个单位之间的合作还要从1988年
说起,当时龙虎峪供销社与天津外贸保持着紧密联系,天津外贸的板
栗主要用于出口日本,而板栗供不应求,龙虎峪供销社的主任周少安
开始到外地寻找货源,其中包括小豆庄地区。到小豆庄后,周少安先
联系到了当时任小豆庄供销社主任的连文茂,希望他能够帮忙代收一
些本地板栗,龙虎峪方除了给付收购款外,给付一定的手续费,双方
就此建立了业务联系。1990年连文茂调离小豆庄,双方仍保持着业务
上的往来。② 1995年,连文茂再次调回小豆庄供销社后,双方合作规
模进一步扩大。按连文茂、卢向阳后来的回忆,1995年,小豆庄中心
社的板栗收购业务的纯利润约100多万元。

这一年,县供销社主任杜文斌以隐秘的方式参与到小豆庄供销社
的板栗收购业务中。一天深夜,突然有几辆满载板栗的货车开进了小
豆庄供销社,正在睡觉的验质员赵世森被敲门声吵醒。他起身询问情

---

① 访谈对象:卢向阳,访谈时间:2017年1月6日,访谈地点:小豆庄。
② 1989年调任石庙子,因当地板栗少,双方暂时中断联系,1990年调任八卦岭后,当地
板栗产量大,此后4年多,一直保持合作。

况，有职工回应道，"县社领导的栗子，梁主任让咱们给加加工"。一向守规矩的赵世森对此很是不屑，心想不过是领导之间的把戏，他们赚钱，属下受累，于是佯装头疼，谎称自己年岁大，经不起夜里折腾，拒绝参与加工。赵世森是采购组的顶梁柱，他的消极抵抗，直接带动了其他几位职工散漫怠工的情绪。连文茂心中不满，随后便把曾经推荐他到供销社工作的赵世森，连同另外两位"说话很臭"的老职工指派到了山东青州，形式上是让他们留意当地的皮革生意，实际上是把他们"打入了冷宫"。遵守规则，是赵世森行事的逻辑，这种逻辑贯穿了他整个工作过程，但是这种逻辑并不让他自在。"我退休的第二年（1998 年），供销社老一批的人攒着伙儿倒栗子，就来找我，让我去做验质，我就没去，我不干，这玩意儿，忒惹人。"

1996 年，卢向阳偶尔到北京给老王开车，作为临时司机，卢向阳有很多与老王相处的机会，供销社 1995 年 100 多万元的盈利对老王极具诱惑力，卢向阳趁机以合作的名义要求老王投资。"我们收栗子没有钱咧，你弄点儿钱，等着挣钱，少不了你的"，老王听到现金投资有些犹豫。卢向阳看出他的心思，又怂恿道，"现在是没车干不了啥"。于是，老王张罗着买了 3 台车，一台桑塔纳 2000，一台跃进，一台解放。三台车市价 30 多万元，其中，桑塔纳市价 24.6 万元，开回后成了中心社主任的专用车。事实上，因为连文茂和卢向阳的家同在小石洞村，更多时候，卢向阳充当了司机的角色，开车接送连文茂上下班和办理各种业务。除了这三台车，卢向阳还把老王购置两年的北京吉普 213 开回了小豆庄，让供销社司机小果开着。回顾这段经历，卢向阳解气地说，"老王是骗子，我把骗子给骗咧"！

在卢向阳要回的这些资产中，白色的桑塔纳 2000 引起了非议。卢向阳认为既然受到了欺骗，能骗回多少是多少，尽量减少损失。但大多不知内情的职工则抱怨他只顾着和连文茂潇洒自在，用职工的集资款购置了这辆只供享乐而对供销社业务几乎无益的摆设。相邻中心社的主任却很受鼓舞,他在一次员工大会上慷慨陈词:"小豆庄供销社的栗子搞得好,连文茂买了辆2000,咱们今年好好弄红果,争取明年每人买一辆"!①

这年秋天,小豆庄供销社继续为龙虎峪代收板栗,1995年的盈利刺激连文茂把业务范围做得更大,不仅本单位收购,还从其他中心社、栗贩手中成批接收板栗,这些栗贩中有90年代与卢向晨合作搞板栗生意的王润田,他先后通过连文茂卖给小豆庄供销社价值约8万余元的板栗。

> 我1996年就不和卢向晨干咧,和其他几个人一块倒栗子,我们几个人②那前儿跟连文茂关系都不错,提前和他说我们几个人想弄点儿栗子撂(卖)供销社,他说那弄点儿就弄点儿呗。这我们就在二道河、南天门这地方儿就捻摞捻摞,一共是9000多斤。它不是那年掉价咯嘛!开始始终都没往这儿(小豆庄)弄,我都加工好咧,在咱们供销社(小石洞村)栗子棚搁着,那当儿连文茂的媳妇儿王秋莲和韩大志他俩在那儿。连文茂回去也瞅咧,他说先搁着,等有空了再拉小豆庄去。始终拖拖拉拉的,等着要上冻咧,我就使自个儿的车就拉小豆庄去咧,赵世森给验的质,还刨了一点儿称。当时好像一共9600多斤儿,6块多钱儿一斤,我们四个人的,个人的没有,都是倒卖。③

除了这些个体栗贩,连文茂的供货人还有县社主任杜文斌,杜通过司机大宝把收购的板栗秘密地转卖给了小豆庄供销社。

可是,1996年情况却与前一年大不相同,板栗的市场价格持续走

---

① 访谈对象:郭勇,访谈时间:2016年8月20日,访谈地点:古木县。
② 李志东(邻村),王润田的侄子张树青(小石洞村),王润田的妹夫(陡子峪村)。
③ 访谈对象:王润田,访谈时间:2017年1月19日,访谈地点:小豆庄。

低，龙虎峪方中途收紧了购买计划，原本流通顺畅的板栗甚至出现了滞销的情况。卢向阳察觉势头不对，"我早就觉得事儿不好，栗子就在那儿摆着，谁也没人要，老百姓死乞白赖地惦着卖，你还收它干啥吧？是不？栗子光往外拉，也回不来钱"，开始通知碌村、小石洞村、大树沟村分销店停止收购，但听闻手中的板栗销路将断的栗农怎肯作罢？

> 那年栗子的形势一会儿比一会儿下滑，老百姓一听到风声，就琢磨着可能要卖不出去，还担心降价，心想那就算供销社不给钱，也要赊卖出去。（分销店）接到通知说不让收了，大门就关上咧，老百姓急，有的把栗子口袋从院墙撇进来的，有从底下（大门下面的缝隙）往里塞，人再从外面跳进来的。从哪儿都往里扔（栗子），往里跳。还有从门市往里闯的……①

碌村供销社经理李耀文接到中心社的通知后，灵活地执行了决定：

> 碌村弄得严，说不收就不收咧。唉，也不是都不收，有的亲戚里道儿的给弄去咧，收就收咯呗。完咧张四弄一点儿去，他媳妇是我丈母娘的家佺女，就收咧，结果张三（张四的大哥）再去我就没收。他没当面儿说，蔫喽吧唧儿地和我闹了回别扭，我也是后来听别人拉，他说："李耀文不办事，张四后去的都给收咧，我去都没给收！"②

作为大树沟村分销店的经理，卢向晨自然听取了弟弟卢向阳的劝阻以各种方式停止了收购，但剩下的小石洞村供销社却几乎是全面放

---

① 访谈对象：卢向阳，访谈时间：2017年1月6日，访谈地点：小豆庄。
② 访谈对象：李耀文，访谈时间：2017年4月5日，访谈地点：澈河镇。

开的。连文茂、卢向阳都是小石洞村本地人,家在小石洞村供销社附近,为了方便,他们平时会把桑塔纳 2000 寄存在供销社院内。一天早晨,卢向阳在取车时看见小石洞村供销社的经理韩大志、连文茂的妻子王秋莲(小石洞村供销社职工)正张罗着收购板栗。他走上前,态度坚决,说:"韩大志,这不能收(栗子)咧!我跟你说好了啊,这个是最后一笔。反正以后这个,你就别找中心社咧,你自个儿爱咋处理咋处理。"

这些话被周遭卖板栗的栗农听到,一传十,十传百,小石洞村炸开了锅:

> 他(韩大志)舅爷他们一听说,轰轰地都去咧,那他停不了,是不?后面这些倒也不全都是亲戚、家里,但他们抻了头儿,假如说这是分界线,应该在这儿掐咯,下一个来的就是亲戚,你亲戚来了你就收咯,别人来了你不收,那中吗?都是小石洞村人,更是没法儿说,说谁都惹人。你根本停不下,掐不住。再加上老连媳妇在那儿,老韩还不仗胆儿?主任媳妇在这儿,咱们收吧!是不?其实她在那儿能咋弄吧?人栗子都拉出来咧。①

这些把板栗硬塞到供销社,希冀着通过供销社的网络把板栗流通出去以赚取利润的栗农失算了,他们的确把栗子卖到了供销社,但却没有拿到相应的栗款。这在某种程度上是缘于板栗流通系统中的"层层欠钱"。由于倒卖板栗的成本太大,加之板栗市场向买方倾斜,许多收购方开始采取赊购的方式进行交易。

> 打比方说,拉去十万块钱的栗子,先给你八万,一点一点赊着,也不是绝对的一点都不给,假如是壹佰万块钱的货,给了20

---

① 访谈对象:卢向阳,访谈时间:2017 年 1 月 6 日,访谈地点:小豆庄。

万，差了 80 万。经营栗子这块儿，那就是层层欠钱，尤其是现在你指着把钱都给清了，那不太现实。这个最低层的收购单位欠着老百姓的，二道贩子欠三道贩子，三道贩子欠四道贩子……一层层的欠着呗。①

按往年的情形，这种"层层欠钱"并没出现过大问题，龙虎峪会把赊购的栗款在拿到日本的回款后给清。但 1996 年，日方撤销了与天津外贸合作的协议，数量巨大的板栗一时找不到销路，只能暂时积压在天津冷库，这其中就包括小豆庄为龙虎峪代收的板栗。在这样的情况下，龙虎峪无力给付板栗款，只能等待着天津外贸发掘新的买方市场。可板栗的存储对冷藏时间有较强的要求：

> 收上来的板栗一般都是在专门的冷库中储存 2—3 个月，这样能够慢慢增加板栗的甜度，也不会额外增加更多的冷库费用。但板栗存了一段时间后，甜度又会逐渐降低，一年后基本上就白搭了，一来甜度不够，影响口感，二来新鲜的板栗也开始熟了。②

1996 年的栗款没有拿回，大多数栗农心中虽然不踏实，但仍相信以小豆庄供销社的实力，拿回栗款只是时间问题，只有少数栗农到供销社讨要，得到的回应是第二年（1997）给清。尽管供销社像栗农做出了口头承诺，但对以连文茂为首的领导班子来说，栗款迟迟未能打回，以后能否打回完全是一个未知数，而随着存储时间的延长，他们开始逐渐意识到了问题的严重性，商量着用什么办法尽量减少损失，最终决定由连文茂出面和龙虎峪的主任周少安协商，把当时交过去的板栗如数拉回，自己重新寻找销路，损失由小豆庄供销社一方自行

① 访谈对象：卢向阳，访谈时间：2017 年 1 月 6 日，访谈地点：小豆庄。
② 访谈对象：闫国军，访谈时间：2017 年 9 月 2 日，访谈地点：遵化市。

承担。

　　基于这样的协议，小豆庄供销社从天津冷库拉回了 30 多吨的板栗，它们因为经过了整个冬天的储存期，被称为"冬储栗子"。这些冬储栗子，有 3、4 吨由卢向阳调到内蒙古包头销售；余下 30 吨左右的板栗，由于担心小豆庄供销社发生哄抢，暂存在卢向晨管理的大树沟村供销社。然而，卢向阳调至内蒙销售的板栗，最终以 3、4 元钱的价格出售，这与板栗收购时的价格存在很大落差，再加上存储过程中的损耗，这些损失让连文茂和卢向阳不敢再轻率从天津冷库中调回更多板栗，转而决定先把暂存在大树沟村的板栗处理完，随后再商议下一步计划。

　　这一面，是负责保存板栗的大树沟村供销社，接到冬储栗子的卢向晨十分欢喜，他嘱托员工，"快溜地！把门市关上，咱们几个快挂（收拾）栗子棚去，从天津拉的栗子回来了"！最初，他还打电话给连文茂，"文茂，这栗子指（望）着好价儿指不上，就得该卖卖了啊"。连文茂也想尽快出手，但由于能接手的商贩给出的价格太低，犹豫不决。隔了一段时间，卢向晨的观念发生了变化，他认为既然板栗存在了大树沟村供销社，那么他理应享有支配权。等连文茂终于到大树沟村准备拉出冬储栗子转卖时，卢向晨果断拒绝了，并公开嘱咐手下的职工，"皇上二大爷来也不能给"！此后，卢向晨开始断断续续地以低价分批次把 30 万吨板栗出手，并获得了约 15 万元左右的栗款。为了妥善保存这笔钱，他还专门买了一个保险柜，密码只有他和会计张静水知道。[①]

　　追讨回来的部分板栗已经低价售出，接下来的问题是如何分配这 15 万元的栗款。张静水说，"这点儿钱连文茂要过去一部分，卢向晨找我说给卢向阳 2 万，说供销社该（欠）他的，他后来大概其的（拿）有 4、5 万"。眼见 15 万元不过几日的功夫就所剩无几，张静水

---

① 访谈对象：张静水，访谈时间：2016 年 12 月 26 日，访谈地点：小豆庄。

着了急。1995 年他和妻子吴澜（小豆庄供销社职工）共向供销社交付了 2 万元的集资款，不久妻子患病，一直在外地接受治疗，高额的医药费已经花去他家中的所有积蓄，再加上中心社财务紧张而无法报销医药费，甚至无法准时发工资，都让他焦头烂额。这笔栗款，对他来说，就像一根救命稻草。

于是，下班后张静水便私下找到卢向晨，说出自己的苦衷，想着和三位领导一样，从这笔款项中抽出 2 万元。没想到，得到的回复却是，"那不中，我还不够呢"。这句话刺痛了张静水，他认为卢向晨拿钱是为了减少损失，而他想拿钱是为了救命。

> 他这么一说，把我气得呀！你兄弟是副主任，你是经理，我是管账的，我也不怕那个呗。回去我就给扣咧，我弄个条儿，"今支冬储栗子款合人民币二万"，我写的"支"，没写"欠"，往保险柜一搁，反正也是我管账。再说，总而言之，欠我们钱，能咋着了咯吧？①

尽管张静水没有服从卢向晨的安排自行支走了 2 万元，但双方也未因此闹僵，分得板栗款的 4 人理所当然地以为冬储栗子的抢夺暂告了一段落。然而，15 万元原本应赔偿给栗农的栗款显然不能简单地由个别职工霸占，县社成立了调查小组，配合相关部门调查。连文茂处获得的板栗款填补了供销社的集体亏损，卢向阳受到追查时，态度强硬："我他妈是县社下文批的主任，连 2 万块钱的家都当不了？！"县社负责调查的崔科长与他有私交，说"那你要这样儿说，还说啥吧，这点儿你当家吧"。张静水因涉嫌利用职务之便侵占集体财产险些被捕，不过他与当时一位工作组成员的关系熟络，因此免于追查。这次调查，瓜分 15 万元栗款的四人中，唯独卢向晨落入了尴尬境域，据张

---

① 访谈对象：张静水，访谈时间：2016 年 12 月 26 日，访谈地点：小豆庄。

静水回忆：

有天我早起上班，卢向晨正在办公室屋子旁边的一个火炕那儿待着，戴一个大棉帽子，我还纳闷儿呢，一年四季，就是数三九都不戴帽子的……

卢：静水啊，我出事儿咧！

张（挺惊讶）：咋儿咧，表兄？

卢：你没听念叨我出事儿咧？我挨拘留咧！

张：那不能，你为啥进去咩？

卢：那我跟你拉拉（聊聊），县社的董科长你认得不？

张：那认得。

卢：这个婊子养的，他们从县社下来的，不是俩、就是仨，进我们家屋儿还挺客气的呢，抽烟、倒水的。他妈的跟我说，"刘经理啊，你这儿脱离得开不？你要是没别的事儿，耽误你一会，中心社有点事儿，咱们上小豆庄拉拉"，我就跟跟着他们上车里咧。一到车上，才看见还坐着俩警察没下车，没一会儿，调头就上县公安局去咧。

张：那横是得有个程序吧？

卢：哼，直接把我送拘留所去咧。

张：最后咋说的吧？

卢：唉，你瞅瞅我这脑袋。

（他把帽子一摘，我一看，头发七长八短的）

张：那为啥剃呢？

卢：那知不道因为啥。①

张：那最后咋把你鼓捣出来的呢？

---

① 张认为，刘当时是清楚原因的，只是不便向他说明。

卢：唉！我俩弟弟在外边儿活动着跑呗，要不还就判咧。①

卢向晨所谓的不明原因实际上是因为他无故侵占了集体财产。"老大那个，不净是金额大，供销社不欠他钱，也知不道他想干啥。我和张静水的有啥儿顶着，好说，没啥顶着，那就不中"。②

一波未平，一波又起，当连文茂意识到低价出售板栗也好过 0 赔偿而再次到天津冷库拉冬储栗子时，遭到了冷库一方的拒绝，理由是保管费尚未结算。他只好让前去拉货的会计春生交付了一定的保管费，约合 2—3 元/斤，共拉回十几吨。为防止板栗发霉，连文茂决定把从冷库拉回的板栗倒运至北部凉快一些的内蒙古地区进行销售，结果，刚到达了目的地就遭到重创，"那些都是经过休眠期的栗子，一开包，栗子芽子都快长成树咧！这点儿栗子是四、五块钱儿收的，加上保管费（每斤）两、三块钱儿，成本就合着七、八块咧，到那儿一、两块钱儿卖的"。③

扣除冷库的保管费，意味着拉回越多的板栗，损失越大，小豆庄供销社不再到冷库调回板栗。县社开始到古木法院起诉，县法院到天津冷库贴上封条，以保存余下的板栗。但冷库一方认为，它属于天津市管辖，古木县法院的封条对它而言并不具有约束力，于是强行拆封，陆续把剩下的板栗低价出售，以弥补在保管费上的损失。一天晚上，已经睡下的卢向阳接到了栗贩贾国的电话：

贾：老卢呀，你那点儿栗子让他们（冷库）给拉走了呀！

刘：那不妥吧？法院不是封了嘛！

贾：那差不了呀！

---

① 访谈对象：张静水，访谈时间：2016 年 12 月 26 日，访谈地点：小豆庄。
② 访谈对象：卢向阳，访谈时间：2017 年 1 月 6 日，访谈地点：小豆庄。
③ 访谈对象：李耀文，访谈时间：2017 年 4 月 5 日，访谈地点：澈河镇。

（卢向阳听后赶紧给县社主任杜文斌打电话）

杜：你就成天一惊一乍的！我还乐意他给拉走了呢，拉走了咱们更阔咧，等现钱儿！①

虽然心中不满，但既然县社主任发了话，卢向阳也便没再多言，不过结果如他所料，天津冷库将龙虎峪交付的所有板栗几乎销售殆尽，这笔收入用来弥补冷库的损失，余下的板栗按当时交到龙虎峪的比例分给各个供销社，小豆庄供销社200多吨的板栗当时只分得了10几吨的指标。县社最先得到了这个消息，但主任杜文斌未经过小豆庄供销社而是直接告诉司机大宝调回。就这样，这最后的冬储栗子被大宝拉走抵销了他的个人欠款。

这边是意识到供销社大势已去、乱了套的内部职工，那边是等待板栗款、抽筋拔骨过了一年的栗农。直到第二年秋天，树上的板栗开始成熟，栗农才意识到他们的板栗款可能追回无望了。栗农/栗贩开始"讨说法"，频繁地找镇政府，因为责任主体不明，他们甚至没有明确的起诉对象：

那会儿都有点儿法律意识，他们也找不了个人，找谁呢？找收购的，小石洞村有韩大志，小豆庄有赵世森，碌村有李耀文。但是他们只是执行上边的命令，谁下的命令呢？老连，但他只是供销社的代表，供销社也不是他个人的。退一步说，找老连是应该的，但是人家那会儿不在家，脑血栓在医院呢。小石洞村就是找也都是面子上关着，都是亲戚里道的，谁好意思闹他去？再说，当时是你死乞白赖卖给人家，你有啥道理找人家？②

---

① 访谈对象：卢向阳，访谈时间：2017年1月6日，访谈地点：小豆庄。
② 访谈对象：卢向阳，访谈时间：2017年1月6日，访谈地点：小豆庄。

　　尽管困难重重，栗农还是纷纷走上了漫长的上访之路……这种上访的组织化要追溯至 1998 年春，镇书记陆文龙在小石洞村大队院里召开会议，主要思想是栗农讨债，需要走法律程序，不能干扰镇政府正常办公。为了避免麻烦，政府开始组织栗农起诉，由（镇）政府出面，统计板栗的欠款情况。王润田当时找到了在县城租了一间小房的连文茂，一起吃午饭的时候说，"都起诉咧，我这儿啥手续也没有，你给我弄个条儿吧"。连文茂应允，在一张小纸条儿上写了欠王润田的板栗斤数和对应金额。

　　正式提起诉讼后，镇政府表示不能再代替栗农出面打官司，建议栗农从内部推举出领头人，最终欠款最多的王润田被推举出来。无疑，栗农获得了胜诉，法院判决供销社还款，但"搁啥给呢，供销社它没钱嘛"！随后，以王润田为首的栗农几次扛着横幅到县、市、省政府示威。值得琢磨的是，这些到县级以上政府示威的方式仍是在镇政府的启发下发起的：

　　　　当时之所以想到去示威，有时候就通过（镇）政府……主要干部他不那啥（不敢办这事儿），下边儿这个也都打过通通儿（侧面示意去示威），这样给（上级）政府施加压力。[①]

　　但上访、示威面临的现实考验是费用的支出，支撑栗农往返于政府与村庄之间的费用从何而来呢？

　　　　最早和大伙儿筹一回钱，数儿我忘咧，反正是按照欠你栗子款的比例筹一回钱呢。别的地方的也找，像澉河这个，都找过。板岩塘有个人，欠他 3 万多块呢，他没跟着跑，但出钱来着。当时凡是供销社欠你钱的，你把这条儿拿到政府复印咯，原始的拿

---

① 访谈对象：王润田，访谈时间：2017 年 1 月 19 日，访谈地点：小豆庄。

回去,复印的都撂这儿,我们全部都登记咯。按照名单挨个儿找的人,(筹钱金额)应该是栗子款的1/100。大多数人都没出面,出面的都是小石洞村的。末了,政府不是给了几万块钱(诉讼补偿)?把筹的又都退回去咧。

大多都是我们几个主要人自个儿垫,数我垫的多。那时候我们去石家庄,张富裕的闺女在白楼宾馆,通过他们走的信访,没去政府里。省里有专门的信访局,专门接待这个事儿。去石家庄就是方便面,住还不敢住好的,住也便宜,十块、二十的。现在都是按间,过去一般都是床位。那当儿从古木坐火车去石家庄好像是17块钱,之后到32,那会儿钱值钱。①

以集资的费用为基础,几十位栗农开始多次组织到县、市级部门示威,除了到县、市上访,四位组织者多次上访石家庄。②

有一回呢,给弄拉个大白布条子,白布,墨水写的黑字儿"欠老百姓栗子款……",两边找人拽着,往大门口一拦,上下班都不让出去。这在政府弄得挺热闹的呢!那会儿政府是真恼头了呀,上班、出去都干不了工作不是?大门儿都不让出、不让进。末了也只能是做工作,激咯你再气大,跟老百姓你有啥法儿咄,这老百姓有理啥的。③

时任副县长的孟祥出面找以王润田为首的领头人到办公室商谈,"你这还中?你这都耽误我们工作咧,门儿都不让出还中?让我们该工作工作咄。咱们事儿说事儿,事儿没不了咄……"看副县长放低姿

---

① 访谈对象:王润田,访谈时间:2017年1月19日,访谈地点:小豆庄。
② 访谈对象:王润田,访谈时间:2017年1月19日,访谈地点:小豆庄。
③ 访谈对象:王润田,访谈时间:2017年1月19日,访谈地点:小豆庄。

态，王润田同意不再声张。不过此后，他们又无数次跑到县城，成了县委、县政府的常客。政府一直答复找县社领导协商，或者通过法律程序执行，通过公开拍卖小豆庄供销社仅存的固定资产的方式弥补损失，不过在实际操作上对这个"烂摊子"也是束手无策。此外，这种有组织、有计划的行动激发了栗农的热情，有人甚至把它作为一种"乐趣"，或者说精神上的"安慰剂"。

王润田不仅要带领栗农起诉供销社，到各级政府讨说法，还面临着利益相关者的起诉，这个起诉人就是北京老王，起诉的缘由就是争夺当时被卢向阳开回小豆庄供销社的北京越野213。小豆庄供销社陷入板栗纠纷后，资金链断裂，除了板栗款外，许多欠款无力给付，其中包括对澈河信用社的欠款。1999年，澈河信用社扣押了这辆213，以抵偿部分欠款，但卢向阳开回这辆车时并未办理过户手续，因此它仍在老王名下。老王听闻后，想给出一定费用把车赎回。

当时澈河镇的镇长正被不断申诉的栗农弄得焦头烂额，认为这辆车恰好可以作为补偿，安抚栗农情绪。因此，当他得知老王要把车赎回时，就私下示意王润田，将车拦下，"（你们）把这车弄来，这车镇里要，给你做12万块钱"。12万元是一个非常可观的数目，当时王润田等人认为这辆车属于小豆庄供销社，而不清楚它在法律上的归属，在他们眼中，老王不过是一个同样受欠款牵连而想要与他们抢夺补偿的人。在这种舆论氛围下，"大伙儿信心都挺大的，那就是想啥法儿也把车给弄来"。

> 就看这车，费老事咧。去了有20口人在信用社门口租着房子，我们住着，看好几天呢。（后来）说是北京老王已经把车赎出来咧，确实是那天把车弄来咧，他把车弄出来以后到大门口儿那儿，大家伙儿"嗡"一家伙上去，把老王和开车的司机吓跑

咧。那会儿有会开车的,就让他把车给我开小石洞村去咧。[1]

抢到车[2]后没多久,小石洞村村民、在中心社附近开饭店的任占全[3]就和大伙儿商量,将车折算成 2 万元卖给他,王润田直接提出反对意见,心想,"这车是大伙儿费多大劲弄来的,你要中?多少钱也不能给你吧!那时候还算好车,政府说给做 12 万呢"。这让任占全怀恨在心,联系老王起诉以王润田为主的领头人,希望通过法律途径把车判回给老王,他再从老王手中低价买进。老王对王润田的起诉,后来成了连文茂子女可以打击报复他的手段。

2000 年,王润田一行几人骑摩托车从小石洞村到镇政府申诉,半路遇交警截车,王润田的摩托车因没有驾驶本而被扣留,这辆摩托车随后被托运至古木县交警大队。王润田当时没理睬,随后托人要回了摩托,不过需要他本人到场办理手续。王润田办理手续时,偶遇了连文茂的儿子连立人,两人简短交谈后告别。连立人随后把见到王润田的事情告诉了在交警大队对面做生意的姐姐连立双,连立双一直因王润田带头讨要栗款,使父亲颜面扫地而心存怨恨。听到了这个消息,她转而通知了同样对王润田十分不满的任占全,任占全则以老王的名义向法院提出申请,要求扣押王润田。

在交警大队办完手续后,王润田坐上了返回的班车。中途,班车被法院的车拦下,上来两位工作人员向他确认姓名,并把他带到了法

---

[1] 访谈对象:王润田,访谈时间:2017 年 1 月 19 日,访谈地点:小豆庄。

[2] 小石洞村栗农共拦截了两辆车,一辆是 213,另一辆是 202,后者属于烟草公司。某次,县社到小石洞村调解,县社领导不敢开本单位的车,向烟草公司借了一辆 202,到小石洞村后,被栗农拦截。后来,栗农常用这辆 202 到古木打官司。最后,这辆 202 在搁置了很长时间后售出,约 5000 元。

[3] 任占全,小石洞村人,之前在小豆庄补车胎。他最早购买了一辆二手摩托车,每天接送连文茂上下班。另外,任占全与连文茂是干亲关系,连文茂的母亲是任占全的干妈,因此连文茂是任占全的干哥哥。1995 年,连文茂再调回小豆庄供销社时,任在这附近开了一家信用饭店,在连文茂的支持下,成为了当时小豆庄供销社的定点饭店,但也因为业务上的往来,最终有一部分欠款未能追还,其中饭费是一大部分。

院的车上，车上还坐着连立双，她再次向工作人员确认了王润田的身份，随后王润田被带回到古木县人民法院。见势不妙，刚到法院，王润田就给澈河镇的主管副书记打电话，后者紧急疏通。

> 法院的一个工作人员说，"我先了解了解情况，咱们做个笔录。有人通报我们，说是你在这儿呢，让我们找你做个笔录"。这空儿镇副书记就给法院打电话咧，说："这还中?! 你们不是找病嘛! 赶紧给放咯，让回来!"做完笔录，法院这人就说："大哥，走，先吃点儿饭儿，你就坐班车回去吧，我给你打个车票。"①

王润田婉拒了工作人员的招待，准备自行回家，没想到他被扣留的事情在短短的两三个小时内在小石洞村传开了，和他一起追讨欠款的栗农们奔走相告，准备集结起来营救这位带头人。

> 呵! 大喇叭一广播，把大伙儿三马子拉着都去咯嘛! 我当时坐班车刚到半路，就迎着他们咧，一大溜车。我就赶紧就从班儿车上下来咧，这我又和他们几个说一回咋咋回事儿。他们说："不中! 那得找他们去! 这他妈的地无王无法咧，想抓就谁抓谁中?!"直接就上县政府咧，我又跟着回去了嘛! 县政府又把法院找去咧，"你么这不没事儿找事儿嘛!"县政府就劝大伙儿该回来回来，说既然都走法律程序咧，就一步步来呗。想法儿那啥（和稀泥）呗，那天黑家才回来。②

2004 年，这件"500 万亏损"大案发生后的第八年，县社才开始

---

① 访谈对象：王润田，访谈时间：2017 年 1 月 19 日，访谈地点：小豆庄。
② 访谈对象：王润田，访谈时间：2017 年 1 月 19 日，访谈地点：小豆庄。

配合政府对小豆庄供销社进行清产核资,对其内部资产与负债情况及所欠板栗款进行全面核实清理,最终,这个主要涉及 8 个基层供销社、324 户社员的亏损在经过了 8 年的各种形式的上访、申诉和抗议后,分别以 10%、25% 的赔补而告一段落。

第五章　流通的风险与信用

　　小豆庄供销社的瓦解过程，也是从 500 万元栗款亏损到正式破产，经历了八个年头。其间，原本从事板栗流通业务的供销社职员因需个人承担风险而出现分流，部分转而变成了个体栗贩，或者成立农民专业合作社，部分则因多重考量而放弃从事这个行业。与之相对应的，陆续有新人加入到板栗的流通当中。不论如何，交易由原来的生产队／栗农—供销社—外贸公司三方转变为栗农—栗贩或栗贩—栗贩之间的直接交易，因欠缺身份保障，整个交易过程开始更加注重信用。总体来看，在小豆庄区域内从事板栗流通业务的主体主要可以分为三类：第一类是以赚取直接差价为目的而倒卖板栗的栗贩、合作社或公司；第二类是用于果品深加工的罐头厂或私营企业；第三类是出于糖炒栗子的需要而进行少量收购的商户。

第一节　八年的游荡

　　遭遇风险的栗农和职工在小豆庄供销社名存实亡的八年里陆续另谋出路，重新开始生活。但直至供销社解体，职工们都像是处于游荡的状态，这种状态持续了 8 年。为什么坚持了 8 年的抗诉在获得与本金和付出并不成正比的赔偿后戛然而止了？卢向阳认为，不管是栗农，还是下岗职工，"闹着闹着就疲了，好处理"。其实，"闹疲了"背后还有一个权责不清的因素。

> 这事儿也撕摞不起来,撕摞啥呢?假如说,当时收你栗子的人,也许是你收的,也可能他收的,还可能再其他人收的。等到要账的时候,也许找我要,还有可能找别人要,最多的是找老连要,可老连呢,他代表的是供销社。从法律上说,人家个人的责任都是有限的。它这个就是揪摞不清责任是谁的。
>
> 找不到个人,找政府,上县政府示威去着,扛着条幅。有啥用呢?供销社是集体企业,小豆庄供销社独立核算,政府怎么会帮企业还钱呢?就又回来了,得找责任人,但是找谁呢?那会儿都有点儿法律意识,你找个人也没用是不?到最急迫的时候,破产,把地皮一卖,有多少还多少。你找谁也等于扯淡,没钱就是没钱。①

关于供销社轰然倒塌的原因,存在多种不同的看法。在大多数人的眼中,板栗亏损是导致供销社倒闭最主要而直接的原因。与此同时,还有一些人意识到,与龙虎峪合作的失败,并非供销社破产的根本原因,其根本原因在于欺诈使得流通之中的板栗的质量下降,最终造成了信任缺失,关系破裂,销售无门。

在老一辈退休职工田毅看来,供销社倒闭的原因,除了在"销"上遭遇的重重阻碍,还有"供"上逐渐显现的问题。中国从计划经济转向市场经济后,开始允许个人自由买卖,在村落地区的重要表现之一是,各个主要村落开始开设"大集"(定期集市)。集市在与供销社的竞争中逐渐获得一席之地,甚至在某种程度上取得优势地位,其原因主要在于集市及其销售主体的灵活性。

首先,相对于供销社的选址,集市既可以在供销社所在地,也可

---

① 访谈对象:卢向阳,访谈时间:2016 年 12 月 26 日,访谈地点:小豆庄。

以在其他村落，每 5 天举行一次，这种间隔足以满足附近村民的日常需求。其次，集市的价格因属于商贩自主定价而更具灵活性。相对而言，基层供销社的商品，严禁自由采购，一般是按计划上报，再统一从县里的百货批发部进货，随后逐层下分。这种严密的采购系统确保了定价的标准性：

> 好比统一进（货）来咧，100 块钱就允许你挣 1 块钱，多卖 1 分也不中，少给 1 分也不中。多卖有工商所查你，少卖、赔咯个人包（承担）。一到市场上，这东西明明值 1 块钱，可以要 3 块钱，也有人买，看着好。后来供销社的职工也能上大集出摊儿去，但出摊儿也没有伸缩性吔，好比说这东西卖 1 块，你还是只能卖 1 块，8 毛都不中。人家市场上的，都是鸦鸿桥弄来的，也是跟你的看着一样儿，就卖 8 毛，实际上人家是 5 毛来（进）的，供销社呢，很可能就是 7 毛 5 来的。[①]

灵活性的定价使得市场吸引了大批的消费者，但这种灵活是一柄双刃剑。集市上最初销售的产品都来自于个体小作坊，缺少相应的验质部门监督。在供销社与集市的商品中，表面上看起来完全一样的商品，实际可能在产地、成本、质量等方面都存在差别。相对而言，供销社是一个发展相对完备、设立专门质检部门的系统：

> 和收（购）栗子一样，供销社卖东西，也分一等品、二等品、等外品，等外品相比一等品要差不少钱，要是笨眼儿（不仔细看）呢，也看不出来。但供销社有一点儿残都降一级，这个服装的扣儿要是不匀，就降等。国家一出产就检查咧，就分等咧，到供销社就按照这个卖，拿次的当好的卖，查出来就是犯法。市

---

① 访谈对象：田毅，访谈时间：2016 年 12 月 21 日，访谈地点：古木县。

场（大集）上呢，10 块的货，30 块钱卖的也拉倒咧。①

尽管如此，为了应对灵活的集市的冲击，供销社偶尔会针对某类商品做出调价处理②。这时，不得不提到销售主体的灵活性问题，相对而言，受利润的驱使与刺激，集市上的小商贩相对于供销社的职工更具洞察力与灵活性：

> 那阵儿会做买卖的小贩可把钱挣发啦！小豆庄这儿处理布，毛料，好几十块钱一米，没人买。末了处理十多块钱一米，市场上卖布的出面儿咧，人家都买去。从小豆庄买去，到其他地方去卖，人家会宣传，这是供销社处理的，原来 50 块钱来着，处理 30 块钱，哎，一下子挣好几百，那阵儿好几百顶事儿呢，肉才 8 毛多钱一斤。类似这些处理的东西，在这儿上班的没人买，他没那些钱，再说就给自个儿买，你想买啥样儿的都中，何必买那个处理的呢？
>
> 那会儿供销社的业务员就像是啥呢，老爷似的一坐，织毛衣，人买东西去咧，好像就是我这儿正织毛衣腯应你似的，不带理你的。人家市场上的，你一过去就是，"你买啥吧"？有时候我到门市部转悠，看着有的人（态度）不好，我就说，"你们要是照这样儿着，我上大集雇去，把你们都解雇咯"！③

在田毅的印象里，供销社的普通销售员就像是"老爷"。这种"老爷"的气质除了他们掌握着短缺物资，多源自于他们对供销社这口铁饭碗的自信，这个饭碗供给职工们 80% 及以上的医疗费，除了日常的报刊费，盛夏还一度专设消暑费。董志森说："供销社得养员工，

---

① 访谈对象：田毅，访谈时间：2016 年 12 月 21 日，访谈地点：古木县兴开街。
② 比如常年积压货品。供销社靠银行贷款进购商品，因此商品本身附带利息，商品积压的时间超出一定限度后，亏损递增，因此会低价处理。
③ 访谈对象：田毅，访谈时间：2016 年 12 月 21 日，访谈地点：古木县兴开街。

还得养退休老人，养不起咧。"这种供养曾一度受到国家财政的直接支持，但这种支持在计划经济转向市场经济这一阶段逐渐撤出了。国家渐进性地撤出，以及自上而下的一系列企业产权制度改革意见的陆续出台，是小豆庄供销社的破产历时八年的社会背景和重要原因。

1996 年 1 月 12 日，江泽民在《致中华全国供销合作社全国代表会议的信》中充分肯定了供销社作为一个农民自愿入股、自我服务的合作经济组织，作为城乡商品交换的重要渠道，为发展农业生产、繁荣农村经济、增加农民收入所作出的重要贡献。他还倡导供销社引导农民进入市场，成为农村社会化服务体系的骨干力量。同时，明确要求各级党委政府加强对供销合作社的监督、领导与支持。是年，小豆庄供销社因板栗业务经营不善，基本无法靠自身力量扭转局面。这一时期，国家自上而下倡导各级政府对供销社做出鼓励与支持，可是古木县财政紧张，无力支援。但作为县内集体经济的重要组成，不能轻易宣告供销社破产。

1997 年 9 月，中共十五大会议召开，会议的一项重要内容是"经济体制改革和经济发展战略"：强调对国有经济的布局的调整，必须使其在关系国民经济命脉的重要行业和关键领域占支配地位，但在其他领域，可以对其进行资产重组和结构调整以加强重点、提高质量。为此，要推进国有企业的改革。对比而言，强调对集体经济的支持、鼓励和帮助。然而，具体到流通领域，大会提出要改革流通体制，清除市场障碍，打破地区封锁、部门垄断，尽快建成统一开放、竞争有序的市场体系，进一步发挥市场对资源配置的基础性作用。[①] 总体而言，这次大会削弱了国有、集体经济的垄断性经营方式。

1999 年 9 月 22 日，中国共产党第十五届中央委员会第四次全体会议审议通过了《中共中央关于国有企业改革和发展若干重大问题的决定》（后简称《国企改革决定》）。《国企改革决定》指出，要调整优化

---

① 根据中共十五大报告全文整理。

国有经济布局,坚持有进有退,有所为有所不为。其中,需要由国有经济控制的行业和领域主要包括:涉及国家安全的行业,自然垄断的行业,提供重要公共产品和服务的行业,以及支柱产业和高新技术产业中的重要骨干企业。其他行业和领域,可以进行资产重组和结构调整。①

这份《国企改革决定》成为了承德市对市内国有经济做出改革的重要依据,除了国有企业,承德市将企业改革还扩展至集体经济领域。2000年6月30日,中国共产党承德市委员会先后发布了《关于进一步深化企业产权制度改革工作实施意见》《关于进一步深化企业产权制度改革若干问题的暂行规定》(后简称《暂行规定》),主要指出承德市属于需要国有经济控制的地方企业极少,因此,市内国有经济战略性改组的重点和核心是国有经济从不需要控制的行业和领域中有序"退出",即除保留极少数提供重要公共产品和服务的行业外,其余市县属工商企业的国有(集体)经济都要逐步从一般竞争性行业中有序退出。企业的净资产通过各种形式转让给内部职工、其他经济组织或者个人,重组为以股份制、股份合作制为主要形式的新型企业,让企业完全进入市场,从根本上放开搞活国有中小企业。②

可见,"退出"有双重含义:国有资本的退出,职工的全民(集体)所有制固定工身份退出。为此,《暂行规定》详细列出了企业资产出售与重组问题、资产评估相关规定,出售出让与开放式重组相关规定,安置重组相关规定,以及离退休人员和职工社会保险问题的相关规定。随后市内各县区据此纷纷展开国有(集体)企业实施产权制度改革,后称为"改制"。

---

① 根据十五届四中全会通过的《中共中央关于国有企业改革和发展若干重大问题的决定》整理。

② 资料来源:古木县供销社。详见:中国共产党承德市委员会,《关于进一步深化企业产权制度改革工作实施意见》,承字【2000】35号,2000年6月30日。中国共产党承德市委员会,《关于进一步深化企业产权制度改革若干问题的暂行规定》,承字【2000】36号,2000年6月30日。

2003 年 7 月 18 日，古木县人民政府发布《县属国有（集体）企业改革攻坚实施方案》，汇报 3 年内大力推进改制的情况，截止到 2003 年 6 月底，县内有各类国有（集体）企业 119 家，完成产权制度改革实现"双退"的企业 63 个，安置职工 4512 人，利用土地 529.26 亩，盘活存量资产 16651.27 万元，化解债务 18667.3 万元。但仍有 56 家国有（集体）企业没有进行改制，所涉及 6.5 亿元资产，职工 4000 人还没有得到很好的解决。其中，县社系统需改制的县直公司 8 个，中心社 25 个。这些直属公司与中心社的改制计划在国土等部门的协助下两年内完成：2003 年县直公司 2 个，基层中心社 8 个；2004 年县直公司 6 个，基层社 17 个①，小豆庄中心社因积压时间长、问题大，属于 2004 年需要改制完成的基层社之一。

针对尚未改制完成的企业，古木县政府结合承德市关于改制的《暂行规定》，下发兴政（2003）第 41 号文件，明确列出改制的具体内容，包括改制的工作程序、相关要求、产权出让、职工安排、产权过户等。2004 年，古木县供销社根据市政府有关企业产权制度改革文件精神，按照县政府第 41 号文件之规定，拟定《小豆庄供销社产权制度改革及资金分配方案》（后称《分配方案》）。该分配方案指出：

> 小豆庄供销社决定以出售企业全部资产、土地使用权一并转让的方式筹集企业改制资金，用以安置企业职工、偿还欠职工及社员板栗款项等。全部在职职工均实行身份退出，进行一次性安置。退休职工进行"三费"一次性买断，职工遗属生活费实行一次性发放。企业资产处理、企业职工安置以后原企业注销。②

---

① 资料来源于古木县供销社，具体参见古木县人民政府 2003 年 7 月 18 日发布的《县属国有（集体）企业改革攻坚实施方案》，古政【2003】40 号。

② 资料来源于古木县供销社，具体参见古木县供销社 2004 年 8 月 10 日发布的《小豆庄供销社产权制度改革及资金分配方案》，另参见古木县供销合作社联合社 2004 年 7 月 13 日作出的《关于小豆庄供销社情况的汇报》。

这就意味着自 1997 年起开始分别抱团承包供销社各个门市使其看似照常运营的小豆庄供销社及其下属的碌村、小石洞村、大树沟村供销社正式宣告破产，四个供销社的旧址因要抵债而公开向社会发布拍卖信息，它们也将随公开拍卖而彻底解体。最终，小豆庄供销社下属的碌村、小石洞村、大树沟村供销社也参与了同期组织的公开拍卖中，但因地理位置相对偏僻，无人竞拍，最终分别被赵广业①、卢向阳、刘久荣②以 9 万元、7.5 万元③、19 万元的低价购得。

赵广业在碌村供销社的原址上开了一家商店，大部分时间为当地村民提供了一个打牌的场地，该店直至 2014 年前后赵广业因信用卡诈骗罪被捕而关闭。刘久荣在大树沟村的原址上除了经营日用百货，还出售五金建材，院内则按年度承包给了小商贩，供他们在每五天一次的集市上摆放摊位。卢向阳之所以购买小石洞村供销社的土地，一方面是因为供销社原是他西侧的邻居，购得后可以扩建，另一方面是看重它的升值空间，并非留作实际经营，因而一直闲置。

相对于碌村、小石洞村和大树沟村，小豆庄供销社成为了一个可能被争抢的"黄金地段"。一直在供销社工作，供销社瓦解后靠着大院收购、加工板栗的两个团体，原供销社领导层卢向阳与老黄、小闫夫妇④；原供销社普通职工张静水、吴澜夫妇，卢爱国、小胡夫妇，慌了神。没有供销社这个场地，他们失去的不仅仅是板栗收购业务的地理优势，还有店铺的日常经营。

除了这四户人家，当时在供销社租下一间门市做药店的耿梅找卢向阳商量，也想继续留下经营，她的丈夫王新磊当时在镇信用社任职。卢向阳判断王新磊个人具有竞标实力，且与张静水有亲戚关系，担心

---

① 赵广业，原碌村供销社副经理。
② 刘久荣，小豆庄中心社副主任刘福顺之子、大树沟村供销社职工。
③ 小石洞村供销社竞拍底价为 12 万元，但因无人竞拍，卢向阳找到县社主任杜文斌商量，最终以 7.5 万元的低价购得。
④ 1996 年以后，小黄夫妇开始和卢向阳在小豆庄供销社旧址入股做板栗生意。

不纳他入伙，会导致他单独组队而成为竞标对手，于是同意他入伙。这期间，小豆庄本地村民、在大集做小生意的徐广福因想固定营业点，也找卢向阳入伙，卢向阳承诺把最西侧的拐角①给他，定价 5 万元。徐广福见这块位置并不理想，又觉得价钱太高，没有同意。确定组团后，5 户开始合伙商量如何在竞标中获胜，拿下这块土地，并根据招标书上的 70 万元将土地分为 5 块，逐一内部做价，确定每块土地的归属者②，暂且称他们为"老职工组"。

出人意料的是，小豆庄供销社拍卖公告发出以后，除了"老职工组"，没人竞标。可第一次竞标还是未能顺利达成，他们因县社要求自行担负产权证、土地使用证的办理费用而发生分歧，未能正式办理手续。第二次竞标前，小豆庄 4 户经济条件较好的村民（后称"本地村民组"）突然开始运作，准备参与竞争，这组除了之前积极要加入"老职工组"的徐广福，还有村民王杰、当时的汽修厂厂长赵广斌和药店兼童装店老板李志波，王杰是四人中的核心人物。"老职工组"为此感到十分忧虑，决定由卢向阳、王新磊私下找王杰商讨，"你们就别庄（标）咧，这块儿白给你们"。双方达成共识，签订了合同，把原定 5 万元卖给徐广福的西侧土地白送给了"本地村民组"。

徐广福听闻合伙人将撤出竞标，他将要没有地方做生意，着急地把个人的 5 万元竞标保证金③交到了国土资源局。正式竞标时，王杰再次出面，以徐广福的这份保证金为筹码威胁"老职工组"，"不让我们庄标就再给两万块钱"。王新磊较劲不肯，找小豆庄信用社主任常

---

①　"因为那块地方不好弄，它靠边，后面还是当地人家，我们这组都是外来户，在村里没亲戚，琢磨着接触老百姓怕不好弄，我就认吃亏，把这点儿地方甩了得咧，就算 5 万块钱给徐广福，剩下的钱，这几家再分"。访谈对象：卢向阳，访谈时间：2017 年 1 月 6 日，访谈地点：小豆庄。

②　卢向阳认为，关于合伙购买供销社他做的最好的工作就是划分地块，提前做价，抽勾确定。他之所以这么做，是因为在这以前澈河批发站也公开招标出售了，同样是集资购买，但没有人愿意偏一点或者靠里的位置，因此产生纠纷，以致搁置很久。

③　保证金缴纳后具有竞标资格。

世斌，托他以主任（身份）压制王杰。"王杰听你那个？人家是坐地户"，眼看到时间紧迫，卢向阳谨防意外，果断地和其他三家平摊了费用，最终拿下了这块土地。事实上，王杰额外拿到的 2 万元并未分到其他几位的手上，而直接落入了他个人的腰包。

那块白给"本地村民组"的土地后来被一割两半，每一半做价 10 万元，按理 4 人每人应得 5 万元，但在徐广福没得到他应得的那份，其他三人给他"设了套儿"，平分了 20 万元（约合每人 7.3 万元）。徐广福意识到被其他三人坑骗，但供销社已经被"老职工组"拿下，无法左右。只好自掏腰包 10 万元从"本地村民组"手中购买了他原本花 5 万元就可以购得的土地的一半，李志波拿下了另一半，由于他分得了 7.3 万元，最终只交给王杰、赵广斌 2.8 万元。小豆庄中心社以最初划定的 70 万元的价格出售给了老职工组，即原小豆庄中心社副主任卢向阳、大树沟村分销店会计张静水等为首的 5 个商户（详见图 5-1），成功买到土地的卢向阳和张静水开始分别组织老职工继续在小豆庄供销社的原址上做起了板栗生意。

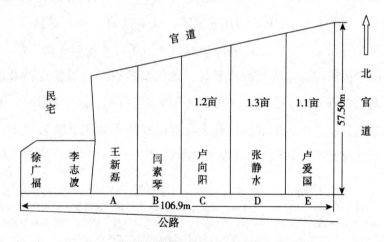

图 5-1　小豆庄供销社拍卖后的所属情况①

---

① 图片是笔者根据卢向阳提供的占地平面图绘制而成。

第二节　风险与分流

事实上，从 1996 年板栗亏损 500 万元到 2004 年供销社出卖期间，原来倒卖板栗的职工也逐渐出现了分流，一部分人有固定收购地点，一部分人没有据点而到流转于各处收购，另有许多人直接退出了板栗流通市场。这些人的退出，一方面来源于供销社的解体；另一方面则源于板栗流通中逐渐增加的风险性。板栗流通中的风险主要有三类：

1. 作为买方可能会落入卖方"以假乱真"的骗局：卖方以品质较差的外地板栗，或者已经坏掉的板栗冒充本地优质板栗欺骗买方，买方无法从转售中获利，甚至出现亏损。

2. 作为卖方陷入"有货无主"的困境：手中无货，无法以实物说服买方合作；手中囤货，未必能及时找到买主。即便是卖方争取到较为稳固的合作关系，买方也可能临时由于各种原因，不再与卖方合作。这时，卖方手中极有可能囤积大量买方事先预定却尚未购入的板栗。

3. 一种不可提前预知的风险，比如运送途中遭遇车祸等。

如上文所述，第一类风险中的骗局自 90 年代初就已经出现，在板栗进入自由市场后愈演愈烈。供销社破产后，继续收购板栗的职工主要分为五组：第一组是原小豆庄供销社主任连文茂到天津做起了糖炒栗子的生意；第二组是原小豆庄供销社副主任卢向阳开始和王润田、闫素琴等人合股，主要收购点设在小石洞村供销社旧址；第三组是原大树沟村供销社经理卢向晨有时与弟弟卢向阳或卢向明合股，有时则单独经营，主要收购点设在车道峪村；第四组是原大树沟村供销社会计张静水、陆广、刘久荣、海霞等人合股，主要收购点设在大树沟村供销社旧址；第五组是原碌村供销社经理李耀文开始和董志森、吴澜等人合股，主要收购点设在小豆庄供销社旧址。①

---

① 此后第 4、5 之中的人员重新组合，但主要保持五个组别。

在本地收购板栗的过程中，他们碰到过各地的板栗，包括山东的、密云的、湖北的板栗等，这些外地板栗，有的来自规模更小一些的栗贩，有的则来自栗农，后者往往是以本地栗农的身份做伪装，帮着做外地板栗生意的亲属销货。一方面是外地板栗的大量涌入；另一方面销售对象不再是外贸公司，而是私人企业，这意味着对方对质量的管控会更为严格。这使倒卖板栗的商贩们更为谨慎，但他们也发明出了一套分辨办法。关于如何区分本地板栗与外地板栗，一则是来源于验质员在长期实践中所得的体验性知识：

> 一般卖外地栗儿的都后晌卖，白天上别地儿收去，后晌回来上这儿卖来，那时候灯光看不准。但（熟悉的）你把手往麻袋里面一插个儿的，那个柔软度和坚硬度，都能差不多，是本地栗儿，还是外地栗儿，那都是多年的经验咧。好比说，密云的栗子就扎手，咱们这儿的都是软和的。[1]

二则是源于类似中医问诊时的"望闻问切"：

> 再有就是看那个车，啥车拉来的，啥样儿的人，就和中医诊病似的，望闻问切。也跟相面的似的，你得瞅着他面相，比如是不是大款儿，一瞅他那个表情就知道。有时候也看不准，哪有那么可零可毛儿[2]的，就（唬）说："你这个就是密云的栗子，或者就是山东的栗子咄"！我瞅着不顺眼，一般也懵个差不多，就说，"你上别处儿瞅瞅去吧"。[3]

---

① 访谈对象：李耀文，访谈时间：2017 年 4 月 5 日，访谈地点：澈河镇。
② 当地话，准确。
③ 访谈对象：李耀文，访谈时间：2017 年 4 月 5 日，访谈地点：澈河镇。

除了防止以本地板栗的价格收购到外地板栗，他们还需时时提防掺杂在本地板栗中的坏栗，甚至小粒石头、倭瓜、梨等。反过来，他们也像自己提防的栗贩和栗农一样，以类似的方式将山东泰安、北京密云等外地板栗或品质不够好的本地板栗掺和着卖给更大的收购部门。

> 第一回去山东我们仨就在下港站住咧，一个人儿就弄了七、八袋栗子，挣咯不少钱。160 斤一袋，1 块多钱儿买的，回来 7、8 块钱儿卖的，一袋能挣 1000 多块钱（共计约 1 万元收入），那就挺知足的。完咯以后我们就去李子峪，去了两三年。①

1999 年，小豆庄收购点的李耀文、董志森，大树沟村收购点的张静水、陆广，还有到各村收购的卢爱国三队一同到山东收购板栗。这些板栗拉回以后，直接转手卖给了连文茂，连文茂按照他们在山东的收购价格，每市斤加价 1 元，转手再以本地板栗的价格销售出去。这些板栗没有过秤，没有验质，直接付款。那年秋天，他们用十几天的时间分别挣到两三万元。

板栗流通体系开始趋向于"买方市场"，这是板栗在流通过程可能遭遇的第二重风险。具体而言，由于买方在板栗交易中掌握更大的权力，在地方活跃的收购人转化为卖方后开始陷入"有货无主"的困境。

供销社解体以后，张静水就开始搭建与邻市栗源食品有限公司的合作关系，和大树沟村原来的几位同事，陆广、刘久荣等人继续合伙为栗源代购板栗。2000 年左右，古木县的板栗市场持续低迷，单独经营的卢向晨手中囤积了大量板栗，无处销售，找张静水帮忙。陆广听闻，极力反对，"大哥，你不用粘擦他，你知不道咱们经理能糊弄人？

---

① 访谈对象：李耀文，访谈时间：2017 年 4 月 5 日，访谈地点：澈河镇。

他要是出事儿咯，咱们也挨害巴"。张静水考虑自己曾因弟弟远山欠下老经理的人情，心里过意不去，加上手头有现成的销路，没听陆广的阻止，答应卢向晨将他的货一并转卖给栗源公司。那次交付，大树沟村组的板栗约20吨，卢向晨的板栗约十一二吨，共30余吨，但因卢向晨的板栗在验质员在抽检时被发现未达公司约定的标准重量①，全部遭到了栗源公司的挟制。

　　验质的把栗源的总经理找去咧，这个总经理站在冷库的台儿上嚎嚎地（喊）："啊?！你们大树沟村供销社跟我们栗源合作不是从今年开始吧？你们不可能是从今年才开始缺斤少两的，从第一天合作你们就开始糊弄我们，直到今儿把你们抽着咧！你们古木县外贸咋倒的吔？就是你们这些供销社给糊弄倒哎！把古木外贸糊弄倒咧，上这儿糊弄栗源来咧！把大树沟村供销社的都使铲车给铲出来，还有哪笔糊弄栗源的？"一通炸，这把我们说得那叫是没劲呐。

　　人家在上头喊，陆广在下头抱怨，说，"该，该，该！我说你不听吔？你知不道他是卢大糊弄？这回奏（完）咯吧！"我就和卢向晨说，"表兄，你这也忒不合适吔，我头天还嘱咐你……抽包抽着一个还不中？五包里就有俩"。他也是直龇牙花子，冲着一块儿搭伙计的人就骂，"真他妈现眼，一个瞎，俩瞎，都瞎？你们都瞎咧！"

　　这事儿一出，我们就吃亏咯，真挨憋闷了啊。人家栗源就说，你如果卖栗子，所有的栗子也不用过称，直接按照这两包的半均斤数儿（约150斤）算，如果不卖，就拉回去。这卢向晨就说，"那还是把栗子拉回去吧"，我们这20吨的留下咧。你说不交？是栗源点的栗子，也正赶上降价咧。你交着？唉！把我们憋闷苦

―――――――――――――

① 当时要求标包160斤，卢向晨的5包栗子中就抽检到2包，全部不足斤，每包差10余斤。

咧，挨收拾咧！①

　　这次交易，卢向晨没有接受买方的安排，单独将十几吨板栗拉回，随后板栗仍持续降价，他又托弟弟卢向阳帮忙代销，大部分以更低的价格卖出，还有一部分剩在家中，当年亏损严重。张静水一组因此次事件在随后两三年的时间里都受到了栗源公司的严密监督和刻意压制，原本可以被划为标准的板栗被划为特选，价格从8元/斤左右降至5元/斤左右。张静水三番五次找到验质员，甚至厂长，要求缓和关系，对方都是敷衍了事。终于在一次酒席上，大树沟村组找到中间人调和，与当时负责收购的经理达成了和解，双方的交易关系才逐渐恢复正常。

　　事实上，这类表面上"等价交换"的趋于平等的买卖关系，始终因"买方市场"而失衡。由于板栗涉及金额巨大，买方常常以资金不足为由向卖方 A 提出无偿赊购，正如龙虎峪供销社在1996年与小豆庄供销社合作过程中存在的赊购情况。卖方 A 若不同意，买方则选择寻找另一个可赊销的卖方 B，而此时卖方 A 手中极有可能早已囤积了为买方备好的货源，如不及时出手，将会承担卖不出去或储存不善的风险，大多会同意买方的要求。2005年张静水筹资100余万元，组织原同事一同收购板栗，这笔巨额板栗款最终在第二年春天才返回给他。

　　即便有充足的货源，有稳定的买方，板栗流通还可能遭遇第三重风险，即不可提前预知的风险。2006年收到领取板栗款的通知后，因涉及金额较大，为避人耳目，张静水决定凌晨4点出发，尽早返程，那时天还未亮，路上鲜有人车。随后联系合伙人之一董少辉，让他开三轮车同自己到栗源公司取款。为保险起见，张静水在返程时特意把钱款分成为几份放到车厢内部的几个位置，最后余下的几万元

揣进了军大衣两侧的口袋里。意料之外的是,张静水不知他所坐的副驾驶一侧的车门因年久失修而关闭不严、总有一条缝隙,再加上路上颠簸,靠近这侧车门的大衣口袋的一万元散开,顺着缝隙飞了出去。

张静水回家后,拿出钱款,同 6 位合伙人一同清点记账,可怎样核对,都少了一万元。他确认在遵化的收款账目不存在问题,猜想是把钱遗漏在车厢某处。等他回车找钱的时候,发现车门处零星散落了几张,再看看关不严实的车门,心中一惊,匆匆叫上合伙人,反向沿着 112 国道找钱,几个人有的开着三轮车、有的骑着摩托,一路寻到钓鱼台,共找回 2500 元。等再往遵化方向走时,路边已经没有人民币的痕迹了。返回后,他们开始四处打听余下 7500 元的下落,听闻同镇东杖子村的闫国富当天清晨骑摩托从遵化返回,偶然跟在这辆三轮车车后,途中看见车上一路往下撒钱,开始觉得是自己花了眼,再三确定后开始慌张捡拾。一路尾随到钓鱼台的三岔路口后,他担心被发现,右转进入了一条与三轮车行驶方向相反的岔路。从发现掉钱到钓鱼台的这段路上,他共捡到 4000 余元,余下的 2000 多元,不知所踪。

损失钱财的几人听后十分气愤,有人扬言不仅要让闫国富原封不动地归还这 4000 元钱,还要他为这笔不义之财付出代价,告到他"蹲监狱"。闫国富受此恫吓,一面因这笔意外之财受人指摘甚至招致祸端而惴惴不安,另一面更因心中不舍归还钱财却不得法而郁结于心,最终病倒,大半个月卧床不起。其间,张静水一方向相关的司法人员打听如何讨回钱款,得到的答复却并不乐观,最终只好以"这个人已经为这笔钱付出了代价"作为安慰而不了了之。"飞走的 7500 元"成了一个导火索,它使积压在张静水心中几个月的焦虑爆发出来,在板栗款被赊欠的这段时间,他不能安眠,在莫名遭受损失后痛下决心,再也不做这揪心的买卖了。

　　这第三重不能预料到的风险不仅可能涉及财物损失，还可能危及生命。脱离供销社系统支持后，原碌村供销社的经理李耀文也越发觉得板栗流转的风险太大，2006年开始转行到碌村罐头厂当会计。然而，罐头厂的工作有周期，工厂安排工人在农闲时把罐头做完，农忙时给工人放假，让他们回家捡栗子。这样的空闲，使李耀文在转行的第二年就重新回到了倒卖板栗的老本行中。当时附近村落的李福洋、李大庆、崔连军、赵坡①四人开始收拾起倒卖板栗的买卖，但四个人由于缺少经验，不知道去哪里收购，总是无功而返。带头人李福洋听说李耀文赋闲在家，便登门拜访说，"你净在密云收，领着跑跑，咱们合伙儿弄几天"。李耀文心想不用筹集本金，只以早就熟练于心的技术入股，不存在风险，于是爽快答应。

　　第二天，李耀文便带着他们到了北京市密云区，这天他们净赚一两千元，平均每人可以分到二三百元。李耀文见有现成的货源，还能顺利地出手，就和李福洋商量以钱入股，不想还没来得及入股，第三天就遭遇了车祸。

　　　头天后晌卖完栗子都晚上十点多咧，第二天凌晨3、4点钟又走……收完咯以后我们在太师屯喝了点儿酒，喝的金六福，我没说?！金六福，丧！那天李大庆不合适②，没去，我们四个，崔连军开车、李福洋在车楼子里儿坐着，赵坡我俩在车厢的栗子包上坐着。崔连军半道儿上困咧，他呢，困咧，还上河套沟子洗了一回脸精兮精兮（精神），瞅着我们俩睡挺香，没好意思招呼换人开。那就开吧！到一个梁的下边儿，有一个精窄的小桥，过来以后多少有一个往左的拐弯儿，他把方向应该是打过来咧，打过来以后就睡着咧，就那样总往左边儿跑着，蹾左边儿一个坎子底下

---

　①　赵坡，原小豆庄书记。
　②　当地表达，指身体不舒服。

咧,一丈儿多高。得亏是偏坡子,不是直上直下的,要往右边走,是一个四五丈直上直下的大坎子。

"咣当"一下子颠下去咧,我说,"这道儿咋这不好走呢?"睁开眼瞅瞅,前面儿一堵墙。我起来一瞅,底下是麻袋,鞋也脱咧,隔着前边儿那个小玻璃一瞅,前边儿那俩(李福洋、崔连军)血什呼喇的,满脸都是血。我心想着,"遭咧!准是出事儿咧"。都迷糊着呢,这我就招呼,他俩那儿"昂、昂"。我说,"咋咧?咋咧?"崔连军说呢,"下坎儿呢,我睡着咧"。哎!一摸脸上都是血呀!他俩钻出来咧,我说"没事儿呀"?"恩……好像没事儿"。这我起来就扶着他们俩上来。

实际上,车没翻,合着就颠咯一下,我还在车斗子里待着呢,我坐的那个栗子袋子没下去。我把他们捹下来,也都清醒过来,知道翻车咧。李福洋先想起来咧,"哎呀!赵坡呢?"就开始招呼。赵坡说,"这儿呐!这儿呐!救命啊,救命!"也看不着人。听着是在下头儿呢,栗子袋倒咧,他在栗子袋底下压着呢。他旁边儿还有一棵洋槐树,就是腰颠在洋槐树上咧。要不颠啥事儿也没有,这颠一下儿,把中枢神经给碰着咧。这就紧溜地要把栗子袋给他拽过,他说,"不中,我这腰疼!"。我说,"加小心,别动他腰,别大劲儿把他腰给拧咯"。山沟子里还没有信号,我就光着脚丫子跑到大道上咧,打120、122,还有家咯。①

听说路上出了一场车祸,附近的村民陆续围了上来,坡下的一户好心人家还给李耀文送去了一双鞋。可这些他都顾不上了,他此刻心中最惦记的是散落一地的栗子,他担心围观群众会发生哄抢。为此,他拨通了110报警,希望警察能够出面帮忙维持秩序。110接线员向

---

① 访谈对象:李耀文,访谈时间:2017年4月5日,访谈地点:澈河镇。

他询问，"有别的车撞你们不？"李耀文答，"没有，好像是喝多咧，个儿跑下去的"。在当时，酒驾比较常见，有关酒驾、醉驾的相关法规也尚未出台，因此公安部门并不会将其定为一种违法行为而加以管制。在确定没有其他车辆参与、不是肇事的情况下，110接线员安抚李耀文道："没人儿抢吗？没人抢就没事儿啊，万一抢了，你就盯上一个人儿，有事儿咯你就再打电话"，没有出警。

122、120先后到达现场，122看现场没有其他情况，赶着去处理下一桩肇事案。不久后，120赶到，迅速地把受伤严重的赵坡抬上了救护车，轻伤出血的崔连军、李福洋也随车同行，车祸发生后唯一毫发无损的李耀文留下来继续照看板栗。周遭围观的群众虽慢慢散去，但他心中仍有不安，于是从口袋掏出一些钱，张罗着到附近商店给帮忙维护现场的围观者买了一条香烟，尤其分发给那些看起来有头有脸儿、有号召力的人。一个小时多的功夫，亲人赶到，把李耀文接回了家。据他回忆，当时有很多板栗散落出去，2000多斤的板栗至少损失了一多半。

这场事故，伤势最重的赵坡因中枢神经受损，下半身永久性瘫痪。为此，通过私下协商，李耀文赔偿赵坡8700元。其余两人不认赔偿，昔日的合作伙伴变成了官司中对峙的双方。

　　开车的3万多，剩下俩一人8700，那阵一共是6万多块钱儿。我当时就掏咧，不跟他们掺和咧，他们俩（崔连军、李福洋）好像都没给，（和赵坡）纠缠了好多年呢。司机3万多好像开始给了1万多咧，差那1万多就是不给，实际上有人背后不出好主意，"他们都平摊，你这么多？"可是，说是不算租车，算是搭伙计，司机和我们不一样不是？后来，（崔连军和赵坡）上法院咧，说是法院最后给崔连军断（判）咧十一、二万。虽然没给齐，那也比最开始定下的3万多，执行好几回呢，到过年就给弄进（拘留所）去。你认倒霉，我认倒霉，都认倒霉就得咧，我认着掏100万也不愿意摔成那样儿吧![1]

这场事故发生后，不管谁在秋天找这位资深验质员帮忙，李耀文都不答应了，他说，"该着[2]，挣不了这份钱咧"。

第三节　信用与合作

在三重风险的压力之下，原小豆庄供销社的职工纷纷退出板栗流通，主要的五组收购团队最终只有卢向阳一组继续从事这个行业，伴随着这些人员的退出，越来越多的新人开始参与到与板栗相关的交易当中。在当地从事板栗流通业务的生意人，主要可以分为三类：一是有固定收购地点，同时以手续费的方式雇佣其他栗贩代购的收购团体，如卢向阳、王润田等；二是没有固定的收购地点，直接到各村收购板栗，转卖给他人，从中赚取手续费或差价，或者留下自用的流动栗贩，如糖炒栗子户大军；三是从以上两类商贩的手中直接购买板栗，用于深入加工的个人或企业，如罐头厂厂长王志平。

事实上，几乎每个从事板栗流通生意的人都会遭遇以上三重风险，即便是一向小心谨慎的卢向阳也难免于此。需要指出的是，各个阶段每种风险的表现形式不尽相同。1998年卢向阳开始和王润田、闫素琴等人合作，每年秋天定期收购板栗。2007年左右，卢向阳开始和迁西县的栗贩合作，把古木的板栗销售给对方，按比例赚取手续费，对方再以迁西板栗的名义出售。一次，在和迁西客户谈业务的饭局上，卢向阳结识了代办韩国板栗业务的姜大川。姜大川是一位朝鲜族，吉林延边人，精通韩语。卢向阳直觉上认为借助姜大川从国内转向国际业

---

[1] 访谈对象：李耀文，访谈时间：2017年4月5日，访谈地点：潵河镇。
[2] 当地方言，命中注定的意思。

务，将是一个新的发展趋势，姜大川觉得卢向阳手中有大量相对于迁西板栗较低价格的古木板栗，存在合作的可能，于是双方互留了联系方式。在卢向阳的叙述中，称姜大川为"翻译"或"鬼子"，"他们和你理解的那种翻译不一样，他就是二道贩子"。

结识姜大川后，卢向阳更想转型，从趋于饱和、竞争激烈的国内市场中摆脱出来，但缺少相关资质。2009 年以前，他所主导的收购团体的成员往往是随机性的，这种缺少组织化的收购团体很难获得资质。在卢向阳寻找转型的办法时，古木县开始鼓励农村地区成立合作社，恰逢这个时机，他开始着手筹建合作社。2009 年果丰园板栗农民专业合作社正式成立，这期间，县政府加大了对农业合作社的支持力度，开始直接通过资金鼓励的方式扶持合作社发展。在一次合作社推优中，卢向阳通过私人关系在名义上获得了县政府提供的 5 万元的专项资金，但最终到手的不足 3 万。"唉！给咯点儿，连送礼啥的……你看给你点儿钱儿吧，装自个儿装口袋里不中，谁给你办的，人家都明要，直接给你扣咯，说给你 5 万啊，给你 3 万都不离儿（不错）。"[1] 除了择优提供资金支持，政府还会发放建设冷库的补贴费，并将一个指标分给了果丰园合作社。但卢向阳和王润田二人商量后，决定放弃这个指标。

> 要弄（冷库）的话，有要求，要是国有土地，要有一定面积。我们这儿已经有了现成的冷库，但这个不达标，人家让你啥规格，你就得啥规格的。可实际上要弄不是小事儿呢，连买地方再盖房子得多大开支，都没啥钱儿。所以给我们两回指标，都没弄。[2]

---

① 访谈对象：王润田，访谈时间：2017 年 1 月 27 日，访谈形式：电话访谈。
② 访谈对象：王润田，访谈时间：2017 年 1 月 27 日，访谈形式：电话访谈。

可见，政府的支持与合作社的实际需要未能对接，偶尔会出现无人认领专项补助的尴尬情况。事实上，卢向阳之所以建立合作社，主要是想借助它从市商务局获批出口资质，合作社成立后，成员开始趋于固定，主要由卢向阳、王润田、闫素琴等人组成，初具规模。与此同时，卢向阳开始积极与姜大川沟通，并于 2010 年通过他与韩国板栗收购方老金达成合作关系。其间，卢向阳、姜大川与老金的关系基本等同于卖方、中介（翻译）、买方。一般情况下，这类国际合作的流程是，买方向卖方口头预约订单[①]，卖方负责国内板栗的收购与加工，随后在协定价格的基础上，经由中介销售给卖方，中介从中抽取 1000元/吨左右的费用。在与老金合作的过程中，果丰园的出口业务也从韩国慢慢拓展到了泰国等东南亚地区。最初，板栗的加工主要由几位合伙人内部分担，每股出 2 人负责加工。由于业务量增加，果丰园开始在旺季扩大招工：

> 找小工，还得说人家家里没啥栗子，或者家里有（其他人）捡栗子的，通过个人关系，找到一个，可能这个人还给你找几个。另外，还有人家主动打听的，说你们那儿要有活计？我们去呀。实际上我们每年找的，差不多都是这点儿老人儿，主要是河沿子、小豆庄这趟穿儿。开工前电话联系，有的人有事儿不来，就再找找，但我们一般不换人，你换了以后，没挑过栗子的人，他也挑不好。这 17、18 个人，在我们这儿应该干了有十多年咧。这些人平时女工多点，一天差不多女工 10 个，男工 7、8 个，女的都是挑栗子啥的一般都能干，男工就是扛扛栗子啥的。[②]

可见，板栗加工的招工也有一套办法。在从事板栗加工的人员方

---

① 有时卖方为了盈利也会在没有口头订单的情况下存货。
② 访谈对象：王润田，访谈时间：2017 年 1 月 27 日，访谈形式：电话访谈。

面来看，由于加工主要在板栗收成阶段进行，因而从事这类工作的人往往是家中板栗产量有限，或者可以交托给其他家人管理的村民。从果丰园的角度来看，一般是通过熟人关系找到比较牢靠守信的工人，并且与他们维持相对固定的雇佣关系，培养其板栗加工的熟练度以加强工作效率和质量。另外，在性别安排上，由于板栗加工主要是挑拣、分类等细致且无须重体力的工作，相对于工资较高的男性，女工的占比较高。尽管在招工的问题上，果丰园十分仔细，但随着工资水平的提升，加之运费、包装费和损耗等费用增大，开支也越来越多。

> 每年找小工，大概齐男工是270—280个工，女工得到400个工，（1名）女工一秋也弄（赚）个六七千。最开始找小工的时候，男工是80（元）、女的60，2015年前后男工100、女工70，现在涨到男工120，女工80。这相比其他的也不算高，现在男子外出打工一天咋着也弄个130、140的。工费折合到栗子的成本里，一吨得上去200块钱，损耗算上掉秤和坏栗得有8%左右，算上小工费大概是10%左右。走出口的栗子运费也是咱们的，这都是10%以外的，一吨得270、280块钱，一斤上去一毛多钱，折在里面大概12%左右。再算上租赁费、电费之类的，都算起来（成本）至少得15%。[①]

也就是说，如果用于收购的栗款为100元，那么因加工、损耗、储存、运输等产生的额外花销约为15元。在这些花销中，虽然运费所占比例不多，但运输是一个十分重要且充满风险的环节。一般情况下，卢向阳拿到海外订单后，都会找到天津大闰物流的李风，托他帮忙完成本地到港口的陆上运输以及随后的订仓、配载、报关和出口。之所

---

① 访谈对象：王润田，访谈时间：2017年1月27日，访谈形式：电话访谈。

以选择和李风合作，是因为他有在河北省外贸做报关员的工作背景，熟悉流程，能力强、守信用。

在报关的过程中，李风主要面对的难题主要是：船只到点就发，货物却未能按时抵达。导致这种状况发生的主要有三种原因：第一，货物未按时完成生产、加工而造成的发货延迟；第二，天气不好或路况不佳造成的运输延迟；第三，未提前预留抽检时间，却被海关抽中待检。对比而言，相对于进口，出口时间的要求十分严格，船只到点就出发，如果货物未在港口准备就绪，几乎所有的准备工作就白费了。为此，李风需紧盯着货物的准备情况与发船时间。

由于板栗出口占了大闽公司多半的业务，公司还要注意另一个问题，即打冷保鲜，这需要细心操作，温度过高或过低都会造成板栗损坏。公司初建时，李风就遭遇了这种情况，一集装箱的板栗因为温度偏高而坏了一部分，损失近 6 万元。在这部分亏损中，承担运输业务的李风个人赔付了 2 万元。

> 我提前也跟他们说了，要投保，如果投了，有什么情况保险公司都能赔，但他们就是不舍得花几百块钱。我也不能给他们投保啊，本来我的利润就很低了。最后我赔了两万块钱，主要是为了继续合作嘛，但是我明明知道自己是冤的。反正这个行业要求的就是心细，一环扣一环，马虎不得，稍微马虎一点出了错误，就会造成很大损失。风险大，但利润特别薄，不成比例。假如卢经理那里一个柜子（集装箱）整个费用下来 1 万多人民币，我这才能赚 200 多人民币。①

事实上，以往的利润并未低至这个程度，之所以如此，主要是业内竞争激烈和信息透明化。为了争取赚到更多的利润，大闽同其他的

---

① 访谈对象：李风，访谈时间：2017 年 7 月 16 日，访谈形式：电话访谈。

代理公司一样竞相以量取胜。这使得他们不得不主动维护与客户的关系，大部分时间，他们都需要帮助客户垫付在出口过程中所需的费用，约定等客户拿到货款时，再向客户收钱。尽管这种赊销关系是一种争取客户的策略，但其中也隐含着对客户的信任。

我没有大客户，因为有的客户很有货，但是需要我垫钱嘛，三、四百万结账，我垫不起啊，赚的少，风险太大了。做我们这行，信用很重要。资金周转的很频繁，但几乎都不是现款，不是我把单子（收费确认单）给他们，人家当时就给我钱。所以我垫钱的主要是朋友介绍的、风险比较低的。一般都会有一定的账期，大部分还是一个月左右就给钱了，这个我能承受，再长了我就受不了了。我挣的还不如我这些欠款产生的利息（多），那我还不如不做了呢。但很久不给钱的也有，十几万，天天跟他们要，也不给我。所以我也得防范，就不继续做他们的新业务了，钱还完了再给他们做业务，不能再垫钱了。因为他们没有信用了，没信用了就没法做了。好多客户都是因为信誉不好，谁都不跟他合作。①

尽管风险大，但公司在李风的打理下仍能获得一定的盈利，但说到公司的前景，李风深感力不从心。

我们这行业也只能是维持，前景不明，尤其反映在进出口贸易这方面。竞争大、利润低是一方面，另一方面，其他国家的消费习惯也在转变，比如日本对于栗子，以前是有多少、要多少，它拿集装箱船都觉得不合适，直接派一条冷藏船来（属于散货范围），把栗子散装进冷藏仓里，整船货仓冷藏。90 年代初我就搞

---

① 访谈对象：李风，访谈时间：2017 年 7 月 16 日，访谈形式：电话访谈。

这个,那时候有多少、要多少,尤其是遵化、迁西、古木的板栗。到现在日本不这样做了,那种带壳的鲜栗子他们要的特别少了,而是要那种深加工好的小包装栗仁,好多事儿都在中国解决,整体的需求量也一直在减少。①

表 5-1 　　　　　　　　　　　　板栗海外发货单及费用明细

天津大闯物流有限公司						
TO:果丰园	收费确认单					FM:大闯/班超
船名/航次	提单号	开船日	目的港	箱量	费用	
					海运费 $	人民币 ¥
HANSA SIEGBURG	SNL6XGKL010207	16.09.11	BUSAN	1X20RF	180+220	6040
1673E						
港杂费¥670 + THC¥876 + 舱单¥100 + 保安¥10 + 文件费¥450 + CHC¥25 + 报关费¥130 + 陆运费¥2500 + 法检费¥320 + 太平洋运抵¥300 + 沿途打冷¥500 + 保险费¥159						

资料来源:果丰园合作社骨干卢向阳提供。

李风的担心也是卢向阳的困扰,一方面需要提防运送途中可能发生的意外情况;另一方面,板栗市场愈发饱和。但即便如此花销高、风险大,如果有固定的买方,可以在收购农产品后的短时间内将其售出,也能保障收购方一定的盈利空间。在与老金合作的过程中,果丰园就获得了盈利,但这种盈利往往是在身处"买方市场"而受人牵制的境况下达成的。作为卖方,卢向阳等人就遭遇了上文所说的第二种风险,即争取到较为稳定的收购方,但对方临时终止合作。

2013 年卢向阳按照老金的口头预订,收购了十几吨板栗,就地加工后发往韩国。板栗运达后,老金当时未将板栗从港口的冷藏箱中调出,隔了一段时间提货时,发现板栗的质量不如往常,要求卢向阳原封不动地拉回,并承诺承担往返运费。可实际上运输费相对于板栗的

---

① 访谈对象:李风,访谈时间:2017 年 7 月 16 日,访谈形式:电话访谈。

收购费而言十分有限，如果拉回，他们将额外承担运输和存储过程中的损耗，因此面对韩方提出的要求，卢向阳自然不肯。但为了维持合作关系，他还是只身从小豆庄出发到韩国"谈判"。参与谈判的，还有中介姜大川，他从延吉出发，两人约定到韩国机场汇合。出发前，姜大川怀疑从未出过国的卢向阳能否顺利抵达，卢向阳不忿，反驳说："通关之类的得写英文，我写不上，吹呢！瞎画，我就写拼音，他也让我过去咧。"

> 他们一劲儿叨叨栗子这不中、那不中。你不是说有毛病吗？我这个人就是不信邪，你说有毛病，我就瞅瞅去，究竟是有毛病没有。一瞅，还真是有毛病，温度不适应，他们经有（储藏）的有问题。那个栗子是咋回事呢，他从咱们这儿拉走了一个多月，回去以后，他们那儿没有咱们这样的专用冷库，他搁的海关的仓库里面咧。那个仓库吧，里面有水果、蔬菜，什么都储，温度高，结果栗子伤热咧。一伤热，一发火，栗子就干，炒都炒不烂。①

无论原因如何，由果丰园运输至韩国公司的板栗的确出现了问题，而且老金认为板栗之所以出现这种问题并非是由于储藏不当，而是因为卢向阳把品质差的外地板栗充当了本地板栗销售给了他们。卢向阳不再置气，忍着对方抛给他的埋怨，尽力协商，仍想把已经"伤热"的板栗卖给韩方，他一面否定果丰园"以假乱真"，另一面为维持合约，他提出按照相对较低的外地板栗的价格出售，但他的提议遭到了对方拒绝。几番商议过后，卢向阳自觉合作无望，为尽量减少损失，避免背上"以假乱真"的坏名声，他要求对方到中国找板栗验质方面的行家进行鉴定。据卢向阳回忆，他曾对老金做出如下承诺：

---

① 访谈对象：卢向阳，访谈时间：2017 年 9 月 15 日，访谈地点：小豆庄。

到中国以后，你们找，找专家也好，找什么人也好，随便看。如果他们说这栗子是外地栗子，是费用都是我的，我把钱如数按照（最初卖给老金）吨数给你退回去。如果这个栗子是当地栗子，你这属于无理取闹，往回返的费用都是你的，但是（剩下的）我按照原来的价钱退给你。①

双方僵持不下，老金最终只好接受了卢向阳的提议，到中国找几位相熟的行家做板栗鉴定，鉴定的结果是卢向阳的卖给他们的是地道的本地板栗，而板栗质量上的变化的确是由于贮藏不当。老金仍是恼火，脸红脖子粗地大喊大叫，卢向阳不懂韩语，完全不知道对方说了什么内容，但从表情判断，他应该是在叫骂。姜大川没有翻译这些内容，转而告诉卢向阳道，"你骂他王八蛋都行，但是你得乐着骂"，卢向阳觉得无趣，并未如此。根据鉴定结果，刨除运费和损耗，卢向阳把最终余下的板栗按称重如数退还了栗款。从中国到韩国，再从韩国打回，卢向阳和老金各自损失了 20 余万元。

我俩都赔苦咧，一头 20 多万。韩国那边，往回返的运费、掉秤啥的。出口你有出口权，回来就不是那回事儿咧。你在港口待一天就是 2000 多块，在港口待了多少天呐，手续办不完，待咯 20 多天，净港口就花了好几万。掉秤呢？反正加一起 20 多万。我呢，回来也卖不了，栗子都坏咧。掉秤，坏栗，再赶上降价……栗子啊，赔你就不知道从啥上赔的。②

事实上，纠纷发生之时，这批板栗的购货款早已转到了卢向阳的银行卡上，他可以不理会韩方的埋怨，将他提出的退还要求视为无理

---

① 访谈对象：卢向阳，访谈时间：2017 年 9 月 15 日，访谈地点：小豆庄。
② 访谈对象：卢向阳，访谈时间：2016 年 12 月 19 日，访谈地点：小豆庄。

取闹而直接拒绝。换言之，这 20 万有不损失的可能。但他之所以愿意
承担近一半的损失，有他自己的解释：

> 也不是必须换，钱都给我咧，我要说这个我不管咧就走，也
> 一样儿。不该我亏钱，一分也不该。可是为啥后来我俩又合作咧？
> 就是老金认为，不管咱们俩赔了多少钱，但我不认为你这个人没
> 信用。做买卖有时候就是"吃亏占便宜"，真是那样儿。①

也就是说，卢向阳花费 20 多万元吃了亏，赢得了老金的信任，双
方进而保持了合作的关系。另外，更为重要的是，他还守住了自己在
板栗圈内的名声。在他看来以往的"以假乱真"无外乎两种渠道：第
一，在秤上做手脚，比如正常的一斤秤砣，收购时，做成一个八两的，
转手卖出时，再把换成一斤二两的。但这种作假方式，因秤砣普及而
无法继续操作。第二，就是"掺假"，但现在这种投机取巧需要承担
的是因信任缺失而被淘汰的风险。

> 对保质有危害的，都不能做。过去供销社的时候是供小于求，
> 现在是供大于求。供小于求的时候，是"卖方市场"②，栗子少，
> 要的多，萝卜快咯不洗泥，你掺点儿也好、干啥也好，也就无所
> 谓咧。但现在一来属于"买方市场"，人家愿意买你的就买，不
> 愿意买你的，哪儿都是栗子。再说当时供销社是给外贸代收，外
> 贸再出口，也就是说，我不是交易双方的当事人，以后质量出现
> 啥问题和我没关系。可现在是你直接和人家合作，想糊弄也糊弄
> 不出去。

---

① 访谈对象：卢向阳，访谈时间：2016 年 12 月 19 日，访谈地点：小豆庄。
② 栗农出售板栗也会遭遇难题，更多的是外贸市场，外贸一方面形成对当地板栗的垄断，
享有定价权。另一方面，在和进口方的关系上享有优势。

现在外边客户来，跟我们要哪个（产区的板栗）就给哪个。换个说法，产品要没区别，价格就不会有区别，既然有区别，你要是以假的当真的给人家，时候儿大（久）咯，人家都不信任你，你不就被淘汰咯？咱们也有这种想法咂？让人家给代收点儿栗子，要是掺假咯咋办咂？淘汰呗！掺假就是企业的方法和制度的问题咧，还得考虑信誉。①

基于买方市场的判断，卢向阳越来越看重自己在圈内的信誉，也是这种转变，让他争取到了老金的信任。这次合作的失败，还使卢向阳意识到语言沟通的重要性，他觉得许多言语经过姜大川的转述就换了一层意思，正如他听不懂老金的叫骂，而他自己所说的也不知姜大川是否愿意转述。有了这种想法以后，年过五旬的他开始借助翻译软件学起了韩语。

2014 年秋，老金再次通过姜大川和卢向阳合作，这一年卢向阳平稳地获得一定利润，弥补了 2013 年因合作失败而带来的损失。2015年正想趁热打铁和老金加强关系时，"翻译"姜大川开始改变合作性质，从代理转而变成了经营。也就是说，他不再单纯抽取手续费，而是按照市场行情直接从各地的收购点收购板栗，再交由果丰园等具有出口权的公司发给老金。在卢向阳眼中，姜大川就是想"空手套白狼"。

翻译没有公司，更没有出口权，他得找我们，或者找有出口权的代理公司。代理公司的业务就是做代理，如果你没有出口权，但是你有出口客户，你去它那，它就给你做代理、给你走单，它从中收一定的代理费。翻译买了货以后，一般都是交给代

----

① 访谈对象：卢向阳，访谈时间：2016 年 12 月 19 日，访谈地点：小豆庄。

理公司走货。①

显然，这将建立在卢向阳与老金之间的合作关系转至姜大川与老金之间，这架空了卢向阳，使他每年只能从两人的合作中间接地拿取极为有限的手续费，加之姜大川从其他代购点收购板栗或者找其他代理公司出口，卢向阳有时连手续费也拿不到。最初，卢向阳采取了妥协的态度。

> 我们也左右不了啊，你语言也不通，人家直接就联系了，你能左右得了人家吗？商业上的代理，尤其是跨国的业务，国际的业务这方面这样做法的都得占80%以上。业务顺理成章了以后，啥事儿都没有了，他自己就侵占过去，做起来了。这是指的这种农产品之类小金额的，大规模的那种，交易额上亿的，他自己肯定也做不了的。②

在这种妥协下，卢向阳开始了与姜大川的合作，但屡次遭受损失。除了日常的压价，姜大川还要求严格的质量把控。这让果丰园的合伙人十分不满，"甜头都给了他，让我们吃苦。比如说外国给他3000美金一吨，他给咱们超不过2400，啥也不干净赚600"。双方矛盾的进一步激化，是由于姜大川的口头违约。2017年姜大川向果丰园口头预定了100吨板栗，但最终收购的不足20吨，不肯再接手余下的80吨。这年板栗价格持续下滑，果丰园如果出手也是低价亏本。前仇旧恨混合在一起，让卢向阳决定反击，他运用翻译软件给老金发了一封邮件（详见图5-2），直接越过姜大川和他取得了联系。

---

① 访谈对象：卢向阳，访谈时间：2017年9月15日，访谈地点：小豆庄。
② 访谈对象：卢向阳，访谈时间：2017年9月15日，访谈地点：小豆庄。

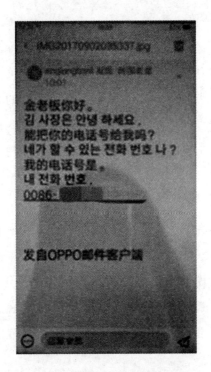

图 5 - 2　卢向阳首次发给老金的邮件

(笔者摄于 2017 年 9 月 15 日)

王润田对于这次反击感觉十分解气,他回忆道:

> 翻译从中捞不少钱,他让咱们给买点便宜的、邢台的、北京
> 的栗子,再按咱们这儿栗子的价格发给韩国。外国人知不道,他
> 以为就是咱们这儿的栗子呢,钱没少花。和翻译闹翻了以后,我
> 们就一直和韩国报价,把邢台的、密云的、本地的果子多少钱都
> 报价给韩国,这个翻译就不好弄咧。他受不了咧,就一劲儿找我
> 们,还托别人从中间给说和。这样以后,又开始我们这儿拿货,
> 他的货是走着呢,但他一回也没敢再来。①

---

① 访谈对象:王润田,访谈时间:2017 年 1 月 7 日,访谈地点:小豆庄。

板栗生意充满了不确定性，再精通的人如果想从这个巨大的链条中获利，也需要承担"今天赚、明天赔"的风险，这种风险像赌博一样，让身处流通体系之中的栗贩心惊，也让他们"上瘾"。

> 干啥有干啥的瘾，实际上没挣多少钱，但是没啥事儿，这些人凑到一块儿咧，就觉着不挣钱也乐意干点儿，就跟押宝①犯瘾似的。你年年都收，不干点儿，好像心里不大舒服似的。咋样都得弄点儿，挣钱不挣钱都先放一边儿。人家外边一瞅，恩，他收来着。②

在很大程度上，这种瘾还来源于生活的压力与惯性。

> 那你不干生活没出路咄，你干啥呢，你说我能干啥？主要就是原来干这个，你瞅那个改革开放之前打铁的，改革开放之后仍然干这个，因为他有这方面的手艺，还有这方面经验啥的。你说像咱们这个改行之后还干啥去？供销社的大部分还和栗子沾边儿。唉！没啥干的，打工都没人要咧。③

事实上，尽管小豆庄地区的板栗有很大一部分出口国外，但还有一部分供内部消化。这部分主要分为两种类型，一种是用于制作罐头，另一种是用于加工糖炒栗子。新路食品有限公司的董事长王志平④最

---

① 押宝，当地的一种赌博形式。
② 访谈对象：王润田，访谈时间：2017 年 1 月 7 日，访谈地点：小豆庄。
③ 访谈对象：卢向阳，访谈时间：2016 年 12 月 26 日，访谈地点：小豆庄。
④ 王志平，磙村村民，1954 年生人，1974 年 12 月 25 日到县磷肥厂参加工作（副业工），基本工资 36 元/月。最初的工作主要是推矿石，用硫矿石做化肥。不久后，磷肥厂下马，王志平转到南土门砖厂工作 1 年。1980 年左右，调到东区的造纸厂（国营）。1983 年农村通电，王志平回乡。在王志平的回忆中，1984 年，领导讲话，"党员发财要带头儿，抛开倒卖人口、枪支弹药，都允许"，就此他开始做买卖。

早做板栗相关的生意可以追溯到 1986 年，1985 年小豆庄建立维健食品厂（乡镇企业），王志平任副厂长，主要负责原料供应和产品销售。1986 年，维健食品厂开始对外承包，王志平承包了整个工厂的供应、销售业务，根据业务量提取利润。这一年，田杖子罐头厂的板栗罐头滞销，王志平低价购得后，经由唐山发货东北，获得了承包之外的额外盈利。王志平之所以能够打开销路，也是一路摸索。

> 咋找过去的呢？就是自个儿钻，自个儿瞅，哪个公司，食品公司、糖酒公司，找这（些）单位。最开始主要是和唐山的副食品公司合作，也就是 1986、1987 年，没多久，我就把北京的线儿打开咧。我是怎么打的呢？开始也是县里食品供应公司（负责管理乡镇企业）介绍上糖酒会①去，后来它到时候儿都喊我们去全国各地（展出），在会上发名片。1986 年的糖酒会有一个小副食品公司（西城区副食品公司）的经理在，我俩来回一递名片儿，还就谈成咧。除了这个，北京还有朝阳区副食品公司。后面就开始我个儿送货，旮旯胡同都搭扯进去。最开始我提溜着一兜子样品，就坐公共汽车，3 分、5 分、1 毛、1 毛 5……挨个儿串。有的地方不中，人家有好客户就兴不要你，一个是你的质量，一个是你的包装。唉！干啥也不易！②

1989 年，销路打开后，镇里却决定更换维健食品厂供销业务的承包人，王志平顺势辞职开办了个体罐头厂。最初，他在小豆庄租用了一户村民的 3 间民房做了 3 年，1992 年王志平为小豆庄建立了 8 间新教室，每年再额外交给村子 8000 元，换得了老校区的使用权。在这几

---

① 每年在各地召开两次糖酒会，全国各地的采购方和销售方都汇集于此，主要展出、交易的产品是各类食品、饮料等。

② 访谈对象：王志平，访谈时间：2017 年 3 月 24 日，访谈地点：小豆庄。

间废旧的教室里，王志平逐渐扩展了销路，罐头一时供不应求，他开始想其他办法。

　　那会儿卖的好着呢（供不应求），北京那个经理说，这玩意儿没货吡，这咋弄呢？他说，"你上别的厂子倒点儿给再回回（重新熬制），加点儿糖"。得加糖，不加它都是甜蜜素。我就在别处拉来一车，到家重新加工咧。结果一上市，就有人给我打电话咧，他说，"我是一个消费者，经常买你们罐头，特别好吃，我这回买瓶罐头咋不是那个味儿呢"？我问他，"啥味儿吡"？他说，"就有甜味儿，没栗子味儿"。我当时没眨巴眼就说出来咧，我说，"那就对咧，这点儿货是给东北人定做的，东北人乐意吃甜度高的，咱们北京人不爱吃"。他说，"噢！这个道理，甜度一高，把果味儿弄没咧"。当时我就这样答复过去咧。[①]

　　偶尔的回锅重造、重新熬制并没有影响王志平红红火火的罐头生意。1999 年，老校舍的合同到期，王志平开始着手在小豆庄 112 线路北筹建路新食品厂，2000 年正式出产。路新食品厂建立后，工厂开始规模化生产，数量和质量都开始升级，生产的罐头大多供国家部委，北京特供处 34 号，专供人民大会堂。这期间，尽管销量不错，但大大小小的罐头厂开始到处可见，王志平也感到压力，开始向外赊销。

　　这种赊销关系得有四五年咧，做生意都没钱。你看着……唉！自个儿知道自个儿啊！原来啊，就是"三角债"，你该（欠）我的，我该他的，他该她的，都是互相该的。那阵儿不中吡，你说你不赊不欠，人家给，你是厂子，我也是厂子，人家给，我不给，你就搁着去呗！所以关系不错，要货就给你。赊销没有不吃亏的，

---

① 访谈对象：王志平，访谈时间：2017 年 3 月 24 日，访谈地点：小豆庄。

我就哈尔滨白搭了一点儿,你看我搞了这么多年,白搭的不多,有十来万。那个合作的也关系特别铁,十几年咧,他老是没钱,可这回生产给打过来咧,不该咧。咣!又踮一车货,这车货可找不着他咧,厂子也倒闭咧。①

尽管这种赊销关系造成了一些损失,但对于王志平来说,并不算难事。让他为难的是,2004年为扩大规模,王志平又通过政府购得一块地皮,建立路新食品有限公司,将原小豆庄路北工厂的生产搁置。路新食品有限公司厂址的修建共花费2000多万元,这是王志平资金链断裂的导火索。2005年至2008年,王志平的公司被评为省级龙头企业,2007年他将公司法人交给了儿子王泽泉。2009年,王泽泉因私自倒卖炸药和涉黑被捕,公司龙头企业的称号被免除,支持资金也一并取消。这期间,公司销售量持续下滑,各项开支却越来越大。

资金跟不上啊,主要在资金。没有不花钱的地方儿,进料(各种原材料,如糖)、工人工资。2007年就是300多口子的工资,工资贱贱的,一天多少钱呢?各项开支大。有建筑的,没流动的咧,都他妈的贴墙上咧!铺的忒大咧,没有流水金咧。咱们就这么说吧,人都说买卖话听也罢,不听也罢,地方政府的话,更那玩意儿。他们政界把你托起来,弄一个小树卡巴儿(树杈)把你挂那儿咧。政府和金融部门儿是牛蹄子的,两半儿的,你政府说了不算数,你得金融部门说咯。政府说"给",金融说"你给财政担保我就给",谁敢呢?政府说支持,你到银行又不中。这人就是这样儿,你越干得火、干得好,他敢给你,越没钱越不敢支持你。它那个钱不就是往外借的嘛,周转挣钱,但是我没钱,它不敢借给我,人家有钱的不想用,它还找你。它这个都是一环

---

① 访谈对象:王志平,访谈时间:2017年3月24日,访谈地点:小豆庄。

套一环的，终身制，你还不上的，他还（担保制度）。不是担保人，就是抵押。现在的贷款不好借，就是必须得有抵押。比如你这个值 10 万块钱，咱俩关系不错，给你 5、6 万。①

资金上的压力使得王志平暂停了罐头厂的大规模生产，偶尔根据一些可靠的小批量订单才会季度性生产，这使得红火一时的路新食品有限公司风光不再。在反思公司经营的过程中，王志平说到了农村"没文化人"和"有文化人"在企业经营上的差距。

我们这一代的农村人大多是没文化人啊，思路不一样，做大了啊还是不行。我就在碌村那个初中还有半年没毕业，都就着饭吃咧，报纸上有一半儿字不认得。就是敢干！那会儿念书净放羊去，小豆庄中学一天儿没来过。要不说这人啊，都得上学呢，他的脑瓜、思路不一样。像我，就知道敢干，向前冲，不考虑后果，没文化人就这样。有文化的人呢，他就考虑我干这个买卖中不中，他得思考，预练预练咋办。像罐头厂，跟开矿是两码事儿，开矿就是让一个放牛的挖一个洞儿，吭！出矿石咧，他也能干。搞这个（农产品加工），没脑瓜儿不行。你瞅着吧，是凡私营企业，干大了的，倒闭咯的，都是没文化人。这玩意儿你不信不中，他净管干，上！我手儿里也有钱，干！结果一干，收不了场。我那厂子多大规模，占地面积 20 多亩，全炮儿现代化，都是钱堆的。当时建厂子全算下来是 2000 多万，净建筑。死钱，那就死那儿咧。②

就这样，路新食品有限公司在红火了几年之后迅速衰落了。相对而言，小量的板栗倒卖因市场的其灵活性和较低的限制性而越来越多。

---

① 访谈对象：王志平，访谈时间：2017 年 3 月 24 日，访谈地点：小豆庄。
② 访谈对象：王志平，访谈时间：2017 年 3 月 24 日，访谈地点：小豆庄。

这些小贩一般采用走街串巷的传统方式,在各个村落收购板栗,随后交给诸如果丰园一类的收购点,或者直接交付给糖炒栗子的收购商。部分本身就是糖炒栗子的小贩,尤其是本地人,会直接在当地进行收购,再运转至城市销售,大军夫妇就是这样的一对。

相较于卢向阳和王志平,大军和他的妻子小英倒卖板栗的经验相对较少,这对 70 后的夫妻最初倒卖板栗是在 2014 年。此前,二人在村中经营着一家商店,尽管收入微薄,但也能维持生计。为补贴家用,大军偶尔到矿山运送矿石,这后来一度成为这个家庭的主要收入来源。然而,这项来源随北京申奥成功而被切断。为保证奥运会期间的空气质量,提升居民的生活水平,国家开始加强对北京周边的污染企业的管制,距离北京不足 200 公里的古木县自然也被纳入整顿的范围。县域内 2000 年前后崛起的矿山纷纷关停,仅存一些从政府获得资质的正规企业,大军像许多曾经从事这份高风险、高收入的当地村民一样,被迫从这个行业中撤离了。

曾经成为当地支柱产业的矿业的衰落,直接导致了矿工的失业,这使许多人丧失了重要的收入来源,他们不敢再像往常一样消费,这遏制了当地其他行业的发展。人们的购买力随收入的减少而降低,大军的商店受到波及,无法继续维系。

> 原来在村里开商店为啥不开了呢,看不着钱,一天卖 20(元),自己拿一桶油用,40 就出去咧。一家过日子,三四口,最起码一个月也得照着 2000 块钱开支吧。一个商店挣了 2000 块钱咯?老百姓没有多少钱老买东西,原来那几年是把钱挣咧,矿上干活的,罐头厂干活的,矿一停,罐头厂一倒闭,就指着这点栗子,能有多少钱吧?①

---

① 访谈对象:小英,访谈时间:2017 年 9 月 20 日,访谈地点:小豆庄—遵化途中。

在这种情况下，大军夫妇开始寻找新的生计方式。恰在此时，一位倒卖板栗的朋友建议他们到天津做糖炒栗子，他则负责供货。听闻有一定的盈利空间，而且是与自小就熟悉的人、物打交道，大军夫妇欣然前往，却不想遭遇打击。

> 干咯3个月，赔了1万多。朋友给我弄的不是好栗子，卖不出去，可住的房子、摊位费，都是开支，摊位费 1700—1800 元/月，住宿一个月 1200 元，这两项费用加一块就是 3000。这还不算吃喝，一个月挣多少钱能够费用吧？就赔钱咧。①

大军因朋友失信中断了二者的合作关系，开始摸索着收购质量较好的本地板栗。最初，他想免去验质和加工的麻烦，准备和坐地收购的商贩搭建联系，并主动到果丰园和卢向阳商议定价等事宜，但卢向阳私下认为大军的业务量小暂无合作意向，在态度上冷淡、敷衍，作为买方的大军不甘示弱，最终两人不欢而散。此后，大军转向其他代购的商户，为减少风险成本，每次从对方手中收购 10 吨左右的板栗，储存在他们的冷库中，根据销售情况，陆续运送到天津。通过这种方式，大军夫妇在天津做了 3 年糖炒栗子。

2017 年天津市集中开展城市管理，划定市场统一管理，拆除违规摆置的摊位，遣散在个人门市前面租用场地的摊位，大军夫妇的摊位就在其中。关于是否继续做糖炒栗子，夫妻二人发生了意见分歧，小英觉得糖炒栗子的付出和回报不成正比，考虑转行。

> 我觉着朋友圈里，就我们俩（出去倒栗子），真是累啊！像冬天如果开一个门脸儿（门市），在里头卖多舒服。我们俩就在市场上支个摊，大棉袄、棉裤穿着，棉帽子戴着，也恨不得手一伸出去就让小

---

① 访谈对象：大军，访谈时间：2017 年 9 月 20 日，访谈地点：小豆庄—遵化途中。

风刮得直疼，脚丫子都冻踹①咯，也得从外边儿卖。炒栗子不就是冬天的买卖嘛！受罪着呢！就这么忙活、受罪，我们俩出去一天要弄个2、3百块钱，就觉着挺不难的咧，竞争力太大，挣不了那么多钱。再说它还是季节性买卖，旺季4个月，夏天根本卖不动，哪攒得下那么些钱呐。但要是上班去，一年四季都有收入。我和大军说过，咱俩一块出去上班去，一个好劳动力一个月怎么也弄个6、7千吧，这样我俩一年能攒下7、8万块钱。谁都想过安逸的生活，那多好吨！②

大军承认小英所说的辛苦，但他认为糖炒栗子是一个需要慢慢发展的事业，前期的积累不能白费，这种积累既包括技术的成熟，也包括人脉的拓展。通过这三年的生意往来，大军结识了许多倒卖板栗的生意伙伴，在他的规划里，会慢慢把糖炒栗子的重心转移到为其他新的商户供应本地板栗和提供技术指导上面。2017年秋，承德市双桥区的两兄弟想从自营的饭店中腾出一个空地经营糖炒栗子，辗转找到了大军。大军带两兄弟到熟悉的机器加工厂挑选了用于板栗加工的电炒锅和沙砾等基础设备、材料，承诺随后几日登门指导，在义气地招呼了两兄弟用餐后，向两人发出了由他供货的提议。两人见大军为人爽快诚恳，答应了下来。

几个素不相识的人因为板栗交织在了一起，这是大军接下来规划的第一步。在他看来，做板栗生意，合作是盈利的要素，而守信是合作的第一要义。"没有信用的人，很难再在这个圈子做起来了。"在他看来，为人做事层面的可控性和市场原则下的不可控性都使得这个行业充满希望，"我如果给人打工，一辈子望到头，工资超不过万八，倒腾栗子就不一定了，我可能挣不多，甚至赔钱。但谁能肯定我就成不了一个大老板呢"？

---

① 没有知觉。
② 访谈对象：小英，访谈时间：2017年9月20日，访谈地点：小豆庄—遵化途中。

第六章　流通体系转型中的电商逐梦

　　市场经济的展开和物流体系的完善，直接促成了板栗流通模式的改变。以往为节约平均运输成本而需大量流通的板栗，借助便利的物流体系，免去了因大量存储而产生的费用与风险。然而，这种少量多次购入却在无形中加重了卖方的负担。在各种压力之下，中间栗贩开始萌生借助电商完成转型的观念。2016 年古木县开始推行"农村电商全覆盖"，电商公司在政府的支持下，试图通过农产品上行与工业品下行两种路径帮助农民实现转型。然而，经过一年多的实践证明，这不过是一场在电商领域的逐梦。

第一节　电商下乡的展开方式

　　作为满足社会需求的重要载体，电子商务发展迅速。就中国的内部情况而言，一二线城市的网购市场日益饱和、增速放缓，农村电子商务逐渐成为各大电商新的战场，农村市场也将成为驱动电商发展的新引擎。

一　发展农村电商的现实需求

　　农民在由闭合走向开放的乡村中产生了新的需求，这恰恰也是农

---

　　[*] 本章部分内容曾以《农村电商与城乡市场体系良性发展研究——以古木县为例》为题发表于《广西民族大学学报》（哲学社会科学版）2020 年第 1 期。

村电商发挥自身优势的一个契机。就古木县而言,尽管城乡市场体系开放活跃,但农民在各类商业活动中仍面临两难困境:买不到,卖不出。农民买不到的是物美价廉、便于使用、满足需求的工业产品,卖不出的是散落在田间地头,没有销路的农产品,这也是他们在城乡市场体系中遭遇的主要困境,因而越来越多的农民放弃土地,涌入城市。与此同时,农产品市场的风险大、盈利少,尤其在商品供过于求时,市场向买方倾斜,这意味着越是低层级的市场与卖家承担着越高的风险。在这样的压力之下,许多传统从业者被挤压到边缘,甚至被迫从该领域撤出。

> 栗子弄不了咧,(原有)模式已经不中咧,不改变模式肯定做不了咧。现在国内这炒栗子的都不存货咧,原来都是三十吨、二十吨的拉(货),百八十吨拉,搁当下他要是户大,一回发一、两吨,户小的也就是三袋两袋、十袋八袋。①

从事板栗流通业务三十余年的卢向阳发出感叹,这源于他近几年在板栗业务中的实践。购货量之所以发生了从几十吨、上百吨到几袋的变化,主要是因为受到了现有物流系统的深刻影响。

> 现在物流方便咧,这个(总)量不一定减,就是这种购货模式(变了)。一回少买一点,物流贵一点,也比租冷库费用啥的便宜。另外价钱波动啥的呢?多大风险啊,这样他就不用承担风险咧。国外也像国内一样,像我们给泰国发货,原来都是25吨一箱(集装箱)子,现在都是13吨一箱子。炒完了再要,都是这样。②

---

① 访谈对象:卢向阳,访谈时间:2016 年 12 月 19 日,访谈地点:小豆庄。
② 访谈对象:卢向阳,访谈时间:2016 年 12 月 19 日,访谈地点:小豆庄。

在便利的物流体系支持下的少量购货，降低了买方需承受的风险与后续贮存所需的成本，但无形中增加了卖方的费用。

可能拉一个 13 吨的箱子拉到泰国是 800 美金，拉一个 25 吨的箱子到泰国就 1000 美金。这个物流不大一样，不怎么按斤算，主要是按体积算，也按集装箱算。集装箱有点儿像冷库，我就往里存 5 袋栗子，也占一个位置吧，要给你按吨收费，人家不活赔死咯，是不？13 吨的栗子怎么比 25 吨的栗子体积稍微小点儿，但是费用也少不了一半儿，这样运费平均就上去咧。另外，每次出口都要跑保险，一回报 25 吨，也是 100（元），代理费也是 200（元），50 吨还是这么多钱。所以说，量少无形中就把我们的费用加上去咧。[①]

量少除了使卖家的费用提升，还使得买卖双方合作关系的稳定性降低，买方完全可以在较低风险的情况下任意选择卖主。在这样的压力之下，卢向阳开始考虑转型：

我感觉着这样儿不中，赶紧着，找师傅开网店去，卖栗子，运费啥的没事儿，只要有人要，总体的量上去了，就都能考虑进去。有网购这个是忒好，我这就买咯一把夹栗浆用的钳子，这个钳子是广州出的，我琢磨着我就可着广州转，把广州市都转过来也未必能买到这把钳子，但是网上一搜就有咧。在淘宝上卖 59（元），加上取件费[②]才 62。我回来一使，真好使。连那个板栗的测糖仪，我都是在这（淘宝）上买的。[③]

---

① 访谈对象：卢向阳，访谈时间：2016 年 12 月 19 日，访谈地点：小豆庄。
② 目前小豆庄附近村庄未设快递点，村民如在网上购物，除顺丰、京东快递外，都需要到设在澥河的各个快递点领取，并额外付 2—3 元的取件费。
③ 访谈对象：卢向阳，访谈时间：2016 年 12 月 19 日，访谈地点：小豆庄。

　　一直从事板栗交易的卢向阳主要依托农村电商来实现在农产品市场的转型,跳出农产品流通的单向渠道而扩展至整个流通领域。在互联网时代,传统商场、店铺的从业者面临的生存压力加大,企业转向以农村电商的方式经营,这既使其享有政策福利,还为其打破传统零售业的困境提供了一条思路。总之,发展农村电商是农民、传统生意人,乃至更广层面的现实需求。

二　实体店+电商:全覆盖的展开方式

　　中国农村电商的发展可追溯至20世纪90年代甚至更早,此时电商处于起步阶段,业务主要集中在企业与企业之间,普通百姓因几乎感觉不到而并不了解。"互联网+"等顶层设计出台,为互联网与传统产业融合,通过电子商务加快培育经济新动力指明了发展方向。地方政府因地制宜,先后制定合于本土情况的电商发展计划。这些计划的推进,使越来越多的农民开始接触、认识、了解和接受电商。

　　2015年11月9日,国务院办公厅颁发了《关于促进农村电子商务加快发展的指导意见》(后简称《意见》),将电子商务与农村地区的精准扶贫工作衔接为一体。《意见》指出,农村电子商务是转变农业发展方式的重要手段,是精准扶贫的重要载体。通过大众创业、万众创新,发挥市场机制作用,加快农村电子商务发展,把实体店与电商有机结合,使实体经济与互联网产生叠加效应,有利于促消费、扩内需,推动农业升级、农村发展、农民增收。基于此项意见,国务院通过大力培养农村电商人才、加快完善农村物流体系等一系列政策措施,积极促进农村电子商务的发展,并号召地方各级人民政府特别是县级人民政府要结合本地实际,因地制宜制订实施方案,出台具体措施;充分发挥农村基层组织的带头作用,整合农村各类资源,积极推动农村电子商务发展。

为贯彻落实《意见》精神，推进农村现代化进程，实现城乡一体化发展，拓展农民创新创业平台，扶贫开发，河北省人民政府办公厅颁发并实施了《关于推进农村电子商务全覆盖的实施意见》，提出争取到 2016 年底，在全省实现县域农村电子商务体系全覆盖、农村电子商务双向流通渠道全覆盖、行政村电子商务应用全覆盖。古木县县政府随后印发了《古木县 2016 年农村电子商务全覆盖工作方案》，计划到 2016 年 5 月底在县域内实现"三个全覆盖"。具体流程为：政府遴选一家电商企业作为方案的实施主体，并由后者成立县级农村电子商务公共服务中心——中心负责在 290 个行政村开通村级服务站，并为其提供业务指导——服务站借助中心的电商平台承担当地的流通业务。简言之，服务站是实现"实体店 + 电商"经营方式的载体。

由此，古木县商务局评选出了全覆盖的运营主体淘乐公司。该公司于 2015 年 4 月开始筹备成立，2016 年 2 月正式运营。截至 2016 年 8 月，淘乐公司拥有工作人员 32 名，平均年龄 25.8 岁；物流配送车 3 辆。依托于中心，淘乐公司对县内 20 个乡镇的 290 个行政村的小卖部、超市等进行"摸底"调查，择优进行改造，将其转化为线下服务站。另外，淘乐利用政府拨款，免费为服务站安装电脑等设备。消费者可以直接在服务站利用设备下单，淘乐负责将商品配送至服务站，消费者到站取货。另外，消费者还可以转化为销售者，通过服务站将农产品出售给淘乐，再转由淘乐在平台上统一销售。

为快速开通服务站，古木县政府在政策宣传上，多次召开乡镇主管领导会议，号召相关部门配合淘乐公司开通服务站，"有条件的，及时开通，没条件的，创造条件开通"；在资金支持上，充分使用省政府拨款，以 6000 元/个服务站的建设标准补贴给淘乐公司约 174 万元，由淘乐公司为县域内 290 多个服务站购置设备，另为淘乐公司支付场地租用费 30 万元/年，计划连续补助 3 年，扶持资金约合 264 万元。2016 年 8 月，淘乐公司开通了 240 家服务站，是年底，290 个村落的服务站开通完毕。

第二节　电商逐梦的困境溯源

在自上而下的政策支持下，电商企业全面推进服务站建设任务，经过大半年的努力，初具规模。在最初的设想中，农村电商的引入将有助于促进农民增收，缩小城乡差距，那么这一设想是否能够顺利实现？在既往的研究中，不乏那些自上而下试图改善人类状况的项目而最终走向失败的探讨①，本节不妨以此视角展开。

一　农村电商能否促进城乡市场体系"扁平化"

从学理的角度来看，人类学家围绕中国市场及其转型所展开的观察与研究由来已久，其中施坚雅关于中国乡村市场的研究影响颇广。施坚雅认为，中国市场呈现出"核心—边缘"的层次②，具体可划分为"基层市场—中间市场—中心市场"，六个基层市场以六边形的布局围绕一个中间市场，而六个中间市场则围绕一个中心市场，简言之，中国乡村的市场体系以多个不同层次的六边形的市场结构为框架。③周大鸣、廖越延展了施坚雅的理论，将各级市场与中国县域范围的行政区域对应，即基层市场、中间市场与中心市场分别对应村落、集镇与县城，并将后者称为"串联式的城乡结构"。与之相对应的，城市郊区地带因村落、集镇与县城的距离近、交通方便而呈现出一种各级聚落直接与城市相连的"并联式的城乡结构"。"交通革命"的发生大

---

① ［美］斯科特：《国家的视角：那些试图改善人类状况的项目是如何失败的》，王晓毅译，社会科学文献出版社2004年版。

② ［美］施坚雅：《城市与地方体系层级》，施坚雅编，叶光庭等译，《中华帝国晚期的城市》，中华书局2000年版，第327—417页。

③ ［美］施坚雅：《中国农村的市场和社会结构》，史建云等译，中国社会科学出版社1998年版。

大压缩了中国社会的时空距离，中国社会的城乡结构的中间层次呈现"扁平化"的趋向，由传统的串联式、多层级的结构转向以大城市为主导的并联式格局。①

　　另外，有学者关注到了技术对于中国城乡市场体系与社会结构转型产生的深刻影响。周大鸣认为，互联网与快速交通共同压缩了时空，导致城市和乡村之间的连接发生了变化。他在对某淘宝村的调研中发现，村民借助互联网平台，不断拓展跨越地域的、多元的交易的空间，他们正通过互联网直接对接全国甚至全球大市场。②③　在某些地区，农村电商的产业集群甚至改变了乡村的空间结构，加快了城镇化的步伐。④　另有研究表明，农村电商可以对农户农业收入产生显著的促进作用⑤，在特定的情境中，还能促进农民实现身份转型⑥，重塑乡村内容的人际关系⑦，触发经济秩序、社会秩序和政治秩序"三秩合一"的乡村秩序新格局。⑧　在互联网背景下，中国正以电子商务创业为途径来实现一种自发式包容性增长，走上一条城乡断裂到城乡融合的新型城镇化之路。⑨

　　以上研究多将施坚雅的市场理论应用于对城乡社会结构的探索，认为农村电商的发展将有助于加速城乡社会结构的扁平化，加速乡村

---

　　①　周大鸣、廖越：《聚落与交通："路学"视域下中国城乡社会结构变迁》，《广东社会科学》2018 年第 1 期。

　　②　周大鸣、向璐：《社会空间视角下"淘宝村"的生计模式转型研究》，《吉首大学学报》（社会科学报）2018 年第 5 期。

　　③　周大鸣：《互联网、快速交通与人类学研究转变》，《西北民族研究》2019 年第 2 期。

　　④　楼健、胡大平：《淘宝村、实时城市化和新型城镇化实践》，《学术研究》2018 年第 5 期。

　　⑤　曾亿武、郭红东、金松青：《电子商务有益于农民增收吗？——来自江苏沭阳的证据》，《中国农村经济》2018 年第 2 期。

　　⑥　Linliang Qian, "The 'Inferior' Talk Back：Suzhi（Human Quality），Social Mobility and Chinese E-Commerce Economy", *Journal of Contemporary China*，27，2018，p. 114.

　　⑦　秦红增：《村庄内部市场交换与乡村人际关系——科技下乡中的人类学视野之三》，《广西民族大学学报》（哲学社会科学版）2004 年第 5 期。

　　⑧　邱泽奇：《三秩归一：电商发展形塑的乡村秩序》，《国家行政学院》2018 年第 1 期。

　　⑨　刘亚军：《互联网条件下的自发式包容性增长——基于一个"淘宝村"的纵向案例研究》，《社会科学》2017 年第 10 期。

社会发展,减少城乡沟通过程中的中间环节,促进城乡融合,从而导向和谐的城乡关系。但这些研究多研究关注于农村电商及其相关配备对社会结构产生的影响,而未能对城乡市场体系给予充分关注。针对农村电商可能产生的影响,本研究将着眼点从社会结构层面移至城乡市场关系上,重新关注施坚雅围绕市场层次所展开的讨论。具体而言,市场是存在层次的,城市的中心市场处于上位,城乡之间的中间市场处于中位,而乡村的基层市场处于下位,这意味着交易双方在市场中的地位存在"核心—边缘"的差别。那么,农村电商的引入能否减少中间环节,促进城乡市场体系的"扁平化",加速城乡市场融合,进而引导城乡市场体系良性发展?经过研究,笔者认为,在特定的时空场景中,古木县地方政府利用农村电商介入城乡市场体系转型以促进其良性发展的实践,似乎徒劳无功,但这一实践过程及其经验可以作为城乡市场体系良性发展的反向参照。

二 电商逐梦中的风险与困境

在多方力量的共同努力下,农村电商全覆盖计划已经在古木县全面铺开,那么它能否引导该县城乡流通体系良性发展?2016 年 7 月底至 9 月中旬,笔者以实习生的身份到淘乐公司展开参与观察,此后不断回访。经调查发现,淘乐的实际运营情况与它强势的开场形成反差:该公司对外公布的 1—8 月线上交易总额交易额 935 万元;而内部数据显示,8 月实际交易额约为 21 万元,仅达对外公布总交易额的 2.24%(详见图 6-1)。一方面,随着村级服务站开通数量增多,淘乐平台每月线上交易额应呈逐步上升的趋势。另一方面,8 月是当地农民在秋收前集中储备生活用品的时间段,村级商店营业额一般高于平时水平。综合以上两点考虑,8 月营业额至少应占对外公布总交易额的 1/8,但 2.24% 的实际占比却远远不及。由此可推断,935 万元是淘乐为给委托方交差而设计的一场"数字游戏"。

8 月周销售额				
组别 日期	1 组	2 组	3 组	各组销售总额
8 月第一周（8.1—8.7）	6272.2	19352.3	7873.1	33497.6
8 月第二周（8.8—8.14）	14801	14768.2	13071.9	42640.6
8 月第三周（8.15—8.21）	18425	20816.4	10389.3	49630.6
8 月第四周（8.22—8.28）	17375	19513.4	11976	48864
8.28—8.31	13884	18554.7	6736.7	39175.8
本月度总销售额	70757	93005	50047	213809

图 6 - 1　淘乐销售额统计（2016 年 8 月）

资料来源：淘乐公司行政人员发布于钉钉日志的数据截图。

从农产品上行的情况来看，随着农村电商企业的崛起，业内逐渐形成了一种以"农产品上行"为主要着力点的发展取向，"不以出货为目的的农村电商都是耍流氓"的打趣，这恰恰是农村电商关心农业发展的真实反映。就目前全国的市场情况而言，出货量最大的还属淘宝、京东、苏宁等一线电商平台，后起之秀或依靠特色能够获得立足之地，但对于农民而言，出货才是王道。

利用电商出货，可能成为提高农民收入的重要手段。2015 年，古木县以板栗、山楂为代表的经济林栽植面积达 93.7 万亩，各类干鲜果品产量达到 53 万吨。然而，农民从经营农产品中所获利润微薄，以板栗销售为例，在红火了几年之后，近年的板栗市场持续低迷，2015 年从农户手中收购的均价竟不足 4 元。不接受低价，就只能让板栗烂在地窖里。可 4 元的低价几乎不能补足农民在经营过程中的人工成本：拔草、修枝、捡栗子等，因而越来越多的农民放弃土地，涌入城市。对比而言，在北京、天津等城市经加工后的板栗（糖炒栗子）市价则在 13—20 元之间。

在出货前，保证和提高农产品的产量是解决农民收入的直接手段，《古木县国民经济和社会发展第十三个五年规划纲要》（草案）中指出，2020 年，全县贫困村新栽种果树 100 万株，发展"果药间作"模式种植中药材 1 万亩，种植食用菌 2000 亩，贫困户人股合作社达到 83 家以上，确保全县 33351 贫困人口全部脱贫。产量保障的前提下，电商可以作为古木县扶贫的重要手段之一，它们需要做的就是为充足的本地资源提供后续保障，为县域内特色农产品找到更多、更好的出路，协助政府实现农民在产量与价格上的双重增收。

为此，淘乐总结以往的电商模式及推广经验，针对农产品上行规划了 6 条渠道：依靠淘乐平台，开通专用于销售各地农副产品的特色馆；开通服务号，创建微商城；通过淘宝、京东等影响力较大的点上平台做农产品的销售与推广；直接与其他公司企业对接，实现 B2B 集聚；利用京津冀一带发展较为成熟的 APP，线上售卖农产品；设立 O2O 体验店，使人们（尤其是外地游客）能够以直接体验的方式了解农产品的口味及品质，在此基础上产生消费计划。

在以上的 6 条渠道中，3、4、5 条实际完全没有得到执行。第 1 条，尽管在淘乐平台上开通的农副产品的特色馆，但实际销量几乎为 0，除去十几箱苹果外，再无其他农副产品从此特色馆中售出。第 2 条，淘乐专门雇佣了一名员工负责服务号的日常推送，但每条推送消息的浏览量几乎不会破百，且大多是员工及亲属之间的分享，而推送内容主要是经营产品推广，与农副产品并无关联。第 6 条，淘乐在一层大厅设置了 O2O 体验店，摆设了相关的农产品，并配备专门的讲解员，但由于旅游项目并未启动，参观人数也是寥寥无几，毋庸提使消费者以直接体验的方式了解农产品的口味及品质，使之产生消费计划。

事与愿违，淘乐风风火火展开的农产品上行活动遭遇了十分尴尬的境遇。2016 年，淘乐开始对外宣称它将派各区组长到板栗产区的服务站考察，并依托服务站收购板栗，通过平台销往全国各地，再给服务站提成。这则消息让板栗产区的服务站站主很受鼓舞，他们准备借助平台把村庄附近的板栗以较高的价格运送出去，也想从中获益。

8 月中旬是当地板栗的丰收时节。作为此次电商全覆盖的主营业务，淘乐初步选取了两个村庄做市场调研，随后以 16 元/市斤的价格在平台上发布了销售"313 板栗"① 的广告。平台美工师一边做图一边抱怨，"人家弄好的糖炒栗子也就十几块钱，差不多的钱，怎么可能买你的生栗子？"果然，平台上的这则广告始终无人问津，线下也并未出现其他推广活动，导致实际交易额为 0。关于收购板栗，淘乐打出的口号是帮栗农寻找销路，但这在公司工作的员工内部却有着不同的说法。

> 收栗子，没地方销，另外就是钱儿高，没有利润。人家领导也没往那儿想，主要是政府问起了，好说话。你瞅瞅那个苹果，当时打着扶贫的口号，随随便便就收了，保障质量，就得重新挨个挑选，我们一没事儿了都去挑苹果。收购的农户里有一个是残疾人，卖的时候就都打的残疾人的口号，好像是 100（元）一箱。总共也没卖出去没多少，市级公司拉了 100 多件，网上有 10—20 件，让员工一人买了一件，另给员工每人发了 1 件。最后，折腾了半天，赔了 1 万多块钱。②

农业品上行遭遇的困难既来源于市场的压力，也源于淘乐形式上的主动，实质上的消极。在平台上打出板栗广告的时期，淘乐实际并未主动寻找任何买家。总体来看，目前淘乐遭遇着物流配送不及时、供货来源不稳定以及销售市场未打开的重重困境。至 2017 年初，淘乐公司每月交易额降至万元以下。5 月以后，线上订单几乎为 0。与此同时，公司大幅裁员，10 月份公司员工仅剩 3 人，店面勉强维持开张。

---

① 一种优质的板栗品种，比普通板栗成熟期较早，且价格往往较普通板栗高 2—3 元/市斤。

② 访谈对象：元宝，访谈时间：2017 年 10 月 10 日，访谈地点：古木县。

翌年 10 月，淘乐公司从原址撤出，从此销声匿迹，290 家挂着淘乐统一标识的村级服务站无所适从，农村电商全覆盖计划终究成了一场幻梦。究其原因，主要可从以下三方面展开。

（一）地方政府重视指标落实，全覆盖方案设计成本偏高

第一，地方政府重视指标落实。在全覆盖方案的指引下，290 个村落全部需要开通服务站，但部分村落原本未设商店。在这些村落中，少数服务站由村民主动成立，大多数则由当地村委临时组织成立。这类服务站的场地多由村委会提供，经营者或是村干部，或是经村委会"做工作"而加入的村民。他们大多缺少管理经验，这无形中加大了方案承接方的管理成本与实施风险。

第二，"全覆盖"推高了物流成本。古木县山峦重叠、沟壑纵横地形与"全覆盖"的政策要求相碰撞，使得商品配送中的物流成本极高。在现有物流体系下，公司很难平衡配送效率、物流成本、服务站站主满意度之间的关系。

> 送货最远的地方开车要三四个小时，有些地方山路、弯路特别多。一般都是去 2—3 个人，工钱得 30—40 元/人/天，现在油钱也涨，油费从县城到村里来回就得 130 块左右，还别拉忒重的货，这都 200 块没咧。再说大多数服务站，一回的订货量很少，所以几乎都是亏本。这样，就算政府有些补贴，又能维持多久呢？①

为什么在可预见的重重困难下，淘乐公司还要坚持参与其中呢？对此，我们可以在相关政策中窥见一二：2016 年商务部公布了电子商务进农村综合示范县名单，每个示范县将获得 2000 万元的财政资助，

---

① 访谈对象：李梓，淘乐公司配送员，访谈时间：2016 年 12 月 10 日，访谈形式：电话访谈。

用于兴建村级服务站、完善当地的配送体系及加强农村电商培训等。[①]
古木县所在地级市另一个管辖县入选，这使得周边县域大受鼓舞，淘
乐公司在这种刺激下也开始规划，等待古木县入围国家示范县，享有
相关资助。然而，周边县域陆续进入名单，古木县却因种种原因一直
未能入选。

（二）企业定位不清、能力不足

淘乐作为一家商业公司，盈利是它的主要目的。当经济性与社会
性难以调和，甚至发生冲突时，淘乐公司选择了前者。在农产品上行
的尝试中，淘乐公司为避免承担市场风险，仅在平台上发布出售板栗
的广告，并未做出更多尝试，致使最终的线上交易额为 0。这种结果
在员工内部得到了一种解释，即"没处销，没利润，不想做，之所以
做，是为了外人问起来时，好说话"。[②] 在某种程度上，淘乐公司是诸
多在压力之下开始显现畸形服务理念的农村电商的一个缩影。由此可
见，淘乐公司并未主动发挥服务功能，定位不清。

相对于城市居民的消费情况，农民要么买不到，要么买得贵。按
照设想，这正是平台可以提供的服务。电商平台之所以突出"平台"
二字，主要是因其起到了一种"搭架子"的作用。换言之，平台需要
大量的商家入驻，而商家入驻的前提条件是平台是否有充足的流量，
也就是消费者。[③] 因此，吸引流量成为平台的关键问题，而针对平台
的前期烧钱式推广与紧随其后的消费者信任度的建立与维护是淘乐未
能完成的。

由于组建者同时经营一家电器城，淘乐公司转而求简，在未经需
求调研与招揽商户入驻的情况下，将电器城作为平台主要的商户，平

---

① 详情参加《2014 年、2015 年、2016 年电子商务进农村综合示范县名单》http://www.
mofcom. gov. cn/article/zt_ dzswjnc/lanmufive/201705/20170502572784. shtml；2017 年电子商务进农村
综合示范县名单，http://scjss. mofcom. gov. cn/article/af/zc/201708/20170802630135. shtml。

② 访谈对象：元宝，访谈时间：2017 年 10 月 10 日，访谈地点：古木县。

③ 邵占鹏：《农村电子商务中的空间压缩与价值》，《学习与探索》2017 年第 2 期。

台与电器城在业务上相互混淆。为吸引客户,平台上推出的产品多为实体店中的"特价款",另外,平台还会通过网络批发平台或其他方式选择采购低价的产品,在未充分验证实用性与效果的前提下,直接以"大促销""大减价"的方式出售给乡村消费者。这些营销策略并未从根本上解决农民"买不到,买得贵"的问题;相反,这种未做足准备的"价格战"在短时间内把价格便宜而质量低劣的产品销入农村,导致农民对这些本就抱有怀疑的新鲜事物丧失兴趣。

除了产品单一且质量参差不齐,货源是困扰公司发展的另一大因素。在古木县,淘乐的主要竞争对手是传统商业中的批发商,这些商人与厂家有良好的合作基础,能够以相对较低的价格获得充足稳定的货源。相反,淘乐公司与供货方无合作基础,且订货量有限,很难赢得厂家信任,获得与批发商一样低的进货价。遇到特殊时期,淘乐还会从批发商手中进货。货源不稳定,价格不敏感,导致淘乐公司与服务站、消费者的关系尴尬,比如在它开展的"优惠大酬宾"活动中的产品价格很可能高于当地的市场价,这使得它与服务站以及消费者之间的信任关系很难搭建起来。

交易双方信任关系难以建立的另一个因素是,人们对在线上即时付款的方式接受度低。作为批发商与消费者中介的商店店主习惯货到付款,部分会延时支付,即采用赊销—赊购的方式完成交易。在赊销—赊购的交易中,商店店主不仅获得了流转资金,还与批发商建立起持续性的市场关系。① 商店主—消费者与批发商—商店主的关系相似,一旦遇特殊情况,如消费者忘记带钱或手头紧张,商店主可以依据以往的交易经历快速形成对消费者的判断,选择是否以赊销—赊购的方式完成交易。这类交易因充满人情味而在交易双方之间构建起一种深厚的信任关系,这种关系是即时支付的网上交易难以构建的。服

---

① Clifford Geertz, *Peddlers and Princes: Social Change and Economic Modernization in Two Indonesian Towns*, Chicago: The University of Chicago Press, 1963, p. 36.

务站站主向负责配送的员工提出赊购要求时被一口否决了，而公司后续也并未对此做出任何设计。

从人员培养的角度来看，在发展成熟的电商企业中，从业者可以通过创造财富实现身份转型，并获得外界的认可与尊重，但淘乐公司的员工却很难收获自我实现与他人认同。笔者曾经目睹淘乐公司骨干王强的妻子到公司"闹事"，她大声数落丈夫总是加班，不顾家庭，并要求王强立即辞职。争吵后的一周，王强办理了离职手续。离开前，他和另一位员工提起离职的主要原因不是与妻子争吵，而是在淘乐没有"盼头"。这之后又有其他员工陆续离职，理由包括薪资待遇低、家人不支持、服务站出难题等，甚至还有一部分员工是"被动"离职。显然，淘乐公司未能对员工的付出给予相应的回报，在员工遭遇困难时未能及时给予支持。此外，在获得他人认同与自我实现方面，公司也未能给员工充分的信心和希望。上述困境都在很大程度上限制了淘乐的发展。

（三）配套设施不完善，技术支持不充分，与村民购物惯习不匹配

从产品上来看，农产品通常具有时效性，这使它们在储藏和运输等方面比工业品要求更高，古木县的主打农产品板栗也是如此：一般而言，如无现成买主，成熟的板栗会在专门的冷库中储存2—3个月，这样板栗的甜度会逐渐增加，而储存费用也在可以接受的范围内。一旦超出时限，存储费用增加，板栗的甜度下降，甚至存在"烂在手里"的风险。然而，当地配套设施的建设并不完善。

第一，冷库建设成本高，冷库数量有限，标准化比例低，存储费用高。为应对这一问题，县政府加大了对板栗合作社的补助，特设冷库建设补贴费，并将一个指标分给了卢向阳所在的合作社。但几位合伙人商量后，决定放弃这个指标：

我们这儿已经有了现成的冷库，但这个不达标，政府让你啥规格,你就得啥规格,要是国有土地,还要有一定面积。可实际上不是小事儿,连买地方,再盖房子得多大开支。都没啥钱儿,所以给我们两回指标,都没弄。[①]

第二,许多农村的流通成本仍然偏高。一般来看,农产品流通要经过"产地收购—中间运输—销地批发—终端零售"四个环节,每个环节要加价10%—15%不等。据统计,农产品"从田间地头到百姓餐桌"这一流通过程中,流通成本占到终端销售价格的1/2,甚至2/3。[②]由此可见,冷藏设施、物流体系的滞后和相对较高的成本加大了板栗等农产品流通的难度。

在淘乐的规划中,产品的来源主要应从县域内购得,将县域农村电子商务服务站与城市实体店实施有效链接。以"实现县域工业品、日用品、农产品等所有产品的互通"为口号,淘乐着手让县域商家实现O2O商业模式,为县域商家打开农村消费市场的大门,试图实现"互联网+县域经济"的整体发展。在互联网时代,传统商场面临着越来越大的生存压力,在一般意义上,淘乐的O2O商业模式的确实现了发挥实体与电商、线上与线下的融合,有助于慢慢改变用户的消费行为和习惯,迎合"消费侧到供给侧结构性改革"新商业形态。但事实上,面对商流分散的困境,目前并未形成系统性的物流体系。主要原因有如下两方面:

一方面,县域内的商流分散。县内的诸多产品经销商各自拥有独立的库房与配送体系,且相互之间并不融通。例如,经销商A、B、C都要给经营者D配送各自的产品,传统的配送方式存在以下两种问题。第一种情况,A、B、C需要分别安排人员、车辆进行配货,如此

---

① 访谈对象:王润田,访谈时间:2017年1月27日,访谈形式:电话访谈。
② 吴海民、张全红、李响:《基于农产品"最后一公里"流通模式的思考》,《价格月刊》2012年第9期。

一来，资源叠加、重复浪费。第二种情况，当为 D 配送的货品盈利难以抵足经销商的配送成本时，经销商可能会为争取长期合作而自负亏损以实现及时配送；更多情况下，他们会采用"拼单"的方式，当总订单积攒到一定量时集中发货。前者使经销商利益亏损，后者则使流通效率大打折扣。为此，淘乐公司试图整合商流，劝导经销商将产品上线，再根据线上订单集中配送，使经销商关注销售、电商负责物流，从而降低运输成本、提高配送效率。但经销商大多拥有独立的库房与配送体系，不愿再投入成本和精力，这使同城物流体系难以搭建。

另一方面，乡村物流体系缺少"集散点"。整体配送范围很广。为了实现农村网点的全覆盖，淘乐公司在 297 个行政村全部建立服务站，但提供长期运送服务的货车只有 3 辆，每辆车至少配备 1 名司机，2 名业务。公司在线上接到订单后，根据订货点的位置紧密程度和订货量确定运送路线。这种安排在很大程度上限制了配送效率，体验店的订货少则三五天，多则十几天才能送到，这引起了体验店店主的不满。

在某些情况下，尽管忽视效率安排集中配送，淘乐公司还是因单线运输路线太远等问题长期处于亏损状态。淘乐公司在县域内建立的服务站中，最远的需绕路约 100 公里才能到达，这种远距离使得配送成本过高。①

> 送货最远的地方几乎挨着北京，关键是那边就一个地方，订货量很少，肯定亏本。还有潵河的大山（村）、大杖子、蘑菇峪那边，沟角都特别多人工、运费成本很高。另外，从一开始到最后，公司进货都贵，你说从二批手里拿货，还能便宜？进货成本那么高，送货还不敢加价。比如方便面 50，卖 50.5，运费都出不来。有一回，可自己使大车从沈阳往回拉大米，进价合到 110、

---

① 赵旭东、张文潇：《扶助农村电商 实现乡村振兴》，《中国社会科学报》2018 年 3 月 28 日。

120，到家一袋卖 130，再从咱们这到村里。运费就别说了，人工钱呢？我一个车配 3 个人，一天多少钱呢。所以说啊，送货几乎都是赔钱的，少送少赔。①

尽管如此，淘乐延时到货的配送方式仍未能得到用户认可。一方面，在乡村传统的市场体系中，造成消费的需求本身多是即时性的，比如"炒着菜才发现没酱油了"，这瓶酱油一般是通过当地商店直接购买，而非线上订购。另一方面，因产品生成的其他需求也强调时效性。

给县管领导们提意见了，老百姓买电器都是一手钱，一手货，习惯了，都想弄回家显摆显摆，大家伙也都看看，咱们倒好，本县还得等几天，大家的热情劲都淡了，七言八语，说啥的都有了。②

从信息与技术的基础设施来看，流通问题的本质是在原有覆盖全国的供销社系统解体之后，如何利用新信息基础设施和大数据新技术重构城乡物流网络的问题。③ 以信息化技术为基础发展起来的农产品电子商务被认为是解决农村贫困地区农产品供求结构失衡、农民收入持续增长乏力的重要路径之一。④ 但就古木县而言，部分服务站，尤其是为响应县政府号召建立的服务站缺少与设备相配套的网络支持。其中，一些服务站是由于村落整体网络信号较差，另有许多则是因为

---

① 访谈对象：宋伟，淘乐公司员工，访谈时间：2016 年 12 月 10 日，访谈形式：电话访谈。
② 一位服务站站主在淘乐公司搭建的线上交流群中的发言，2016 年 4 月 25 日。
③ 陶君成、潘林、初叶萍：《大数据时代城乡物流网络重构研究》，《中国流通经济》2016 年第 11 期。
④ 张弛、宋瑛：《农产品电子商务研究新进展：行为、模式与体系》，《中国流通经济》2017 年第 10 期。

店主不愿额外支付宽带费用造成的。如此一来，这些服务站就成了摆设。

即便技术设施完备，当前中国农产品流通的信息化水平也普遍较低①，农民对于电子交易方式的认识度、接受度和使用率也整体偏低，大多尚未实现借助信息化技术降低交易成本。② 据统计，采用电子交易方式的农产品市场仅占全部农产品批发市场的 9.23%。③ 从板栗在淘乐平台上惨淡的交易额也可见，以此为基础的农村电商，尚不足以作为拉动农业升级、农村发展和农民增收的新的引擎。

农民不愿借助平台和技术展开交易的一个原因是，人们注重消费过程的实体感与互动性，他们习惯现场触摸布料的质感、观察食材的新鲜程度、判断烟酒茶糖及其他各类消费品的品质等，并根据个人感受与卖家讨价还价，这种实体感与互动性使他们在消费的过程中享有更多主动权而更加放心笃定。事实上，平台可以以物美价廉的产品为切入点建立与用户的信任关系，培养用户消费习惯，增加用户对延时到货的接受度，但它从最初便放弃了这个机会。由此，古木县"农村电商全覆盖"不过是发生于城乡流通领域的一场逐梦之旅。

第三节　电商圆梦的实现途径

农村电商全覆盖是手段，实现城乡市场体系转型与良性发展是目的。从古木县农村电商全覆盖实施过程中遭遇的困境可见，要促进城乡流通体系的良性发展，促进城乡融合，实现从逐梦到圆梦的转化，需要充分认识并调动多元主体的能动性。

---

① 薛建强：《中国农产品流通体系深化改革的方向选择与政策调整思路》，《北京工商大学学报》（社会科学版）2014 年第 2 期。

② 陈君：《农村消费升级背景下城乡双向商贸流通服务体系构建》，《改革与战略》2015 年第 7 期。

③ 邓智翰：《如何建设"双向流通"的城乡商贸体系》，《人民论坛》2017 年第 26 期。

一 地方政府：因地制宜，科学引导

农村电商的发展确实为许多地区注入活力，带动了本土社会的发展，帮助农民实现了身份转型。在此过程中，政府自上而下推行的政策指令，发挥了至关重要的作用。具体而言，乡村社会的变迁促使传统村落无法满足村民的需要，而这种功能性需要可以在政府的引领下得到满足。以古木县的板栗市场为例，农民无法凭借自身力量为农产品寻找稳定可靠的销路，这或许需要借助政府的力量来实现。借助，不等同于依赖。反之，政府对于农村电商以及农村发展的指导，需要因地制宜，科学规划。

第一，科学选点，逐步推进。动员村级力量，指导督促淘乐公司针对 290 个村落完成基础情况调查，综合分析利弊，选出试点村落，逐步跟进推广。第二，因地制宜，尊重多元。对于不具备开通服务站的村落，应暂缓开通或不开通，另允许村级单位自主选择是否开通，不做强制要求。第三，引进专业人才，遴选实施主体。注重实施主体选取的专业性与科学性，可借助专业人才对参与竞选的实施主体展开评估，最终选出定位准确，且具有相关能力的农村电商平台。第四，完善过程监督，及时引导帮助。对于已选定的农村电商，要全程监督计划开展情况及实施效果，帮助其解决现实问题，避免"面子工程"或"数字游戏"。

二 农村电商：找准定位，提升能力

一旦抓住契机，作为中介的农村电商既能实现自身盈利，还能参与国家政策的执行，更好地服务城乡居民。在这一过程中，电商公司应明确自身定位，在实现企业价值的同时，承担社会责任，推动城乡流通体系的和谐发展。关于淘乐公司的失败，一位参与者展开分析：

淘乐的初衷应该是把下面（乡村）的产品运上去（城市），把上边的商品运下来，但都没做到。他们没有稳定的市场，农产品卖不出去。从外边来的东西呢，在价格上，拼不过淘宝；在配送上，赶不上当地的商店；在灵活性上，比不上传统的经营方式，比如赊销之类的；在服务上，比不上批发商，员工素质一般，送货来两三个人，不如批发商派一个人来，摆货整齐、明白。①

由上可见，农村电商应弥合城乡"差得多，差得远"的收入差距。实际上，农民并非没有致富的资本，而是这些资本有待转化和挖掘，比如传统农民赖以为生的农产品。为此，电商公司应着力开展农产品上行的业务，对从田间劳作到上桌食用整个过程进行监测，使农特产品特色化、标准化、品牌化，进而消除客户对农产品安全方面的疑问，扩宽销路。②

关于工业品下行，农村电商首先应对焦用户需求，选定产品后要寻找可靠的商家与稳定的货源，主动争取价格优势。作为县域电商，应借助互联网，跳出县域，加强与其他地区的合作，在前期做好市场调查，把握同类产品在市场中的整体价格水平，了解不同经销商家分别对同一产品所做的定价，货比三家，遴选优质商家，并以优惠入驻、提供服务等方式吸引商家入驻平台。其次，了解经销商所在地及货品配送方式，争取为入驻商家提供线上集中订购，线下集中配送的服务，从而减少运输等中间消耗。最后，要发挥平台优势，联合入驻商家开展活动，吸引客源；同时，还应做好质量保障的工作，解决农民网上购物的后顾之忧，循序渐进，帮助农民获得与城市居民相同的消费待遇。通过品种齐全、物美价廉的产品交易，引导农民接受原来生产生

---

① 访谈对象：张静水，访谈时间：2019 年 8 月 25 日，访谈地点：小豆庄。
② 吴海民、张全红、李响：《基于农产品"最后一公里"流通模式的思考》，《价格月刊》2012 年第 9 期。

活必需品以外的其他商品,与此同时,形塑其消费观念乃至生活观念。其中,最关键的是在人才队伍建设方面,农村电商应注重对专业电商人才的培育与支持。在开展专业指导的同时,尊重电商从业人员的主体性,在待遇上满足从业人员的生存生活需求,在精神上支持他们全面发展,帮助相关从业者获得社会认同,完成自我实现。

三 完善配套设施,加强技术支持

黄宗智曾指出东亚型农业合作社对中国搭建农产品纵向一体化物流的借鉴意义,这一体系的搭建可能有赖于基于社区而层层上延的合作社以及政府当作公益性服务而投资、设置的大型市场,后者具有冷藏和电子信息化服务。[①] 由此可见,城乡之间物流体系的沟通需要货物的集散点、市场及设备。古木县在实现农村网点全覆盖的建设中,最远的服务站距公司约 100 公里,这意味着配送货物的点多、量少。集中程度不足会加大电商的物流压力,加之长期提供运送服务的货车只有 3 辆。由此可见,农村"最后一公里"的物流体系仍是一个难题。破解这一难题或许并不是在每个村落设置服务站,而是根据人群集中程度、消费需求等建立真正能够发挥作用的货物集散点。

尤其对农产品流通而言,农村电商应依托现有的仓储物流基础以及过去积累的经验建立现代化仓储及冷链物流仓储配送中心,构建农村物流配送体系,充分利用现有邮政、商贸流通等第三方物流企业资源,建设真正能发挥作用的货物集散点:通过建设或改造,县、乡(镇)级物流配送中心转而成为承上启下、布局合理、高效顺畅的一体化配送节点,"农村电子商务服务站"则逐渐成为村级物流配送的服务网点,帮助村民代收快递,代发货品。由此搭建的工业品下乡和农产品进城的双向流通渠道,既实现了县域内部的城乡互动,还助于

---

① 黄宗智:《怎样推进中国农产品纵向一体化物流的发展?——美国、中国和"东亚模式"的比较》,《开放时代》2018 年第 1 期。

本县与外地的良性互补，最终解决农村"最后一公里"问题。此外，要引入充足的技术设备，还要配备相关人员以提供持续的专业支持，逐渐提高农民对于电子交易方式的认识度、接受度和使用率也整体偏低，从而借助信息化技术降低交易成本。

第四节　电商逐梦中的融合与分离

融合与分离是城乡市场体系中的两种主要取向。农村电商的出现与推广，可以被视为是一种对市场体系的调整，即由分层转向平衡，由分离转向融合。伴随着农村电商而来的是，"工业品下行"和"农产品上行"对计划经济时期"供"与"销"的取代与转型。从两个新表述最初的含义上来讲，并非界定工业品与农产品的上下关系，而是特指通过电商平台，将农产品放置到"线上"交易，争取通过网络系统将其销至更广的范围，并多将农产品上行作为主导业务。但在具体实践中，农村电商多存在逐利的心态，更多是希望以"工业品下行"的方式抢占农村的消费市场。此时，由工业品下行和农产品上行构建起来的电商与农户之间的市场关系再次出现分层，电商处于上位，农民处于下位，市场体系导向分离。

事实上，不论是供与销之间的数字差价，还是城乡交换中的"剪刀差"，都是有关数字的极致体现，它们既呈现了城乡市场体系中分离的趋势，也暗含了对分离的反省与警示和对融合的渴望与努力。在互联网技术发展的社会转型背景下，现代的城乡市场体系更像是嵌入到了一个数字世界之中，对数字的呈现与管理方式将导向新一轮的融合或分离。在设计并卷入一场场"数字游戏"后，淘乐公司终究走向了衰落。在此类游戏中，淘乐公司既充当了游戏的设计者，也因无法厘清数字与现实的关系而最终演变成为游戏的淘汰方。数字如何在平台上呈现，并非由农民决定，数字之后的市场是其中的关键。在这种意义上，能够真正操控数字的主体才是市场上的赢家。就中国整体情况而言，农村电商可能会成为加强市场融合，实现城乡流通体系转型与良性发展的载体，但古木县的案例为我们提供一则警示：在特定的时空场景下，农村电商或许会成为加剧城乡流通体系分离的新因素。

第七章　结论

乡村是映射中国的一面镜子。在文化转型的当今时代，对乡村社会做出理解变得尤为重要。随着现代化与城市化的展开与推进，乡村呈现了许多新的"问题"与发展。在追求对它们做出理解的过程中，基于对以往关于中国乡村所展开的实践，我们要以历史性、开放性与日常性的眼光来看待农民与其生活世界的双向互动。乡村的供销关系为我们提供了这样一种可能，透过它，我们得以探观市场中的左与右，供销中的上与下，城乡关系中的得与失。在这种循环往复的摆动中，尝试探寻一条适合中国乡村供销体系发展的道路。

第一节　市场中的左与右

在文化转型的大背景下，学者围绕本土社会展开的反思出现分流，许多人在研究立场的选取上存在着"左"与"右"的分野。左与右，一般用指政治上的激进与保守：右派的政治倾向于现实主义，其基础是遵循实际的客观性原则，左派的政治倾向于理想主义，其基础是尊重理性的合理性原则，前者从现实出发去建构社会，后者从应当（未来的向往）出发去规定现实。在此，"左"意味着带有理想（计划）主义取向的选择与行动，"右"意味着秉持客观（自由）主义的立场与实践。

在实践中，"左"与"右"相互区别又互相转换，因而我们将避免果断地对"左派"与"右派"做出界定，而是指出不同的实践选择较多地带有"左"或"右"的倾向，而这些都是需要我们注意的。尽管左、右存在区别，但同样存在合理性与非合理性，并且在实践中交错混合、互相转换。基于此，吉登斯提出超越左右的第三条道路①，以促使社会按其本性（社会的自然）要求发展。②

具体到经济领域，也存在关于"左"（计划）与"右"（自由）的选择的讨论。张小军就曾论证，经济改革不应以私有化和自由市场为方向，也不能回归计划性市场，而应寻找自由市场和计划性市场两端中间的合适平衡态。③ 这显然也是一条超越左右的第三条道路，意味着回归到市场本身，倡导一切选择要依循其本性与规律。由小豆庄区域的板栗流通，我们可以直观感受中国的市场经历了由开放到计划，再由计划转向开放的过程。在计划经济时期，市场中经济主体的能动性因受到压制而难以发挥，在这种压力之下，行动主体仍会通过各种方式获得自身经营的合法性。但这种限制性在很大程度上限制了多元经济共同发展与繁荣的可能。进入市场经济以后，行动主体逐渐获得自由，但如果不对这种自由进行理性而全面的宏观指导，必将导致另一种形式的混乱无序和失效低能。无论是在严密的计划之下，还是在相对自由的市场当中，人们的观念都通过日常实践而得以调整，反过来它也时刻形塑着人们的个体行动与相互关系。因此，可见构建良性有序的市场的重要性。

---

① 第三条道路，是吉登斯基于全球的政治理念的选择所提出的。在他看来，世界纠缠于各类理念的选择中，并为这些选择所有，而在当今社会全球化的大背景下，吉登斯认为那些极端化的政治理念会逐渐失去世界上大多数人的认可，并提出了介乎资本主义与社会主义之间的第三条道路。参见赵旭东《结构与再生产——吉登斯的社会理论》，中国人民大学出版社 2016 年版，第 189—227 页；另参见赵旭东《不走极端才会良性发展》，《社会科学报》2016 年 7 月 14 日第 003 版。

② 陈兴华：《社会的自然——论吉登斯超越左右的政治》，《浙江学刊》2006 年第 6 期。

③ 张小军：《文化经济学的视野："私有化"与"市场化"反思——兼论"广义科斯定理"和产权公平》，《江苏社会科学》2011 年第 6 期。

　　关于市场是左还是右的选择，在很大程度上取决于国家与社会的关系，是选择国家自上而下的计划与秩序，还是社会自下而上的自由与竞争？事实上，二者的关系始终是一个经典的研究主题，围绕这个问题，西方曾有过大量论述。在全球化和现代化进程不断推进的社会背景下，这些观点和理念逐渐被引入中国。自 20 世纪 80 年代起，这类二元的分析视角已经成为一种阐述中国社会变迁的内在动力的重要范式之一。随之展开的是对这一范式的反思，中国可否存在西方意义上的社会？具体而言，在西方的概念中，国家与社会是二元对立的关系，对比而言，中国的国家与社会更趋向于是一个统一体。正是基于这种统一体的认识，我们探讨如何协调国家与社会的关系。简言之，国家要不要计划以及如何计划的问题。

　　国家与乡村社会始终维持着互动关系，这种关系时而紧密，时而松弛。传统的统治者就很难将权力直接延伸到基层，他们要想针对基层民众执行计划，必须通过一个代理的阶层——士绅。士绅在中国传统社会中起着上传下达的作用，在皇权和基层民众之间起着一个协调者的作用，是二者之间的"缓冲夹层"。通过这些"代理人"，皇权才能实现对人民统治权的最终落实，比如税收。可以说，县级政权以下的管理权都是由这些乡绅引领下的自治来完成的。[①] 秦晖将其表述为"国权不下县，县下惟宗族，宗族皆自治，自治靠伦理，伦理造乡绅"。[②]

　　随着封建社会的逐渐瓦解，传统的士绅阶层衰落。民国时期，国家在基层的代理人分为"保护型经纪"和"赢利型经纪"两种。传统的乡绅一般以农村社会代表的"保护型经纪"的身份出现，然而在赋税繁重的时期，他们无力兼顾地方社会和国家两方的利益而被迫隐退，其位置被"劣绅"所代替，这些劣绅就是所谓的"赢利型经纪"。"赢利型经纪"不再顾忌地方社会的利益，而是利用代理权力谋取私利，

---

　　① 吴晗、费孝通等：《中国士绅》，《观察社》1948 年，第 3—7 页。

　　② 秦晖：《传统十论——本土社会的制度、文化及其变革》，复旦大学出版社 2004 年版。

这就导致了国家与基层之间矛盾激化。另外，税收的增加跟不上基层行政成本的增加，税收效率无法提高，最终导致了基层政权的"内卷化"。"内卷化"反过来使得民国政权无法有效地进行财政汲取以进行工业化建设。[①]

新中国成立以后，乡绅逐渐丧失了传统地位，国家和基层民众之间的屏障就彻底被打破了，此时贫下中农委员会与各类合作社成为了国家政策在基层的有效执行者。[②] 1956 年中国展开了轰轰烈烈的合作化运动，并最终形成了人民公社、生产大队和生产队三级基层政权。与此同时，国家逐步完善了农村地区的供销系统。通过严格的市场把控，工农业的"剪刀差"得以实现，加之各类农业赋税，使得农村的资源成为中国工业化的原始积累的重要构成。

改革开放以后，邓小平等引导了市场经济的推进，提出"在公有制基础上有计划的商品经济"。1987 年，邓小平再次提出："计划和市场（自由）都是方式，只要对发展生产力有利，就可以用。我们以前是学苏联的，搞计划经济。后来又讲计划为主，现在不要再讲这个了。"[③] 随后召开的十三大阐明社会主义有计划商品经济体制应是"计划与市场内在统一的体制"，提出"计划经济与市场调节相结合"。此后，市场逐渐取代计划而成为商品流通领域的核心。

在全球化、现代化与城市化全面展开的背景下，市场经济在某种程度上取得了相对于计划经济的优越性，但同时仍存在诸多亟待解决的现实性问题。具体而言，乡村社会的变迁促使传统村落无法满足村民的需要，而这种功能性需要可以在政府的引领下得到满足。从小豆

---

① 杜赞奇：《文化、权力与国家——1900—1942 年的华北农村》，王福明译，江苏人民出版社 1996 年版，第 226 页。

② 赵旭东、张文潇：《乡土中国与转型社会——中国基层的社会结构及其变迁》，《武汉科技大学》（社会科学版）2017 年第 1 期。

③ 邓小平：《计划和市场都是发展生产力的方法》，《邓小平文选》第 3 卷，人民出版社1993 年版，第 203 页。

庄板栗流通体系的发展过程来看，20世纪50年代至90年代，农村经济作物的收购几乎都是由供销社垄断，然而90年代以后经济体制的快速转向使得卷入其中的各类经济参与者一时没有一条可供直接迈进的道路，从高度限制到突然自由，各自摸着石头过河。在这种情境下，谁也无法预料哪一步是正确或错误的需要国家的引导调控。

总体来看，关于计划（左）市场与自由（右）市场的设想虽然明显区别，但其可以归结为一个硬币的两个面，二者都是建立于理性的基础之上，尽管理性的具体内容和呈现方式不尽相同：自由的市场经济则构建在市场中的人们都持有追求个人利益最大化的倾向；计划经济这一体制的人性假设过于高远，具有理想化的特点，把人作为技术的对象，达到某种目的的手段。[①] 正如阿兰·迦耶基于莫斯的两部作品《礼物》《对布尔什维主义的社会学评判》所得出的结论，"如果人不能被化约为经济人、不能被化约为维护个人利益的冰冷机器，那么也不应该进而走到相反的极端，强迫人成为利他主义者，否则就只能以暴力和屠杀大众告终"。[②] 若想构建一个良性有序的市场，就需要从或左或右的二元选择中跳脱出来，探寻一种介于两者之间的和谐状态。

第二节 供销中的上与下

新中国成立后，国家全面控制市场，促进经济复苏和发展。为了实现这个目标，建立了两个关键性的组织，即国营商业公司和供销合作社，旨在通过二者，恢复和引导商业活动。其中，供销社总体负责乡村地区的供销业务。费孝通先生曾提出，中国要强盛，首先要使农村不断有大的变化，农民富裕起来过上好日子。中国基本的社会结构

---

① 钟祥财：《计划经济的技术和市场经济的价值》，《学术月刊》2012年第4期。
② 阿兰·迦耶为《礼物》所作的中译本导言。

和生活方式都根植于农村这个乡土社会。这是中国的国情。①② 就农村地区的经济发展而言,让农民富裕起来,首先需要确保流通体系维持的和谐状态,保证供销平衡。

何谓供销平衡? 由上文提及的刘少奇认为供销社为农民"应该办"而且"必须办"的三件事可见,供销是一对平衡的关系,在二者不能同时满足的情况下,应该努力保证农产品的外销渠道,而非外来产品的供应。但事实上,在新中国成立之初,供销社主要是充当了帮助国家从乡村汲取资源,实现原始积累的重要媒介。为了实现社会主义工业化的目标,国家在经济政策上偏重城市与重工业,积极推动农业集体化。随着农业的社会主义改造与各类农产品的统购统销的展开,供销社的优势地位逐渐显现。对农业社会主义改造经历了互助组、初级社、高级社三阶段后基本完成,这类改造为供销的垄断性提供了物质基础,商业不再是个人与个人或集体之间的对接,而是集体对集体,生产大队在很大程度上确保了供销社的"供"与"销"。

一方面,是国家希望通过对重要农产品和其他物资的计划收购和统一收购来保障城乡重要物资流通的畅通;另一方面,计划导向的发展以及一边倒的优势使得供销社很难真正实现兼顾刘少奇意义上的"推销"与"供应"而忽视甚至压制农民的个体需求。农民买不到紧缺的农资,而他们在生产队挣工分不足以支付基本的生存成本。在这种情况下,出现了公开地或隐蔽地企图摆脱国营商业、供销合作社的领导,甚至摆脱生产大队的领导。这意味着农民对大队的生产活动的松懈甚至逃避,他们想办法来将原本应该在生产队里劳作的时间和精力用于赚取额外的收益,比如小豆庄地区的居民就会采用"白天两手空空集市上见面,晚上送货到家"的灵活交易模式。

整体而言,从 20 世纪 50 年代末直至 90 年代初,极具本土涵义的

---

① 费孝通:《江村经济》,世纪出版集团 2007 年版。
② 费孝通:《志在富民:从沿海到边区的考察》,上海人民出版社 2007 年版。

供销社组织并未如其初建时的设想一般，完成供与销的良性互动。换言之，"供"与"销"本是一组在空间维度上对立统一的、结构化的概念，二者分别代表货物从外部买入和从内部卖出的两种交易流程，象征着交易双方在这个过程中享有的平等地位。但在计划经济对市场的极端控制下，交易双方在地位上发生了扭转，城市处于高位，乡村处于低位。此时，供与销也不再是在平行空间中，而是在立体空间中完成的：处于高位的城市可以表达它的需求，选择乡村销售给它的货物；还可以选择性地把由它生产的货品供应给乡村。对比而言，乡村更为沉默，它被动地接受着城市供应的产品，并源源不断地向城市输送资源。

就小豆庄区域而言，改革开放，分田到户，尤其是工商部门放松对板栗购销的管制以后，这种存在于供销体系中的上位与下位在形式上得到了消解。栗农逐渐在市场交易中获得更多的自由，他们可以根据市场行情自主决定把板栗销售给哪位栗贩或哪家公司，也可以用赚取的钱购买各种各样的商品。自主选择，是栗农进入市场经济后享受的充分自由，但也是他们面临的最大问题。经济体制的快速转向使得大多数栗农、栗贩还没来得及反应过来，就从高度的限制转向了自由。在这种情境下，谁也无法预料哪一步是正确或错误的。为保险起见，他们继续信任小豆庄供销社，然而最终却因后者的业务失败而造成了巨大的损失。

供销社解体后，小豆庄区域一时没有可供信任的收购团体或个人。实力强胜的供销社都纷纷解体，还有什么能够长久维持呢？这种怀疑打破了一度存在于栗农与栗贩之间"赊购—赊销"的交易形式。另一方面，政府大力支持下的板栗种植因供过于求而陷入一种"买方市场"，栗农无法左右板栗的价格，很难从栗树的经营中实现转型。从政府角度来看，政府为提高农民收入，鼓励栗树种植，但无力负担板栗的销售重任，又暂未找到其他可以提供给栗农的转型渠道；从栗农的角度来看，栗树从种植到收获，加之各类经营耗费许多成本，这使许多农民不舍得转型。退而言之，就算转型，也很难找到稳定的生计方式。既然被栗树"拴死了"，就只能接受这个让人难以捉摸的市场的安排。

农村电商的出现与推广，可以视为是一种对供销关系调整的尝试。伴随着农村电商而来的，是"工业品下行"和"农产品上行"分别对"供"与"销"的取代。从两种新表述最初的涵义上来讲，并非完全界定工业品与农产品的上下关系，而特指通过电商平台，将农产品放置到"线上"交易，争取通过网络系统将其销至更广的范围，并多将农产品上行作为主导业务。但在具体落实的过程中，目前农村电商多存在逐利的心态，更多是希望通过"工业品下行"的方式抢占农村的消费市场。此时，由工业品下行和农产品上行构建起来的电商与农户之间的供销关系再次出现分层，电商处于上位，农民处于下位。

第三节　城乡关系中的得与失

1956 年中国展开了轰轰烈烈的合作化运动，并最终形成了人民公社、生产大队和生产队三级基层政权。通过人民公社制度，国家实现了对农民的有效控制。作为改革开放后第一批到中国农村进行系统研究的美国社会科学家，弗里曼、毕克伟、塞尔登曾在书中再现了国家如何通过供销体系实现了城乡关系上的差等地位：国家的投资、物价、工资和福利政策对大城市地区给予优惠，但是广大的农村内地却丝毫享受不到。大多数集体农庄把买价压得很低，并且因为没有储备资金而从未对征用的财产按照允诺的价格付钱。反观财产被占的家庭，如果他们要求作出补偿，就等于让家人扣上右倾和反对集体农庄的罪名。[①] 人民公社制度使得国家的力量长驱直入地进入了乡村，通过工

---

① ［美］弗里曼、毕克伟、塞尔登：《中国乡村，社会主义国家》，陶鹤山译，社会科学文献出版社 2002 年版，第 268—269 页。

业和农业的"剪刀差"以及农业赋税，农村的资源流向城市，完成了中国工业化的原始积累。

改革开放以后，市场经济逐渐取代了计划经济，流通体系快速发展，尤其以城乡流通规模的扩大最为显著，借助现代化的交通运输体系与新媒介、新技术，除了面对面交易，人们还能通过网络实现线上的虚拟交易，最终实现物流、人流和信息流在城乡之间的快速流转。随着城乡流通体系的不断完善，传统的为国有（或集体）企业所垄断的流通体系发生转型，从农产品流通来看，社队—供销社—外贸公司的流通局面被打破，以生产者、代理商（代购/代售）、物流商、消费者为主的多元主体开始共同参与到了商品流通当中。

农村电商，在一定意义上说，是国家重新对城乡关系调整的一种渠道。随着互联网时代的到来，栗贩纷纷转向与农村电商合作，搭建新型流通体系。较为便利的城乡流通系统使人们的日常生活发生改变，流通方式及内容也形塑着人们的观念。就目前的研究成果而言，大多数的研究集中于电商及其带动下的物流体系的建立与完善对于城乡供销体系的积极作用，我则更加关注其消极效应。比如，快速的物流体系似乎不便于将保质期受限、单位配送成本较高农业品"销"到城市，只适用于把城市的轻工业品供给农村，而这些供应是否是农民真正需要的？就像供应给城市罐头的食品厂污染了村中的水源，人们纷纷转向喝桶装水一样，究竟是谁赋予了桶装水或瓶装水以魔力而使当地人情愿花费原本未必需要的成本呢？或许，电商会是加剧城乡供销关系失衡的新因素。①

在这层意义上来讲，农产品流通之所以成为问题，也是因为人们聚焦于乡村自身的问题，认为它亟待改造，而未能甚至不肯承认隐藏

---

① 赵旭东曾在《城乡关系的理想类型——基于一种文化转型人类学的探索》指出，目前的研究对于城市的忽视，并从城市出发，重新反思中国文明的独特性。在此基础上，构想城乡相互融入与包容的理想关系，该文载于《云南师范大学学报》（哲学社会科学版）2017 年第 1 期。

于表象之下的更为深层次的城乡结构关系的断裂。城乡关系的断裂所导致的差距与中国社会整体社会结构的转变,包括城乡关系的转变相联系。在这种关系的转变中,城市在单向度地榨取乡村。① 这种抽血的过程是在"极端发展主义理念"的影响下发生的,建国初,中国的社会主义计划经济并未按照马克思主义的基本原理所设想的建立在资本主义社会化大生产基础之上,它所面临的任务不再是解决生产社会化与生产资料私人占有所导致的"无政府状态",而主要是如何加快工业化,即解决工业化的资金问题、优先发展重工业问题、城市化问题。②

这一经济体制下的城乡供销体系基本上在最低生活标准的前提下满足了中国追求高速工业化和建立独立工业体系的需要,然而代价却是乡村因不断向城市输血而造成自身失血过多,元气大伤,各类社会问题也日益显现。城乡之间在经济层面的落差以供销系统的失衡而愈发凸显,从乡村"销"入到城市的,不仅是农产品,更是保障生产的农民,这甚至引发了乡村何以可能的现实问题。

事实上,农民在城乡之间循环往复的运动为我们理解农民与农村提供了一条可供追溯的线索。在对往返于城乡之间的栗农的追溯当中,我们看到了黄应贵先生所提的"文化的再创造"。③ 这个概念我们理解中国乡村经济,乃至整个中国乡村提供了一种新的思路,它强调了地方(乡村)社会自身的动力转化机制(不确定性)及确保这种转化成为可能的结构(确定性)。④ 这是"一种来自地方(乡村)社会的创

---

① 城市是在持续地从乡村社会抽血,长期的后果是造成其经济发展的动力不足,但是一旦结果造成了,那么要想再使这台发动机发动起来,却不是一朝一夕所能够实现的。现在实施的补救措施是要向乡村社会输血,也就是输进去曾经被抽去的血液,并最终要使农村自发的造血机能得到重新恢复、焕发生机。赵旭东:《乡村社会发展的动力问题——重新回味费孝通的"双轨制"》,《探索与争鸣》2008 年第 9 期。

② 武力:《中国计划经济的重新审视与评价》,《当代中国史研究》2003 年第 4 期。

③ 黄应贵:《"农村社会的崩解"? 当代台湾农村新发展的启示》,《中国农业大学学报》(社会科学版) 2007 年第 2 期。

④ 赵旭东:《乡村的创造性转化》,《中国农业大学学报》(社会科学版) 2008 年第 2 期。

造性转化力量"，也即"乡村的创造性转化"。① 在中国的语境中，林毓生曾将之表述为"中国传统的创造性转化"。② 在此类表述中，我们均可透视文化的韧性与活力。③

乡村文化的韧性与活力，刺激我们重新审视定位。从制度的角度来看，要想真正实现乡村振兴，就必须保障"双轨制"两条道路的并行不悖，从农民的视角出发，相信他们拥有自身的智慧与转化危机的能力，自下而上地来靠农民自己解决问题。乡村的治理如此，乡村经济的发展亦然。即便在今天，在对中国城乡关系的大背景有了一种较为清晰化的认识的情况下，我们所应该做的，不是改造农民，而是辅助农民。

回归到对城乡关系的理解，不妨再次引入我们曾在《城乡中国》一书的后记中所述的观点：我们更应公平地对待多元与可能，而不是追求"优质"与统一。以某些外力基于城乡二元逻辑而粗暴地将乡村改造为城市的复制品，是我们所不愿见到的。城市与乡村都是生长在中国这座大花园中繁茂成长的植物，各自在努力生长而又盘根错节，有着不同的运行逻辑而又彼此休戚相关。如若试图将某一类型设定为标准而横暴地以外力来对其他存在形式做出改造甚至取代，那么最终即便是受到推崇的一方也必将大伤元气。一个生态平衡遭遇破坏

---

① 参见赵旭东《乡村的创造性转化》，《中国农业大学学报》（社会科学版）2008 年第 2 期。另外，赵旭东还提出了"文化的再生产"这一概念，参见赵旭东、孙笑非《中国乡村文化的再生产——基于一种文化转型观念的再思考》，《南京农业大学学报》（社会科学版）2017 年第 1 期。

② 林毓生：《中国传统的创造性转化》，生活·读书·新知三联书店 2011 年版。

③ 在强调基层的"文化网络"对于市场经济的渗透的阻碍作用的同时，我们并非是否定后者对乡村社会的改造能力。比如周大鸣所指出的，绝对的市场经济实质上是割裂了人与社会、人与人之间的联系。总体而言，转型期的中国社会正向着一种不确定的枝权社会发展，与此同时，乡村及以之为生活家园的农民在通过各种方式恢复和保持自身的活力以遏制枝权化的发展势头，这些改变与循环都是我们所不能忽视的。参见赵旭东《以国家的名义重新书写乡村文化：以河北两庙会为例》，《河南社会科学》2009 年第 6 期；周大鸣、龚霓《文化转型视域下的社会风气——文化转型研究之三》，《思想战线》2017 年第 3 期；赵旭东《枝权社会与乡土社会的文化转型》，《民俗研究》2015 年第 4 期；赵旭东《循环的断裂与断裂的循环——基于一种乡土社会文化转型的考察》，《北方民族大学学报》（哲学社会科学版）2016 年第 3 期。

而缺少多元生存可能的花园如何能在现在社会中度过一场场暴风骤雨的侵袭？在此种意义上，要超越城乡分离的固有观念，循着这二者各自的运行逻辑寻找契合点，使二者在舍与得之间实现有机团结与均衡发展。

参考文献

一　中文著作、译著

［英］埃德蒙·利奇：《缅甸高地诸政治体系：对克钦社会结构的一项研究》，杨春宇等译，商务印书馆 2010 年版。

［美］本尼迪克特·安德森：《想象的共同体：民族主义的起源与散布》，上海人民出版社 2011 年版。

杜赞奇：《文化、权力与国家——1900—1942 年的华北农村》，王福明译，江苏人民出版社 1996 年版。

费孝通：《江村经济》，世纪出版集团 2007 年版。

费孝通：《乡土中国》，北京时代华文书局 2018 年版。

费孝通：《志在富民：从沿海到边区的考察》，上海人民出版社 2007 年版。

［美］弗里曼、毕克伟、塞尔登：《中国乡村，社会主义国家》，陶鹤山译，社会科学文献出版社 2002 年版。

［英］哈耶克：《通往奴役之路》，王明毅等译，中国社会科学出版社 1997 年版。

韩喜艳：《农产品流通组织化研究》，博士学位论文，中国农业科学院，2013 年。

贺雪峰：《新乡土中国——转型期乡村社会调查笔记》，广西师范大学出版社 2003 年版。

黄应贵：《返景入深林：人类学的观照、理论与实践》，商务印书馆 2010
　　年版。

［英］凯恩斯：《就业、利息和货币通论》，高鸿业译，商务印书馆 2005
　　年版。

［美］科塞：《社会冲突的功能》，孙立平等译，华夏出版社 1989 年版。

林毓生：《中国传统的创造性转化》，生活·读书·新知三联书店 2011
　　年版。

［德］马克思：《1844 年经济学哲学手稿》，中共中央马克思恩格斯列
　　宁斯大林著作编译局编译（3 版），人民出版社 2000 年版。

［德］马克思：《政治经济学批判大纲（草稿）》，刘潇然译，人民出版
　　社 1973 年版。

［德］马克思、恩格斯：《共产党宣言》，中共中央马克思恩格斯列宁
　　斯大林著作编译局编译，人民出版社 1997 年版。

［英］马林诺夫斯基：《西太平洋上的航海者》，张云江译，中国社会
　　科学出版社 2009 年版。

［英］莫尔：《乌托邦》，戴镏龄译，商务印书馆 1982 年版。

［法］莫斯：《礼物》，汲喆译，商务印书馆 2016 年版。

秦晖：《传统十论——本土社会的制度、文化及其变革》，复旦大学出
　　版社 2004 年版。

全国供销合作总社编：《中国供销合作社史料选编》第一辑（上、下
　　册），中国财政经济出版社 1986 年版。

［美］萨林斯：《石器时代经济学》，张经纬等译，生活·读书·新知
　　三联书店 2009 年版。

申赋鱼：《一个人一个人》，湖南文艺出版社 2015 年版。

［美］施坚雅：《中国农村的市场和社会结构》，史建云等译，中国社
　　会科学出版社 1998 年版。

［美］斯科特：《国家的视角：那些试图改善人类状况的项目是如何失败的》，王晓毅译，社会科学文献出版社2004年版。

苏星、杨秋宝：《新中国经济史资料选编》，中共中央党校出版社2000年版。

王莎莎：《江村八十年——费孝通与一个江南村落的民族志追溯》，学苑出版社2017年版。

吴晗、费孝通等：《中国士绅》，《观察社》1948年。

［英］亚当·斯密：《道德情操论》，蒋自强等译，商务印书馆2010年版。

［英］亚当·斯密：《国富论》，唐日松等译，华夏出版社2005年版。

闫云翔：《中国社会的个体化》，上海译文出版社2012年版。

杨美惠：《礼物、关系学与国家》，赵旭东等译，江苏人民出版社2009年版。

张有春：《贫困、发展与文化：一个农村扶贫规划项目的人类学考察》，民族出版社2014年版。

赵旭东：《否定的逻辑：反思中国乡村社会研究》，民族出版社2008年版。

赵旭东：《结构与再生产——吉登斯的社会理论》，中国人民大学出版社2016年版。

赵旭东：《权力与公正：乡土社会的纠纷解决与权威多元》，天津古籍出版社2003年版。

中共中央文献研究室编：《刘少奇论新中国经济建设》，中央文献出版社1993年版。

庄孔韶：《银翅——中国的地方社会与文化变迁》，生活·读书·新知三联书店2016年版。

二　中文期刊

布朗：《对于中国乡村生活社会学调查的建议》，北京大学社会学人类

学研究所编，《社区与功能——派克、布朗社会学文集及学记》，
北京大学出版社 2002 年版。

曹远征：《中国经济现代化进程中的体制变革分析》，《管理世界》1989
年第 3 期。

陈君：《农村消费升级背景下城乡双向商贸流通服务体系构建》，《改
革与战略》2015 年第 7 期。

陈兴华：《社会的自然——论吉登斯超越左右的政治》，《浙江学刊》
2006 年第 6 期。

陈甫军：《中国为什么在 50 年代选择了计划经济体制》，《厦门大学学
报》（哲学社会科学版）2001 年第 2 期。

陈振平：《计划经济时期供销合作社的制度评价分析》，《山西财经大
学学报》2013 年第 1 期。

邓小平：《计划和市场都是发展生产力的方法》，载《邓小平文选》第
3 卷，人民出版社 1993 年版。

邓智翰：《如何建设"双向流通"的城乡商贸体系》，《人民论坛》2017
年第 26 期。

董磊明、陈柏峰、聂良波：《结构混乱与迎法下乡——河南宋村法律
实践的解读》，《中国社会科学》2008 年第 5 期。

费孝通：《人的研究在中国——个人的经历》，《读书》1990 年第 10 期。

费孝通：《三访江村》，《江苏社联通讯》1981 年第 17 期。

费孝通：《小康经济：敬答吴景超先生对〈人性和机器〉的批评》，《观
察》1947 年第 3 卷第 11 期。

费孝通：《中国乡村工业》，载《费孝通全集》第二卷（1937—1941），
内蒙古人民出版社 2009 年版。

葛扬：《以公共供给为取向的计划经济发展模式的历史评价——基于
新中国 60 年经济发展的整体视角》，《经济纵横》2009 年第 7 期。

何申：《从对不住"钱广"到"对号入座"》，《文学自由谈》2007 年

第 1 期。

黄佳鹏：《再论"迎法下乡"——基于鄂西 D 村村干部矛盾纠纷调解
　　实践的考察》，《长白学刊》2019 年第 2 期。

黄应贵：《"农村社会的崩解"？当代台湾农村新发展的启示》，《中国
　　农业大学学报》（社会科学版）2007 年第 2 期。

黄宗智：《怎样推进中国农产品纵向一体化物流的发展？——美国、中
　　国和"东亚模式"的比较》，《开放时代》2018 年第 1 期。

姜存金：《谈谈河北兴隆板栗》，《果树食用技术与信息》2017 年第 5 期。

李莲英、李崇光：《中国特色农产品流通现代化的主要问题与对策》，
　　《中国流通经济》2012 年第 2 期。

李爽、孙海召：《城乡互动流通体系现状、难点、形成机制与对策》，
　　《改革与战略》2017 年第 9 期。

廖云凤：《供销合作社制度变迁的经济学分析》，《北京工商大学学报》
　　2009 年第 4 期。

林青：《关于我国小商小贩社会主义改造的几个简题的研究》，《经济
　　研究》1958 年第 3 期。

林毅夫等：《论中国经济改革的渐进式道路》，《经济研究》1993 年第
　　9 期。

刘亚军：《互联网条件下的自发式包容性增长——基于一个"淘宝村"
　　的纵向案例研究》，《社会科学》2017 年第 10 期。

龙花楼、李裕瑞、刘彦随：《中国空心化村庄演化特征及其动力机制》，
　　《地理学报》2009 年第 10 期。

楼健、胡大平：《淘宝村、实时城市化和新型城镇化实践》，《学术研
　　究》2018 年第 5 期。

马丹丹、王晟阳：《中国人类学从田野回访中复兴（1984—2003 年）》，
　　载《广西民族大学学报》（哲学社会科学版）2015 年第 5 期。

冒天启：《五十年巨变：由计划经济转向市场经济》，《兰州大学学报》

（社会科学版）1999 年第 3 期。

齐钊、赵旭东：《乡土之实与山川之灵——以费孝通为例对中国社会
　　学与人类学两重性的再省思》，《西北民族研究》2014 年第 1 期。

秦红增：《村庄内部市场交换与乡村人际关系——科技下乡中的人类
　　学视野之三》，《广西民族大学学报》（哲学社会科学版）2004 年
　　第 5 期。

邱泽奇：《三秩归一：电商发展形塑的乡村秩序》，《国家行政学院》
　　2018 年第 1 期。

邵占鹏：《农村电子商务中的空间压缩与价值》，《学习与探索》2017
　　年第 2 期。

［美］施坚雅：《城市与地方体系层级》，施坚雅编，叶光庭等译，《中
　　华帝国晚期的城市》，中华书局 2000 年版。

孙剑、李崇光：《论农产品营销渠道的历史变迁及发展趋势》，《北京
　　工商大学学报》（社会科学版）2003 年第 2 期。

孙圣民、陈强：《家庭联产承包责任制与中国农业增长的再考察——来
　　自面板工具变量法的证据》，载《经济学（季刊)》2017 年第 2 期。

孙英敏、孔苗苗：《新经济背景下流通体系的变革与发展路径优化研
　　究》，《商业经济研究》2017 年第 17 期。

谭建陵：《对计划与市场同计划经济与市场经济关系的再思考》，《理
　　论月刊》2009 年第 7 期。

陶君成、潘林、初叶萍：《大数据时代城乡物流网络重构研究》，《中
　　国流通经济》2016 年第 11 期。

田阡：《重观西南：走向以流域为路径的跨学科区域研究》，《广西民
　　族大学学报》（哲学社会科学版）2016 年第 3 期。

田毅鹏：《乡村"过疏化"背景下的城乡一体化两难》，《浙江学刊》
　　2011 年第 5 期。

王介勇、刘彦随、陈秧分：《农村空心化程度影响因素的实证研究——

基于山东省村庄调查数据》，《自然资源学报》2013 年第 1 期。

王铭铭：《居与游》，载王铭铭《西学"中国化"的历史困境》，广西师范大学出版社 2005 年版。

吴承明：《私营贸易的社会主义改造》，《人民中国》1956 年第 10 期。

吴海民、张全红、李响：《基于农产品"最后一公里"流通模式的思考》，《价格月刊》2012 年第 9 期。

吴重庆：《无主体熟人社会》，《开放时代》2002 年第 1 期。

武力：《中国计划经济的重新审视与评价》，《当代中国史研究》2003 年第 4 期。

向欣、苏少之：《1957—1978 年中国计划经济体制下的非计划经济因素》，《中国经济史研究》2002 年第 4 期。

熊万胜：《小农地权的不稳定性：从地权规则确定性的视角——关于 1867—2008 年间栗村的地权纠纷史的素描》，《社会学研究》2009 年第 1 期。

许经勇：《中国计划经济体制的引擎：粮食等主要农产品统购统销》，《厦门特区党校学报》2009 年第 3 期。

许庆：《家庭联产承包责任制的变迁、特点及改革方向》，《世界经济文汇》2008 年第 1 期。

薛建强：《中国农产品流通体系深化改革的方向选择与政策调整思路》，《北京工商大学学报》（社会科学版）2014 年第 2 期。

杨帆：《从历史的可持续性观点客观评价我国计划经济》，《探索》2007 年第 6 期。

曾亿武、郭红东、金松青：《电子商务有益于农民增收吗？——来自江苏沭阳的证据》，《中国农村经济》2018 年第 2 期。

张弛、宋瑛：《农产品电子商务研究新进展：行为、模式与体系》，《中国流通经济》2017 年第 10 期。

张静：《土地使用规则不确定：一个法律社会学的解释框架》，《中国社会科学》2003 年第 1 期。

张士闪：《礼俗互动与中国社会研究》，《民俗研究》2016 年第 6 期。

张文潇：《农村电商与城乡市场体系良性发展研究——以古木县为例》，《广西民族大学学报》（哲学社会科学版）2020 年第 1 期。

张文潇：《农民合作社转型与中国乡村振兴》，《贵州大学学报》（社会科学版）2020 年第 3 期。

张文潇、赵旭东：《扶助农村电商　实现乡村振兴》，《中国社会科学报》2018 年 3 月 28 日。

张文潇、赵旭东：《钟摆现象中的循环与融合——由栗树纠纷看中国乡村社会转型》，《中国农业大学学报》（社会科学版）2020 年第 4 期。

张文潇、赵旭东、罗士泂：《中国乡村研究的第三条道路——一种文化转型人类学视角的回顾与反思》，《贵州大学学报》（社会科学版）2019 年第 2 期。

张小军：《文化经济学的视野："私有化"与"市场化"反思——兼论"广义科斯定理"和产权公平》，《江苏社会科学》2011 年第 6 期。

张晓林：《我国农产品流通战略变革路径与对策》，《农村经济》2013 年第 8 期。

张晓玲：《新中国成立初期供销合作社对农民日常生活的影响》，《农业考察》2014 年第 1 期。

张学兵：《三类物资：观察中国计划经济运作中"小自由"的一个视角》，《中共党史研究》2013 年第 4 期。

张尧学：《从技术进步看市场经济与计划经济的有机结合》，《科学社会主义》2004 年第 5 期。

赵凌云：《1949—2008 年间中国传统计划经济体制产生、演变与转变的内生逻辑》，载《中国经济史研究》2009 年第 3 期。

赵晓飞、李崇光：《农产品流通渠道变革：演进规律、动力机制与发展趋势》,《管理世界》2012 年第 3 期。

赵旭东:《闭合性与开放性的循环发展———一种理解乡土中国及其转变的理论解释框架》,《开放时代》2011 年第 12 期。

赵旭东:《不走极端才会良性发展》,《社会科学报》2016 年 7 月 14 日第 003 版。

赵旭东:《从"问题中国"到"理解中国"——作为西方他者的中国乡村研究及其创造性转化》,《社会科学》2009 年第 2 期。

赵旭东:《从文野之别到圆融共通———三种文明互动形式下中国人类学的使命》,《西北民族研究》2015 年第 2 期。

赵旭东:《动态平衡中的社会变迁———利奇著〈上缅甸高原的政治制度〉评述》,《民俗研究》1998 年第 4 期。

赵旭东:《线索民族志:民族志叙事的新范式》,《民族研究》2015 年第 1 期。

赵旭东:《乡村成为问题与成为问题的中国乡村研究———围绕"晏阳初模式"的知识社会学反思》,《中国社会科学》2008 年第 3 期。

赵旭东:《乡村的创造性转化》,《中国农业大学学报》(社会科学版)2008 年第 2 期。

赵旭东:《乡村社会发展的动力问题———重新回味费孝通的"双轨制"》,《探索与争鸣》2008 年第 9 期。

赵旭东:《循环的断裂与断裂的循环———基于一种乡土社会文化转型的考察》,《北方民族大学学报》(哲学社会科学版)2016 年第 3 期。

赵旭东:《以国家的名义重新书写乡村文化:以河北两庙会为例》,《河南社会科学》2009 年第 6 期。

赵旭东:《远去与归来———一种跨越乡土社会的田野民族志方法论》,《西北民族研究》2009 年第 1 期。

赵旭东:《枝权社会与乡土社会的文化转型》,《民俗研究》2015 年第 4 期。

赵旭东:《中国人类学为什么会远离江河文明?》,《思想战线》2014年第 1 期。

赵旭东、何利利:《"争"出来的公正——对赣南一村落林权改革的法律人类学考察》,《法律和社会科学》2015 年第 1 期。

赵旭东、罗士洞:《游离于城乡之间——文化转型视角下作为行动者的中国农民》,《学术界》(月刊)2016 年第 11 期。

赵旭东、孙笑非:《中国乡村文化的再生产——基于一种文化转型观念的再思考》,《南京农业大学学报》(社会科学版)2017 年第 1 期。

赵旭东、杨修业:《城乡关系的理想类型——基于一种文化转型人类学的探索》,《云南师范大学学报》(哲学社会科学版)2017 年第 1 期。

赵旭东、张文潇:《乡土中国与转型社会——中国基层的社会结构及其变迁》,《武汉科技大学》(社会科学版)2017 年第 1 期。

赵旭东、朱天谱:《反思发展主义:基于中国城乡结构转型的分析》,《北方民族大学学报》(哲学社会科学版)2015 年第 1 期。

钟祥财:《计划经济的技术和市场经济的价值》,载《学术月刊》2012 年第 4 期。

周大鸣:《互联网、快速交通与人类学研究转变》,《西北民族研究》2019 年第 2 期。

周大鸣、陈世明:《从乡村到城市:文化转型的视角——以广东东莞虎门为例》,《社会发展研究》2016 年第 2 期。

周大鸣、龚霓:《文化转型视域下的社会风气——文化转型研究之三》,《思想战线》2017 年第 3 期。

周大鸣、廖越:《聚落与交通:"路学"视域下中国城乡社会结构变迁》,《广东社会科学》2018 年第 1 期。

周大鸣、向璐:《社会空间视角下"淘宝村"的生计模式转型研究》,《吉首大学学报》(社会科学报)2018 年第 5 期。

周梅芳：《乡村纠纷解决中的法律失灵——湖南柳村林权纠纷的个案研究》，《社会学评论》2014 年第 4 期。

朱佳木：《关于在国史研究中如何正确评价计划经济的几点思考》，载《理论前沿》2006 年第 21 期。

朱晓阳：《"语言混乱"与法律人类学的整体论进路》，《中国社会科学》2007 年第 2 期。

庄孔韶：《中国乡村人类学的研究进程——农民社会的认识之一》，载庄孔韶《时空穿行——中国乡村人类学世纪回访》，中国人民大学出版社 2004 年版。

庄孔韶、赵旭东、贺雪峰等：《中国乡村研究三十年》，《开放时代》2008 年第 6 期。

三 英文文献

Burling, Robbins, "Maximization Theories and the Study of Economic Anthropology", *American Anthropologist*, 64, 1962: 802 – 821.

Clifford Geertz, *Peddlers and Princes*: *Social Change and Economic Modernization in Two Indonesian Towns*, Chicago: The University of Chicago Press, 1963.

Cook, Scott, "The Obsolete 'Anti-Market' Mentality: A Critique of the Substantive Approach to Economic Anthropology", *American Anthropologist*, 68, 1966: 323 – 345.

Frank, Andre G., *Capitalism and Underdevelopment in Latin America*: *Historical Studies of Chile and Brazil*, New York: Monthly Review Press, 1967.

Karl Polanyi, Conrad M. Arensberg, and Harry W. Pearson (eds.), *Trade and Market in the Early Empires*: *Economies in History and Theory*, New York: The Free Press, 1957.

Linliang Qian, "The 'Inferior' Talk Back：Suzhi (Human Quality)，Social Mobility and Chinese E-Commerce Economy"，*Journal of Contemporary China*，27，2018：114，887 - 901.

四　转载文章

Foster, George M. , *Tzintzuntzan：Mexican Peasant in a Changing World*，Boston：Little，Brown and Company，1967，转引自黄应贵《返景入深林：人类学的观照、理论与实践》，商务印书馆 2010 年版。

五　档案资料

古木县人大志编纂委员会编：《古木县人大志》，2011 年。

《古木县人民政府行政复议决定书》，古政复决字［2003］19 号。

古木县委员会文史资料委员会编：《古木文史资料（第二、三、四、五辑)》。

古木县志办编：《古木县志》，新华出版社 2000 年版。

《关于整顿市镇粮食定量供应工作意见的通知》，古木县人民委员会，粮字第 20 号，1957 年 8 月 31 日。

《河北省古木县人民法院民事裁定书》，［1998］古民初字第 996 号

《河北省古木县人民法院民事调解书》，［2010］古民初字第 457 号。

《河北省古木县人民法院民事判决书》，［2001］古民初字第 587 号。

《河北省古木县人民法院民事判决书》，［2002］古民再字第 9 号。

《河北省古木县人民法院行政判决书》，［2003］古行初字第 15 号。

《河北省志（第 45 卷）供销合作社志》，河北人民出版社 1994 年版。

《澈河镇人民政府关于小豆庄村民赵云、赵军承包土地权属纠纷的处理决定》，半政［2002］33 号。

《为临时猪、羊肉凭证定量供应的通知》，古木县人民委员会，1958 年 6 月 7 日。

中国商业经济学会专题资料汇编：《我国商品流通体制改革大事记（1978—

2001 年)》，2002 年。

六　电子版档案资料

河北省古木县地名办公室：《古木县地名资料汇编》，1983 年。

《河北府县志辑 22　康熙遵化州志　光绪遵化通志》

　　　《嘉庆重修一统志》（二）

葉向昇等纂，郑侨生修：《康熙遵化州志》（清），《中国地方志集成》

　　　（河北府县志辑）。

中共古木县党史编委会编：《古木县志（初稿）》，1960 年。

另从古木县政协获得部分满铁调查资料、国民政府公报，从县供销社、

　　　人社局获得部分供销业原从业人员的档案资料。

后记　水至清深，无问西东[*]

　　在毕业后的第四个年头，我终于迎来了博士论文的出版。当我决定重新梳理此份成果时，已怀有六个月的身孕，时至今日，女儿瑞凝已经是一位二个月大、不断向外探索的小精灵了。可以说，本书是伴着瑞凝一起孕育而成的，而我将之视为一种人类学的仪式与浪漫。借此机会，我要感谢我的导师赵旭东教授，老师关怀社会的学术理念与观照乡村的研究旨趣潜移默化的影响着我，引导我将目光投向乡土，从社会事实之中发掘研究问题，老师尊重多元的治学态度与因材施教的治学方法始终庇佑着我的学术长成，可以说，本书是我基于老师的对话式指导反复打磨而得以成型的重要成果之一。感谢本书的编辑陈肖静女士，正因她发掘了人类学的趣味，尊重作者野蛮生长的学术偏好，本书才得以顺利出版。另外，感谢钱慧敏、邵明燕、王彤、郑道四位同学，他们分别承担了本书的部分校订工作。接下来，请允许我向各位读者坦陈自己在人类学旅途上的懵懂、莽撞与天真。

人类学之思或起源于天真时代

　　人类学家奈吉尔·巴利曾记录了他在非洲喀麦隆多瓦悠人村落开展田野工作的经历，将其如何克服乏味、灾难、生病与敌意的田野生

---

[*] 此份后记曾收录于《新生代人类学家之路》。

活呈现在读者面前，以一个他者的眼光，展现人类学家的"天真"。那么，人类学者究竟是因其承担了探索异文化的使命，才变得像孩童般天真？还是在天真时代便已埋下了人类学的种子？于我而言，似乎更是后者。

在我幼时，父母受工作影响不能常伴左右，因此在大部分时光里，我都是由祖母照看。从这个意义上讲，我成了村中最早一批的"留守儿童"。20 世纪 80 年代末的华北乡民，可以去往何处工作呢？去邻村的树厂帮工，去集市摆摊，或者租赁一辆货车倒卖山货……相对而言，父母的工作稳定而体面，他们在供销社谋了一份职业。得益于此，我总能得到些他们外出采购时捎带回的衣服、玩具和零食，而它们也激起了我对外部世界的好奇心。读小学时，我被接到供销社大院，和父母一起生活，和大院里的孩子一起看长辈们收购板栗、药材，售卖日用杂货，阴天下雨不能开工的时候，就跟着他们"抽王八"、吃火锅。

在供销社大院的生活是规律的，大院里的人们随着节气时间和农事安排平稳地调整着工作、生活节奏，直到母亲患病。那一年，母亲发觉身体不适，检查出急性肾炎，从此父亲便带着母亲四处求医。近两年的时间，眼见家中的积蓄日渐耗光，母亲的病情反复无常，快没有可供尝试的选择时，父亲偶然在《焦点访谈》上得知了肾病专家张大宁，并凭借他的决心和毅力请张教授团队为母亲诊治，母亲的各项指标才逐渐恢复正常。

也是在父母奔走治疗的这段时间里，我熟悉的小豆庄供销社散了，散了的还有它分别设在碌村、大树沟村和小石洞庄的三个分销店。这些我常常跟随长辈游走其间而十分熟悉的地方悄然发生着变化，人们开始慢慢地不在一起吃食堂，不再是一窝蜂地参与收购与销售，不再聚在一起开会讨论，一些原来熟悉的面孔渐渐离开了这里。当时的我并不知道供销社的破产意味着什么，只是父亲从医院奔波回来报销药费时遭遇了重重的阻碍，原定的供销社职工住院享受 80% 的报销比例，在那个时候变成了一纸空文。也是在这时，开始懵懂地思考曾如此之大的场地，如此之多的人群，如此热闹之门市，怎么说散就散了呢？以后孩子们去哪里吃点心，老家的板栗又卖到哪里去呢？我所不知道的是，在天真的孩提时代由供销社解体所引发的思考竟在十余年后成了我人类学博士论文的主题。

社会学调查与当地人视角

如我所说，尽管我的人类学之思可能起源于天真的孩提时代，但那时我对此毫无概念，更毋庸提自主选读人类学专业了。大学本科的择校与选专业是在毕业班班主任马连江老师的引导下完成的，他建议我第一志愿填报会计学，第二志愿顺延为社会学，并解释道：人要想有所成就，就得明白，或者是算得明白数字，或者是看得明白社会，我深以为然。经历了高考的磨砺，数字已然成为我当时最为熟悉的对象，也因熟悉而充满了安全感，对比而言，社会于我而言却是十分陌生的领域，可也恰恰因为陌生而产生了好奇，如果能够看清社会的本质，岂不妙哉？后因分数限制，我地被调剂到了第二志愿，开始学习社会学。

社会学是什么？对于这个问题，我最初心中怀着的是一份几乎每一位探索这个领域的人都会产生的好奇。但一直到进入真正的学科培养与训练，还是按部就班地循着九年义务教育的老路子，专业教师给学生的，暂且不论消化或是吸收，我尽力吃下。很快，我所熟悉且因循的刺激反应式的"教—学"模式在大学环境中出现排异反应，成绩不错的我在学术讨论和理论思考上捉襟见肘。更开始在不断汲取理论养分，强化个人思考的过程中，回到最初追问的"社会学是什么以及能做什么"的问题上来。

这种惶惑大约是在大二学年从袁君刚老师那里得到了一种解答，

当时袁老师主授《政治社会学》这门课程。如此一位年轻的教师可以独辟蹊径地分析十分晦涩的概念与理论,实属难得。我当时生怕听漏,记下了许多笔记,每次课程结束都会有一种豁然开朗转瞬又难得透彻之悟的纠结体验。这会儿猛地回忆起来,竟一时记不起袁老师当年所讲的具体的内容,不过他的想法大致可以从其对"社会学是什么"这个问题的回答中有所呈现。袁老师说,"社会学是(或供给人)一种思维方式"。类似关于学科到底是什么的追问与回答,我在以后的日子里听过许多,不过袁老师却是第一位使我直观感受到"社会学中的1+1未必等于2"的人。

大三学年,学院开始有计划地将我们安排到各位老师的调研组中,我十分有幸地被分到付少平教授一组。我们的调研主题是"灾后移民的社会问题",围绕这个主题我们确定了四川省汶川县映秀镇和水磨镇两点的调研路线,设计访谈提纲,随后围绕当地的社会经济状况、灾民精神状况和后续安置等方面完成了调研报告。付老师全程参与了指导,仅就前期访谈提纲的修改建议,付老师就用邮件回复了1000多字,后续指导之细致更无须赘言。

在汶川县映秀镇和水磨镇两地的调研感受是复杂而深刻的。我们开展调研时已经是汶川地震后的第三年,当地的重建工作基本完成,处于震中的映秀镇从外观上看已是井然有序的景象,小镇的街上还重新开设了许多店铺,它们主营餐饮、住宿和纪念品,除了漩口中学遗址和北面山坡上的公墓在提醒着人们此处曾经惨烈的遭遇外,似乎一切都在回归正轨。初入这座小镇的人都会感叹于当地如此快速的重建和复原,直到我们开始进入家户,真正开展访谈,才了解到当地居民心中的许多创伤已随着亲友的离世而被深深地掩埋在地层里,很难被觉察、被疗愈。

通过访谈,我们得知,灾后在映秀生活的大多并不是原址的居民,这是由于原址居民的伤亡过于惨重,他们实在无法在这个伤心之地继续生活下去，而从外地搬迁至此的人们除了是在响应当地政府的安排之外，也有着与原址居民一样的考虑，他们要逃离曾经的家乡。映秀的街上划定了许多供残疾人使用的停车位，但人们抱怨，哪里有这么多残疾人呢？地震确实造成了大量的残疾人，但他们大多外迁了，那么划定车位的意义是什么呢？这些停车位与街道两旁店主的境遇相似，他们的供应饱和了。

如上文所述，为了保障居民的生活生产需求，当地灾后重建的第一步就是建筑，这些建筑是统一规划的二层楼房，以政府补贴一部分的方式出售给居民，主要格局是一层为商用，二层开设宾馆或家用。显然，鳞次栉比的楼房形成了一定的规模，与之相应的是当地商业的快速恢复，这种扩展一方面得益于政府补助，另一方面则缘于本地需求的迅速扩张。当地居民因地震伤亡惨重，人口外迁比例大，又是什么重构了需求呢？原来，灾后各地的志愿者和悼念者纷纷涌来，他们带着志愿的精神、能量和物资亲自投入到映秀的灾后重建中，他们奉献自身，也用其衣、食、住、行的消费行为激活了映秀的商业，这使得当地居民感受到了温暖和力量。然而，当志愿者们陆续撤出，小镇再次面临难题，依赖于快速注入的外部力量得以复苏的小镇商业及其数量繁多的经营者们要去哪里吸引大量的消费者呢？三年后，当我们游走在小镇街头，想要完成一份访谈时，总会接到来自各类店主的热情邀请，请我们到他们那里消费。他们回忆着地震带给他们的创伤和灾后轰轰烈烈的重建带给他们的希望，也并不掩饰他们对生意难以维系的担忧。为了尽量兼顾，课题组常常更换地点用餐，这不免引起一些店主的误会甚至不满，也更促使我们深入思考当地的重建方式及后续安置问题……

那是我人生第一次正式调研，尝试沿着社会学的脉络思考了很多问题，也是通过这次异地调查，我更直接的感受到了地方社会，并尝试用当地人的视角看待问题，想来有许多浅显、稚嫩之处，都得到了付老师的指点与包容。难得的是，我第一次在实践中体知社会学调查的严谨性与学术分享的意义。

既见社会也见人

本科将结束的时候，我遭遇了"择业"或"择校"的困惑。在此，不得不提郭占锋老师，当时郭老师刚从中国农大毕业，入职西农社会学系，为我们讲授《文化社会学》这门课程。学科的相关性以及个人的兴趣使然，使得郭老师在讲授这门课程时总会分享文化人类学方面的著作，可以说，郭老师是我人类学的启蒙教师。一次，漫步校园，刚好遇到准备上课的郭老师，他向我询问近况，我便坦陈了自己的犹疑。郭老师说通过日常作业和课程考试基本可以肯定我的学术潜力，并希望我能进一步深造。寥寥数语，强化了我要读研的信念。尽管随后的保研过程历经波折，郭老师始终支持我，并向我的导师赵旭东教授做出了推荐。

我的导师，赵旭东教授，是我这一生最重要的引路人。我波折的保研经历，老师曾听闻一些，并给我发了一条信息，大意是：人的一生就像是乘坐一辆公交车，车里有许多人，甚至多到你没有座位。这时候，当一个人下车，你便惯性地冲上前去抢占座位，可当你还没到这个位置时，原本在座位一旁气定神闲站着的人便坐了下来。你回头再望，原本你站立其旁的座位也空了出来，可是它一旁的人也已准备坐下了。人生不是一个抢占的过程，而更多是一个做好准备等待的过程。这席话消解了我心中的郁结。

我有从社会学转向人类学的勇气，却并未做好这种转向的准备。尽管人类学以社会学为一级学科，二者在理论与实践上多有交织，但它们的区别还是让我用了很久的时间消化。为了投入人类学，我曾一度拒绝甚至排斥社会学的理论方法，实践证明我的愚蠢，人类学的专业性恰恰意味着多元包容而非排他。庆幸的是,现在我仍保留着社会学的影子。依稀记得张慧老师在课程上提问,人类学有什么特点?当时的我竟有些雀跃,答约反思性。之所以如此作答的确是转入人类学后一直的困扰,似乎人类学一直是由反思引导下的解构,形式上的秩序可能是实质上的混乱,形式上的积极可能到实质却是消极,总在试图撕开表面的形式发掘内里的意义。果然,张慧老师向我点头示意。随后,慢慢熟悉人类学的特性,主我与客我,文化多样性……

由此反观,我在第一次加入师门的调研小组到内蒙古省海拉尔市鄂温克旗调研时,就曾遭遇人类学的这三重特性。那是关于草原荒漠化的调研,在听说我们的来意后,基层部门或许是把我们当成了民政系统的工作人员,直接将我们带至当地一户极为贫困的牧民家。第一次在真实场景中见到家徒四壁,再倾听牧民的诉苦,心中十分不忍。临走前,悄声向带队的付来友师兄询问,我们此次出行匆忙并未准备访谈礼物,能否以现金的形式送给这户人家。现在想来,不知来友师兄当时心中想法如何,或许是不想驳回我这种在直觉上还算良善的想法,同意从组内拿出 100 元。我深知 100 元解决不了什么实质问题,可还是在转身前从自己的包里又摸出另 100 元,塞到了女主人的手里。

关于这 100 元,同行的师妹高诗怡有不同的看法,她和我探讨为何要临走前以给钱的形式来告别。我丝毫没有隐瞒地袒露自己的悲悯之心,诗怡回应的则是另一种理性的反思,这种给予是否是在一个平等的意义上完成的?换言之,我的行动是否建构了另一重意义上的不平等?这个问题一直萦绕在我的脑袋里,直到在张慧老师的课堂上,我再一次反思,并惊讶于在做出给钱的这个动作的同时,或许真的将自己凌驾于这个家庭之上了。这种悲悯,源于在我潜意识里认知,人就该生活在窗明几净的房屋中,做一份干净体面的工作。这种对生活模式的设想与限定,否定了其他生活样态的可能性。最糟糕的是,我在否定多元的前提下对我与你之间界限的明确划分。庆幸的是,周围总不乏思想深刻的同行者，或许正是基于这样的对话与反思，慢慢形成了一种尊重多元、崇尚平等的观念。

我最初参与的调研都是在来友师兄的带领下完成的，除了以上提到的草原荒漠化课题，还有乡村医生状况调查，分别在贵州市六盘水市水牛镇、河北省石家庄市赵县范庄镇展开。在前后三次的调查过程中，来友师兄的言行使我多有受益。从前期访谈提纲、调查问卷的拟定、修改；到中期调查的正式展开，包括如何进入，找到关键报道人，获取访谈对象内心的想法，每日跟进；再到后期报告的撰写……我像是一个刚学走路的孩子，晃晃悠悠地沿着这条路走，偶尔偏离出去，来友师兄便拽我回来，总算没有大差错。

难得天真：人类学者笔下的供销合作社

研究生毕业，我再次面临人生选择，社会学没搞明白，人类学更是一知半解，从内心来讲，我当时并不认可自己的学术能力。于是，在一天清晨，我鼓起勇气到老师办公室交代，因对自己的能力存疑，打算放弃攻读博士学位的机会。几番讨论下来，老师便戳中了我内心的纠结，我并非讨厌读书，而是畏惧面对读不好书的自己。我从未设想过，老师会帮助我剖析胆怯与发掘真实。是啊！读书二十余载，我放弃的理由，只应是我不喜欢，而非我不能。

博士期间，除了日常授课和理论指导，老师开始亲自带我们到各地调研，包括山东省滨州市阳信县、湖南省益阳市安化县。这两次调研经历，给我的博士论文提供了一种宝贵的基础，我初步了解如何在展开调研前根据各地特性列出框架，掌握调研初期所必需的信息资料。调研小组跟随老师每日6、7点起床开始落实前一天制定的调研计划，晚上总结分享，指出当天存在的问题，找到解决方案，并制定第二天的计划。周而复始，每项调研都扎实而深入。如果，学习是一个模仿的过程,有复制、有创新,那么老师就是我最好的模仿对象,即便小组讨论至深夜,也丝毫不觉倦怠。安化县调研时,我发现老师有随时在笔记本上绘图的习惯,也开始偷偷学起,照猫画虎,这使我日后能够结合图文,准确回忆当时当地的情境。

博士二年级,我开始思索博士论文的选题。一次偶然,母亲给我打电话的时候向我提起了县里"电商下乡"的项目搞得火热,一下子刺激到了我关于互联网与乡村发展的兴趣,而它又与老师微信民族志乃至乡村文化转型的思考一脉相承。在老师的指导下,我最初到县政府支持的电商公司实习,但通过近两个月的观察发现,淘乐的实际运营情况和它轰轰烈烈的开场形成了极大的反差,尤其是"农产品上行"这条道路几乎没有开通,当地最主要的经济作物板栗屡屡遭遇销售困境。

电商公司对板栗尴尬的成交额以及板栗在当地生活中所凸显出来的重要地位呼应了导师与我父亲关于板栗流通所展开讨论。老师曾与我的父亲谈论起淘乐能否将农产品成功运销出去的可能。基于以往的生活经历,父亲认为这种可能性很低。板栗自身存在难以存储的特性,加之其价格在市场中的波动性大,使得板栗运销的风险极大,在当地盛极一时的小豆庄供销社就是因为无法偿还在1996年欠下栗农的500万元的板栗款而最终宣告破产的,更毋庸提才刚起步就遭遇重重困难的电商公司。

1996年的500万是个天文数字,我的家庭曾因为这个数字深受影响,我的成长环境也因之发生过彻底性的改变。但恰恰这种浸润其中的熟悉感使得对这个数字麻木,每每听周边的亲友提起,也不会发生额外的兴趣。老师的专业性和敏感性发掘到在农产品上行遭遇重重问题的现代社会,这是一个非常具有研究价值的问题,并提议我可以此为线索追溯家乡的农产品上行。因此,我的研究除了关注现代的商业形式与乡村发展在空间维度上的展开,还纳入了一条历史线索。

　　起初,我还在犹豫是否调整主题,直到我开始访谈供销时期的相关人员,他们曾是照看我童年时光的长辈。我最早探访的人员里,有一位年过八旬的老人,在小豆庄供销社倒闭前见证了它辉煌时刻的老主任董继国。董继国,1934年生人,原籍承德市青龙县,1952年从热河省合作干部学校毕业后到澈河做会计,80年代初调至小豆供销社做主任,至1995年退休。在我的记忆和周边人转述的拼凑中,董爷爷是当地响当当的文化人,是一位十分厉害的角色。最盛时,不提与供销业务相关的其他领域,单是由他直接管理的供销社职工就有百十来人。我仍记得小时候随长辈们一起到董爷爷家聚餐时,他精神矍铄、侃侃而谈的样貌。但当我以人类学学生的身份访谈他时,他已经两次脑血栓病发,而他所患的糖尿病也需长期注射胰岛素来控制。虽然耳朵可以听得清,言语上可以对话,不过大脑已经反应迟缓,记忆力也退化了。看到我在一旁边聊天边做笔记,他说:"你写的字,我都不认识了"。

　　董爷爷忘掉的不仅仅是我写的字,还有他在供销社系统内的峥嵘岁月。烙印在我孩童记忆中的供销社大院儿正在这些曾在那儿欢笑吵闹的人们的脑海中淡去,一向笃定会将这段特殊经历牢记一生的我,除了和几位当下还交往甚密的长辈在谈笑间聊起儿时在大院里的调皮小事,关于供销社,便再无其他了。在供销社工作生活过的人不愿多谈过去,经历了供销社阶段的人更是如此。人们遗忘了那段时间,像它不曾存在一样。再看看村中比我稍小几岁的年轻人,几乎没有关于供销社的概念了。

　　一代人的芳华已逝,可供追忆的线索也正慢慢淡化。我们汲汲于接下来的路该怎么走,却善于遗忘无数个堆砌成现在的过往。我也一样,向来喜欢关注新近的变化,却疏于对过去的观照。这条线索将我引回过去,引出的故事可以是惊人的,像1996年亏钱粟农的500万元;可以是欢快温暖的,像大伙儿过阴天、"抽王八";可以是发人深省的,像自上而下的层层控制和自下而上的弄虚作假。但它们一定是丰富的，直到现在仍是有迹可循或可以对照的。在这个脉络下，我访谈了 66 位与板栗相关的人员，包括这个时期各种类型的栗农和栗贩。其间，经历了家乡人类学大多会遭遇的困境，如何从于我而言的熟人社会中挖掘出熟人们的真实想法？有些问题不好开口，有些回答并非实情，这便是我遭遇的最大阻碍。无论如何，我初步完成了这种线索式的回溯。

通过回溯可以得知，在改革开放以前，供销合作社为国家工业化建设的原始积累提供了有力保障，但这种积累是依靠农村与农民的奉献精神才得以实现的，随着工农差距问题的加剧以及农民主体意识的觉醒，那些束缚压制他们的"合作"关系再难维持下去了。改革开放以后，国家自上而下对农民合作组织作出改革，这为农村商业的恢复提供了契机，但在改革初期，面对供销合作社，农民仍然是缺少话语权而被边缘化的合作者；而面对巨大的市场，农民或者以隐秘而越轨的方式与垄断性质的组织开展合作，以牺牲集体利益为代价暂时性的攫取个人收益；或者成为单打独斗、缺少支撑而难以抵御风险的个体。这显然与改革的最终目的相去甚远。[①] 随着乡村振兴战略的提出，新时代的三农问题显然不仅局限于经济领域的繁荣，更集中于新型合作关系的建立，为此，汲取既有发展经验中的教训，并以此为基础发掘沟通城乡关系的新载体尤为重要。

从供销社到农村电商:城乡何以融合发展?

事实上，在城乡流通体系中，乡民始终面临着两重困境：买不到，卖不出。买不到的是物美价廉的工业产品，这是由于市场上大多数的产品都是以城市理念为导向而生产的；卖不出的是缺少销路的农产品，

---

① 张文潇:《农民合作社转型与中国乡村振兴》,《贵州大学学报》(社会科学版) 2020 年第 3 期。

以及随之不断从农田中挤出的劳动力。这两重困境直接影响了农民的生活水平，制约了城乡市场体系的良性发展。

城乡的流通问题，事实上是原有覆盖全国的供销社系统解体之后，如何利用技术重构城乡物流网络的问题。为打通城乡流通体系，助力乡村全面发展，2015 年中央文件指出，要加快农村电商发展，采用"实体店＋电商"的方式，推动农业升级、农村发展、农民增收，并号召地方各级人民政府，特别是县级人民政府要结合本地实际，制定发展策略；整合农村各类资源，积极推动农村电商发展。这一号召与基层需求相合，截至 2020 年，农村电商已覆盖了全部国家级贫困县，在中国这片土地上"遍地开花"。

从既往的实践与研究中，不乏可供我们借鉴的电商成功经验。然而，正如上文所处，我在田野点却遭遇了一个失败的案例，希望通过本书的案例展示，丰富我们对于农村电商现实情况的理解。失败的原因及影响已在本书中充分交代，在此不便赘述。需要强调的是，融合与分离是城乡市场体系中的两种主要取向。农村电商的出现与推广，可以被视为是一种对市场体系的调整，即由分层转向平衡，由分离转向融合。伴随着农村电商而来的是，"工业品下行"和"农产品上行"对计划经济时期"供"与"销"的取代与转型。但在具体实践中，农村电商多存在逐利的心态，更多是希望以"工业品下行"的方式抢占农村的消费市场。此时，由工业品下行和农产品上行构建起来的电商与农户之间的市场关系再次出现分层，电商处于上位，农民处于下位，市场体系导向分离。这为我们提供一则警示：在特定的时空场景下，农村电商或相关项目可能会成为加剧城乡市场体系分离的新因素。正视在此种关切之下，我完成了博士论文的写作。

不知不觉，我已在人类学的道路上走过了九个年头，在人类学领域，仍属"愣头青"，不过现在回过头再看，求学的路径明确许多，也愈发笃定自己在天真时代便种下了人类学的种子，亦因学习人类学而复得天真。如今梳理下来，心中很是感慨，想起毕业师门送别之时，老师曾赠墨宝"水至清深也"五字，原取自《水经注》"潇者，水清深也"，于我，是一份总结，更是一份期许。在此，借此表达对自己的希望和祝福，希望在接下来的人类学旅程中，能够坚守学术信念与关怀，如潇水一般的深沉与澄澈，拥有无问西东的自由与天真。

张文潇

2022 年 4 月 9 日

于欢笑堂